高等职业技术院校汽车类专业教材

汽车底盘电控技术

（第二版）

主　编　尤明福

中国劳动社会保障出版社

简介

本书主要内容包括：电控液力自动变速器、电控无级变速器、汽车制动防抱死系统、汽车驱动防滑系统与电子制动力分配、汽车电子稳定程序控制系统、电控空气悬架系统、电控动力转向系统等。

本书由尤明福主编，尤扬副主编，侯国强、王梦瑶、王金忠、王宁参编。

图书在版编目(CIP)数据

汽车底盘电控技术/尤明福主编. —2 版. —北京：中国劳动社会保障出版社，2015
高等职业技术院校汽车类专业教材
ISBN 978 - 7 - 5167 - 2194 - 0

Ⅰ.①汽… Ⅱ.①尤… Ⅲ.①汽车-底盘-电气控制系统-高等职业教育-教材 Ⅳ. ①U463.6

中国版本图书馆 CIP 数据核字(2015)第 251440 号

中国劳动社会保障出版社出版发行
（北京市惠新东街 1 号 邮政编码:100029）
*
北京市白帆印务有限公司印刷装订 新华书店经销
787 毫米×1092 毫米 16 开本 16 印张 321 千字
2015 年 11 月第 2 版 2022 年 12 月第 12 次印刷
定价:29.00 元

营销中心电话:400 - 606 - 6496
出版社网址:http://www.class.com.cn
http://jg.class.com.cn

前言

为了更好地适应全国高等职业技术院校汽车类专业的教学要求，全面提升教学质量，人力资源和社会保障部教材办公室组织有关学校的骨干教师和行业、企业专家，在充分调研企业生产和学校教学情况、广泛听取教师对现有教材反馈意见的基础上，吸收和借鉴各地高等职业技术院校教学改革的成功经验，对现有全国高等职业技术院校汽车类专业教材进行了修订（新编）。

本次教材修订（新编）工作的重点主要体现在以下几个方面：

第一，合理更新教材内容。

根据企业岗位和教学实践的需求变化，确定学生应具备的能力与知识结构，调整部分教材内容，使知识技能点的深度、难度、广度与实际需求相匹配；根据相关专业领域的最新发展，淘汰陈旧过时的内容，补充新知识、新技术、新设备、新材料等方面的内容；根据最新的国家技术标准编写教材内容，保证教材的科学性和规范性。

第二，加强实践技能的培养。

根据就业岗位对技能型人才所需能力的要求，进一步加强实践性教学内容，采用了理论知识与技能训练一体化的编写模式，以体现“做中学”“学中做”的教学理念。

第三，衔接职业技能鉴定要求。

教材编写以国家职业标准为依据，涵盖相关国家职业标准高级的知识和技能要求，并在配套习题册中增加了相关职业技能考试的练习题。

第四，精心设计教材形式。

在教材的呈现形式上，尽可能使用图片、实物照片和表格等将知识点生动地展示出来，力求让学生更直观地理解和掌握所学内容。

第五，提供全方位教学服务。

本套教材配有习题册、教学参考书、电子课件和习题册答案，电子课件和习题册答案可通过中国人力资源和社会保障出版集团网站（http：//www. class. com. cn）或职业教育教学资源和数字学习中心（http：//zyjy. class. com. cn）下载。

本次教材的修订（新编）工作得到了辽宁、吉林、江苏、山东、河南、广东等省人力资源和社会保障厅及有关学校的大力支持，在此我们表示诚挚的谢意。

人力资源和社会保障部教材办公室

2014 年 8 月

目　录
Contents

模块一 电控液力自动变速器

课题一 液力变矩器的拆卸、安装及检测

学习目标

◆ 了解液力变矩器的作用、组成及工作原理。

◆ 了解液力变矩器的主要失效形式及原因。

◆ 能够使用专用检修工具拆装液力变矩器。

想一想

大家都看到过这样的场景，驾驶员在驾驶带有自动变速器的汽车过程中不必像驾驶手动变速器汽车那样频繁地操纵换挡杆，只要在起步时将换挡杆从 P 位推入 D 位，然后在整个驾驶过程中几乎不再需要操纵换挡杆。尤其在等待红绿灯时，装有自动变速器的汽车在绿灯亮起的一刹那可以非常从容、迅速地起步，更是免除了在立交桥等坡道上起步时频繁熄火的麻烦。

装有自动变速器的汽车（见图 1—1—1）没有离合器踏板，难道自动变速器在换挡

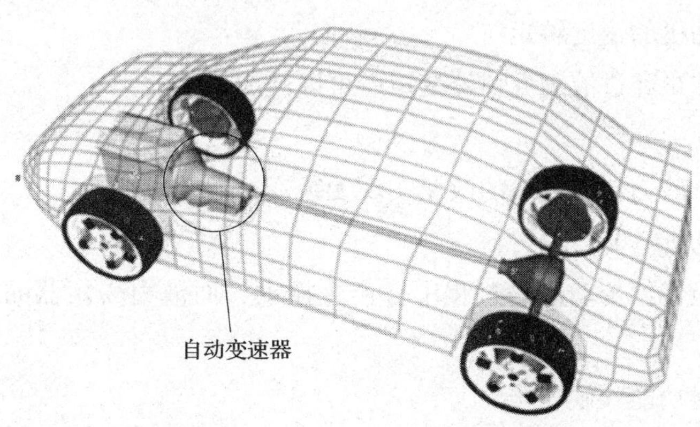

图 1—1—1　装有自动变速器的汽车

的时候不需要切断发动机的动力传递吗？在短暂停车时驾驶员不需要熄火、不需要将换挡杆置于空挡？令人难以掌握的坡道起步对带有自动变速器的汽车不再是一个问题。那么自动变速器的汽车是怎样做到这一点的呢？

一、液力变矩器的作用及安装位置

1．手动变速器与自动变速器的主要区别

装备自动变速器的汽车与装备手动变速器的汽车在结构上的一大不同在于发动机和变速器之间装备了液力变矩器（见图 1—1—2），从而可以实现动力的柔性传递和增大力矩的作用。

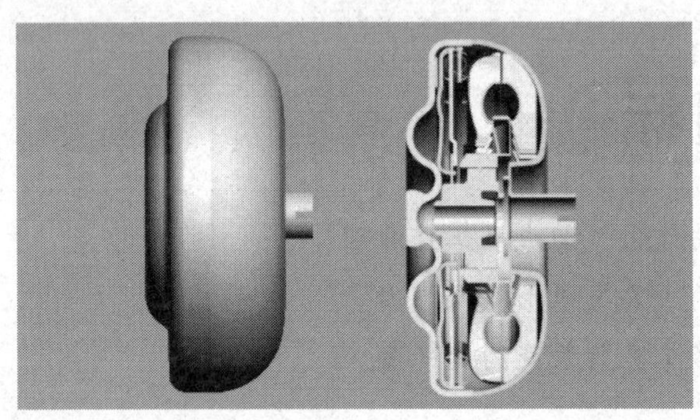

图 1—1—2　典型液力变矩器外观和结构

在手动变速器的汽车驾驶室里有三个踏板，它们分别是加速踏板、刹车踏板和离合器踏板。但是在自动变速器的汽车中只有两个踏板，分别是加速踏板和刹车踏板，没有离合器踏板，换言之就是自动变速器的汽车没有离合器了。在自动变速器的汽车上，发动机与变速器是靠液力变矩器连接在一起的。

2．液力变矩器的作用

（1）起自动离合器的作用

自动适时切断或连接发动机至变速器的输出转矩（软连接功能）。

（2）放大发动机的输出转矩

发动机输出转矩经过液力变矩器变矩后可以被成倍放大。

（3）无级变速

在小范围内靠液力传递效率的改变实现无级变速的效果。

（4）缓冲振动

发动机将转矩传给传动系的过程中会产生振动，而液力变矩器的软连接可以缓冲此振动。

（5）机械连接功能（硬连接）

在必要的时候，将发动机输出轴与变速器的输入轴刚性连接起来，实现 100%的传

动效率，从而提高发动机的燃油经济性并降低变速器的工作温度。

（6）起到飞轮动平衡的作用，使发动机运转平稳

在装有液力变矩器的车辆上，用液力变矩器自身质量旋转产生的转动惯量来平稳因活塞做功间隔造成的发动机转速不均匀现象，起动用的飞轮齿圈固定在液力变矩器壳体上。

（7）驱动自动变速器的液压油泵

这是统筹设计的需要。

在液力变矩器实现的多种功能中，最根本、最关键的是第一项和第二项。作为发动机与变速器的连接装置，其主要作用是传递或切断发动机传给变速器的动力，并在一定的范围内可以增大发动机的输出转矩。就其基本功能而言，液力变矩器与手动变速器中的离合器是一样的，由此不难想象出其在实车上的安装位置。液力变矩器在实车上与发动机和变速器的安装关系如图 1—1—3 所示。要拆卸液力变矩器并且分析其故障原因，首先要掌握液力变矩器的组成和结构。

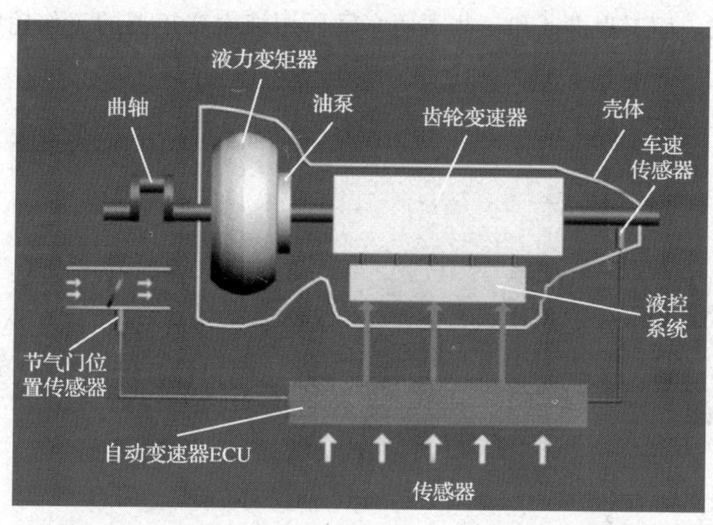

图 1—1—3　液力变矩器与发动机和变速器的安装关系

3．液力变矩器的安装位置

液力变矩器是连接发动机曲轴和变速器输入轴的动力传递装置。液力变矩器和液力耦合器一样，可以平稳地把发动机的动力传给变速器。液力变矩器允许发动机曲轴与变速器输入轴之间有一定的相对滑转，从而在停车时不脱开行驶挡也能维持发动机怠速运转。液力变矩器也可在汽车承受大负荷时增大转矩，以改善汽车的动力性能，它是构成自动变速器不可缺少的核心组成部分。液力变矩器与发动机的连接如图 1—1—4 所示，与变速器的连接如图 1—1—5 所示。

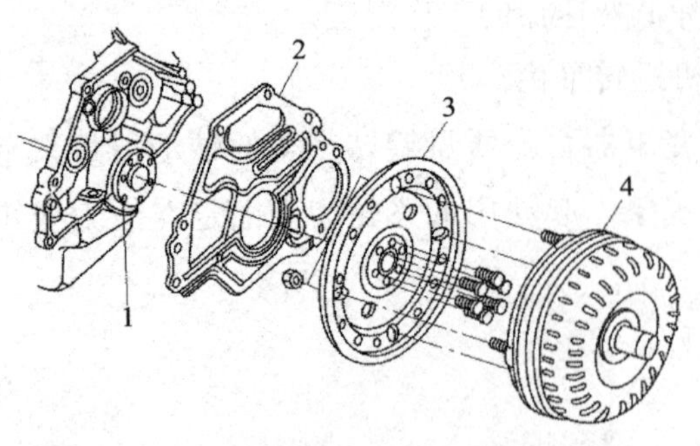

图 1—1—4　液力变矩器安装在发动机飞轮上

1—发动机曲轴　2—发动机后端盖板

3—飞轮（挠性板）　4—液力变矩器

图 1—1—5　液力变矩器与变速器连接

二、液力变矩器的结构

常用的液力变矩器由可转动的泵轮、涡轮和固定不动的导轮三个基本元件组成，称为三元件变矩器，如图 1—1—6 所示。现在汽车所用液力变矩器的工作轮一般都是由钢板冲压而成，而工程机械和一些军用车辆所用液力变矩器的工作轮则是用铝合金精密铸造而成。

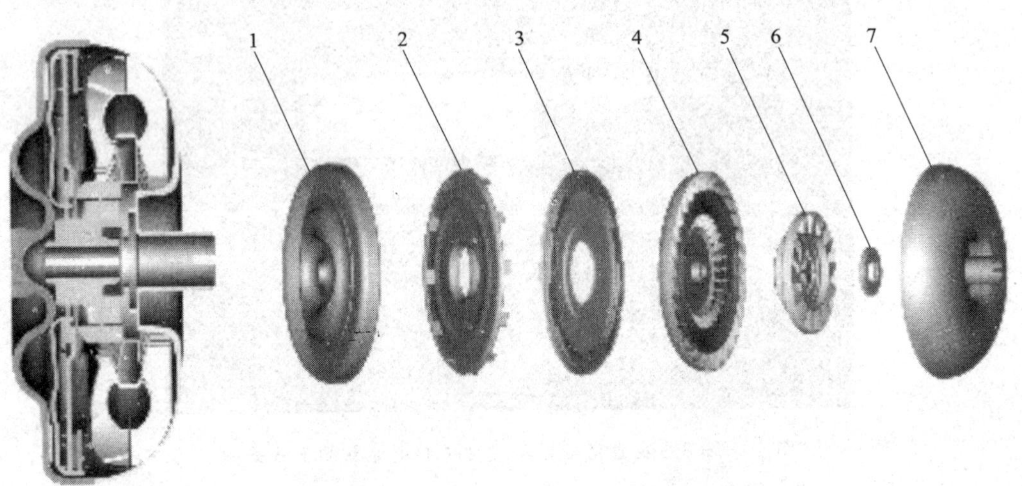

图 1—1—6　典型液力变矩器的结构

1—前盖　2—锁止离合器片　3—减振器　4—涡轮　5—导轮　6—推力轴承　7—泵轮

1. 泵轮

泵轮，顾名思义具有“泵”的作用。泵轮是变矩器的主动元件，泵轮与变矩器壳体连成一体，如图 1—1—7 所示，其内部径向装有许多扭曲的叶片，叶片内缘则装有让变速器油液平滑流过的导环。变矩器壳体与发动机曲轴后端的驱动盘相连接，在曲轴的带动下旋转。泵轮在旋转时带动变矩器里面的油液一起旋转，由于油液的离心力而进行泵油，从而将发动机的动力转化为油液的动能，并使油液在泵轮内沿着叶片约束的方向流出，冲向涡轮。因此，泵轮是变矩器的输入装置，且总是以发动机曲轴的转速转动。

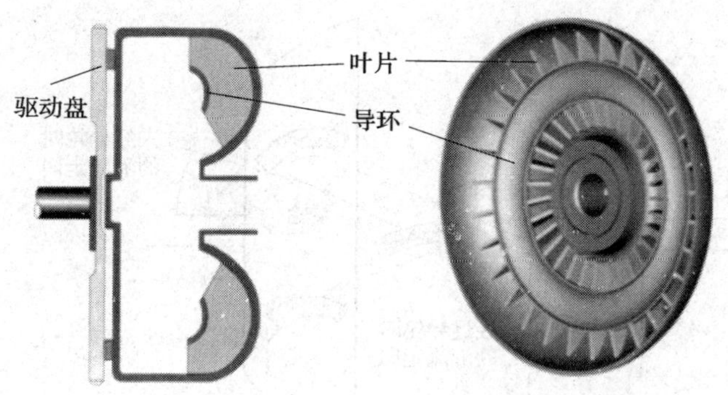

图 1—1—7 泵轮结构

2. 涡轮

涡轮是变矩器的从动元件，同样也是由若干曲面叶片组成，但涡轮叶片的扭曲方向与泵轮叶片的扭曲方向相反（见图 1—1—8）。涡轮中心有花键孔与变速器输入轴相连，所以也叫输出元件。涡轮被来自泵轮的带有动能的液流驱动，并且总是以它特有的速度转动。涡轮叶片数目与泵轮的不相等，一般而言，涡轮的叶片数少于泵轮，这样做的主要目的是在传力时，防止由于泵轮与涡轮振动的频率相同而发生共振。

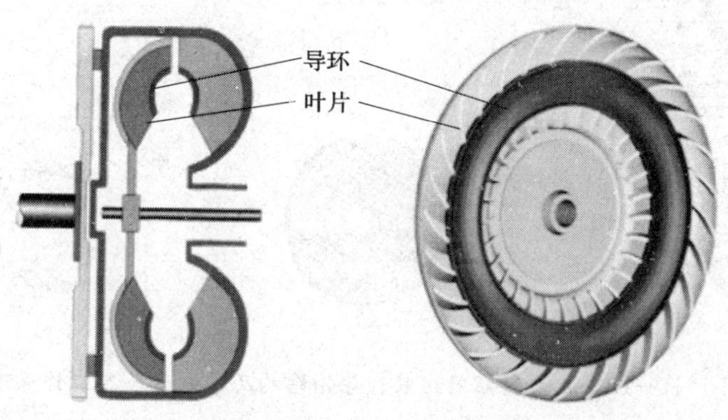

图 1—1—8 涡轮结构

3. 导轮

导轮位于泵轮与涡轮之间，通过单向离合器安装在与自动变速器壳体连接的导轮轴上。导轮是一个起引导作用的轮子，它是变矩器的反作用力元件。导轮的直径约为泵轮或涡轮直径的一半。导轮与泵轮或涡轮之间没有机械连接，而是安装在涡轮的出油口与泵轮的进油口之间。

导轮引导、改变涡轮流出的液流方向并使其返回到泵轮。改变了方向的液流与发动机的旋转方向一致，液流冲击到泵轮叶片的背面上，促进泵轮的转动。这也正是液力变矩器可以“变矩”的原因，变矩原理如图 1—1—9 所示。

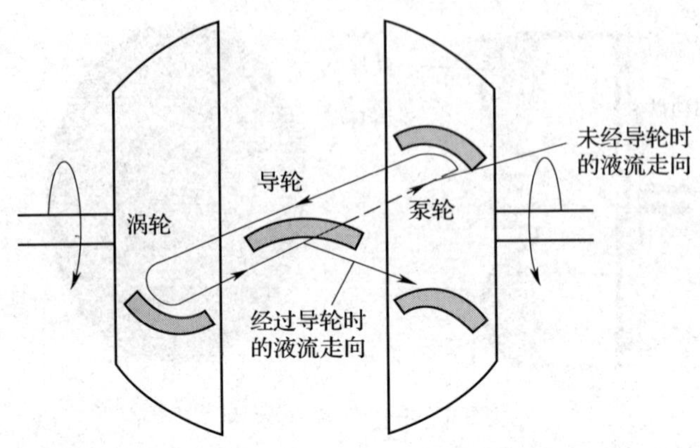

图 1—1—9　液力变矩器工作原理及液流方向

导轮安装在导轮轴上，两者之间用单向离合器连接，如图 1—1—10a 所示。导轮轴从变速器壳前端伸出，固定在变速器壳体上，结构如图 1—1—10b 所示。楔块式单向离合器的工作原理如图 1—1—10c 所示。

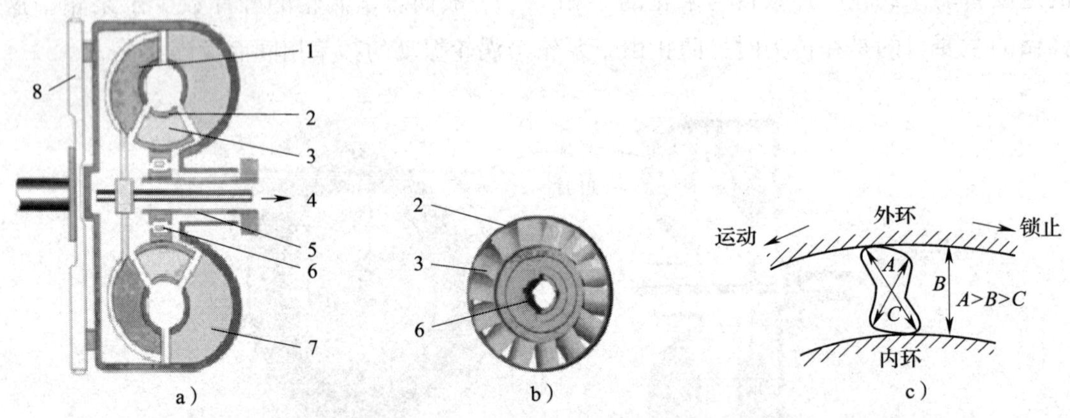

图 1—1—10　液力变矩器组装、导轮结构及单向离合器工作原理

a）液力变矩器组装　b）导轮结构　c）楔块式单向离合器工作原理

1—涡轮　2—导环　3—叶片　4—变速器输入轴　5—导轮轴　6—单向离合器　7—泵轮　8—飞轮

导轮的增矩作用如下：单向离合器使导轮只能朝着泵轮的旋转方向转动（此时单向离合器相当于一个轴承，将导轮支撑在导轮轴上）。当泵轮与涡轮达到耦合器工况（即泵轮与涡轮转速相同）时，由涡轮出来的油液冲击不到导轮叶片的正面，而是冲击导轮叶片的背面。此时，如果导轮固定不动将会阻碍涡轮的转动，所以，当液力变矩器达到耦合状态时，导轮在单向离合器的作用下单向锁止，随着泵轮的旋转方向一起

转动。导轮通过液流反作用于涡轮，实现“涡轮转矩＝泵轮液流冲击涡轮的转矩＋导轮反作用转矩”，从而起到“增矩”作用。

（1）泵轮相对涡轮转速越快则增矩就越大，汽车刚起步时增矩最大。

（2）随着泵轮和涡轮转速差的减小，增矩逐渐减小。

（3）当泵轮与涡轮转速差为零时，变矩器变成耦合器，增矩为零。

工程应用

一辆装配自动变速器的轿车，驾驶员反映刚起步加速时无力，经诊断故障出在变矩器内，试分析故障点在哪里？为什么？

答：正常时汽车刚起步泵轮和涡轮转速差最大，增矩效果最好，增矩来自涡轮的液流冲击导轮叶片的正面，而导轮锁止，所以导轮能通过液流反作用于涡轮实现增矩，汽车起步加速有力；现在无力是由于导轮单向离合器在锁止的方向打滑了，这就使得导轮不能通过液流反作用于涡轮，也就不能增矩，所以汽车起步加速无力。

4．锁止离合器

液力变矩器的应用为汽车变速提供了方便，但是因为液力变矩器使用液流间接地传递功率，所以肯定会有功率损失，因此在有些汽车上，在普通液力变矩器中加装了锁止离合器，直接将泵轮和涡轮连接在一起以减少功率损失。锁止离合器机构机械地将发动机功率直接连接至自动变速器，在汽车达到某一行驶速度或满足一定行驶条件时由 ECU 控制其锁止，以提高传动效率和燃油经济性，其结构如图1—1—11 所示。

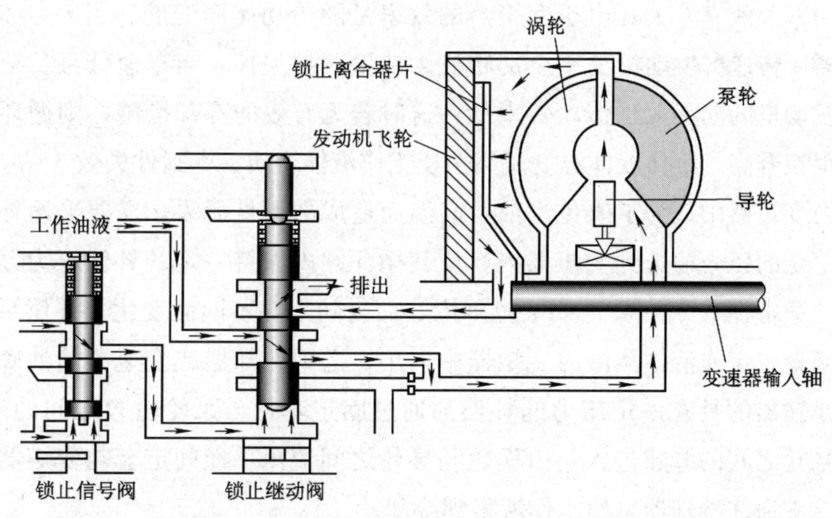

图 1—1—11　带锁止离合器的液力变矩器结构及控制

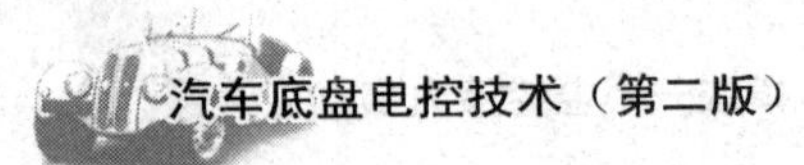

锁止离合器的应用大大提高了液力变矩器的传动效率。一般汽车设定在 2 挡以上时才会进行锁止控制（有某些车型是以车速和发动机负荷为锁定的控制标准，车速一般在 40 km/h 以上时才允许锁止）。

工程应用

某车主反映其车经常跑高速，但其车不仅不省油还跟在市内行车耗油量无差别，那么其锁止离合器一定坏了。锁止离合器在汽车达到某一行驶速度或满足一定行驶条件时由 ECU 控制其锁止，以提高传动效率和燃油经济性。

三、液力变矩器的补偿及冷却

变矩器的各工作轮在一个密闭腔内工作，腔内充满液力传动油，它既是工作介质，又是液力元件的润滑油和冷却剂。当变矩器工作时，泵轮高速转动，循环圆内液体沿工作轮叶片流动时受离心惯性力的作用，叶片上各点处液流压力均不相同。在泵轮叶片出口处压力最大，而在泵轮进口处的叶片背面压力最小。在液流过程中，若该处压力下降到低于该温度下工作液的饱和蒸汽压力时，液体便开始汽化蒸发，析出气泡，称为“汽蚀”现象。当液体中的气泡随液流运动到压力较高的区域时，气泡在周围液力油的冲击下迅速破裂，又凝结成液态，使体积骤然缩小，出现真空。于是周围的液体质点即以极高的速度填补这些空间。在此瞬间，液体质点相互强烈碰击，产生明显的噪声，同时造成很高的局部压力，致使叶片表面的金属颗粒被击破。由此可见，汽蚀现象将影响变矩器正常工作，使其效率降低，并伴有噪声。

此外，在变矩器工作时，由于能量的损失，会产生很大的热量，这种热量与变矩器传递的功率及效率有关。由于变矩器的效率是随传动比而变的。当 $i=0$ 时，$\eta=0$，这时变矩器所传递的发动机功率全部转变为热量而损失掉。当车速低且负荷大时，变矩器传递发动机的功率大且传动效率低，这时若无有效的冷却措施，则循环的工作液体温度会很快升高。工作液体温度过高会使工作液体变质，密封件失效。

在液力变矩器中，为了避免汽蚀及高温而造成的不良后果，需要采用补偿泵将工作液体以一定的压力输送到变矩器内，使其循环圆内保持一定的补偿压力，其值视变矩器而异，通常在 0.25～0.7 MPa 范围内，而且随工况不同而变化。补偿泵的另一个作用是不断地将工作液体从液力变矩器中引出，送到冷却器或变速器的油底壳进行冷却。由油泵输出的具有一定压力的补偿油通过固定套管与泵轮轮毂之间的环状空腔，从导轮与泵轮之间的缝隙进入，由涡轮与导轮之间流出，经固定套与变矩器输出轴之间的环状空腔通往冷却器，使工作液得到冷却。

由于补偿压力的存在，工作轮上受到的轴向力较大。因此，在导轮端部装有有色金属推力垫片，在涡轮轮毂与壳体之间装有耐磨的塑料垫片。

四、液力变矩器的拆卸与检测

1．液力变矩器的拆卸

液力变矩器排除故障时需要将其从车上拆下进行检查。由于变矩器是整体焊接的，所以不能进行解体检查，出现损坏或者缺陷时必须整体更换，不能进行修理。

拆卸变速器和液力变矩器总成操作步骤如下：

放出变速器里面的变速器油，松开变速器油散热器油管接头。用变速器千斤顶顶住变速器，然后松开液力变矩器与发动机飞轮之间的连接螺栓以及变速器与发动机之间的连接螺栓，用旋具撬松结合面。将液力变矩器同变速器一同作为一个总成拆下，如图 1—1—12 所示。从变速器上抽出液力变矩器总成，如图 1—1—13 所示，并对变矩器外观进行初步检查。

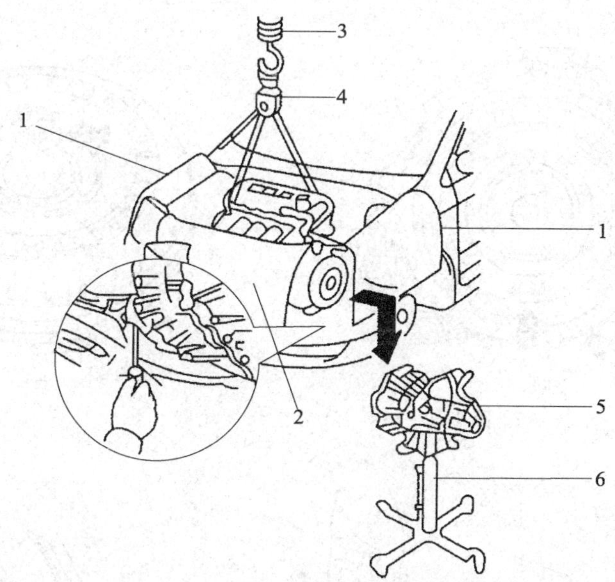

图 1—1—12　变速器与液力变矩器总成拆卸

1—翼子板护垫　2—中网护垫　3—发动机吊车　4—链动滑轮　5—变速器　6—变速器千斤顶

2．液力变矩器的检测

液力变矩器从车上拆下以后，要检查液力变矩器轮毂的导入轨迹（见图 1—1—14a 箭头）。检查变矩器驱动轴套，轴套应光滑，不能有磨损。

（1）单向离合器的检查方法

1）将专用工具插入单向离合器的内圈，如图 1—1—15a 所示。

2）安装专用工具，使其装配到变矩器轮毂的缺口和单向离合器的另一座圈中，如图 1—1—15b 所示。

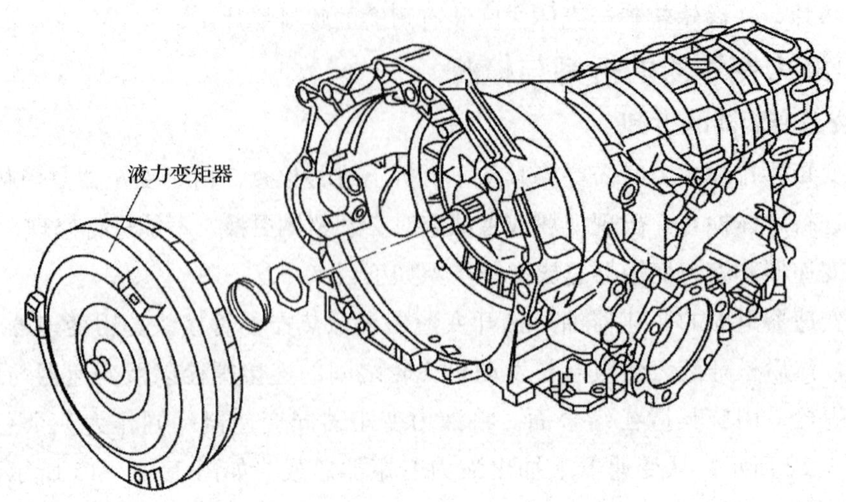

图 1—1—13　从变速器上抽出液力变矩器

图 1—1—14　液力变矩器轮毂标记

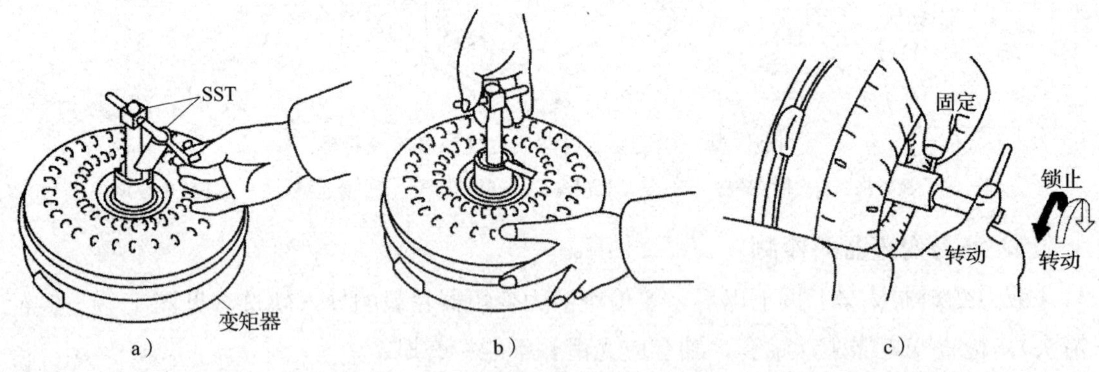

图 1—1—15　液力变矩器的单向离合器检查

a）插入工具　b）安装工具　c）转动检查

3）将液力变矩器侧立，逆时针转动时单向离合器应锁止，顺时针转动时应自由而平稳地转动，如图 1—1—15c 所示。

如果有必要，应清洁变矩器并重新测试单向离合器。如果单向离合器检测不合格，应更换整个液力变矩器。

(2) 测量传动板及变矩器轴套的端面跳动

将百分表架固定在发动机后壳体上，先测曲轴和变矩器的连接装置挠性板的端面跳动量，如果挠性板的端面跳动量大于 0.20 mm，必须更换挠性板；如挠性板合格，将变矩器在挠性板上固定好，再检测变矩器驱动轴套的端面跳动量，如果驱动轴套的端面跳动量大于 0.30 mm，必须更换变矩器。检查操作方式如图 1—1—16 所示。

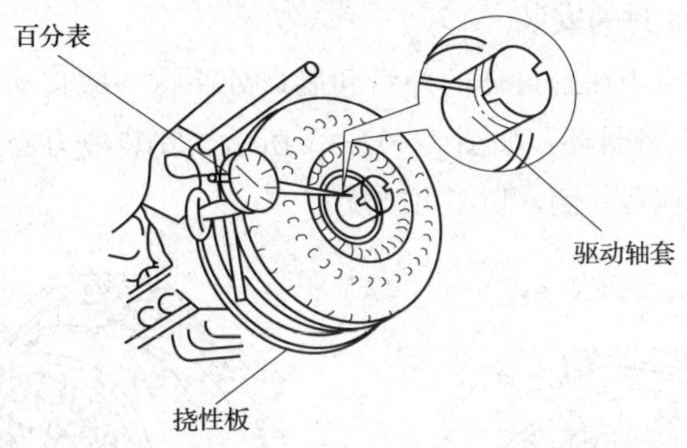

图 1—1—16　测量挠性板及变矩器轴套的端面跳动量

五、液力变矩器油封的更换及修复

1. 排空变矩器

如果因为变速器磨损而大修时，变矩器中的 ATF（自动变速器油）中会含有大量的杂质，所以在装复液力变矩器时，应当使用抽油机 V.A.G1358A 和探针 V.A.G1358A/1 抽出变矩器中的 ATF，以防止残留在变矩器中的杂质重新进入变速器中。液力变矩器的排空操作如图 1—1—17 所示。

2. 更换液力变矩器油封专用工具

在拆卸更换液力变矩器后液力变矩器的油封必须进行更换。拆卸液力变矩器油封的专用工具 VW681 如图 1—1—18 所示，安装油封的专用工具 3295 如图 1—1—19 所示。

3. 液力变矩器油封的拆卸

拆下变矩器，将变矩器固定到装配支架上。将油封拆卸专用工具 VW681 放到密封环上拆下油封，如图 1—1—20 所示。这样可避免下面的轴承环损坏。

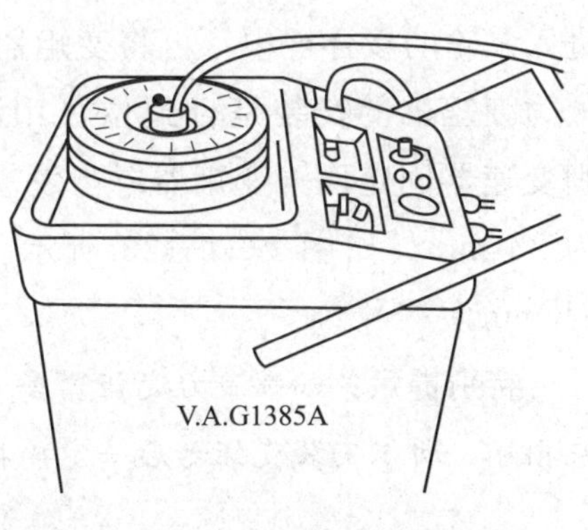

图 1—1—17　液力变矩器的排空操作

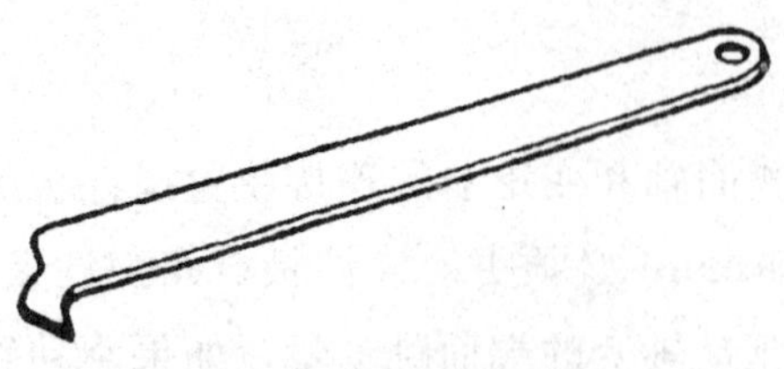

图 1—1—18　油封拆卸专用工具 VW681

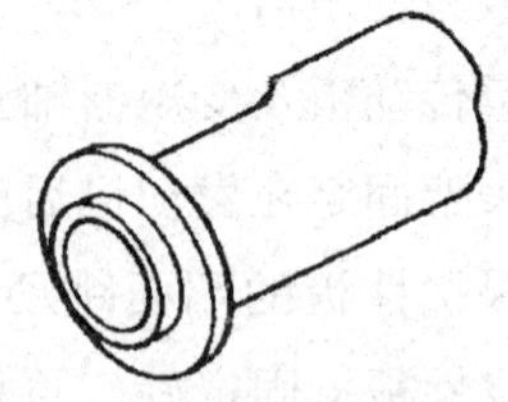

图 1—1—19　油封安装专用工具 3295

4．液力变矩器油封的安装

安装密封圈之前应当在密封环的外沿和唇口处涂抹一些自动变速器油，用油封安装专用工具 3295 压入密封环，如图 1—1—21 所示。安装液力变矩器油封时，密封环的开口侧应当指向变速器一侧，切不可装反。

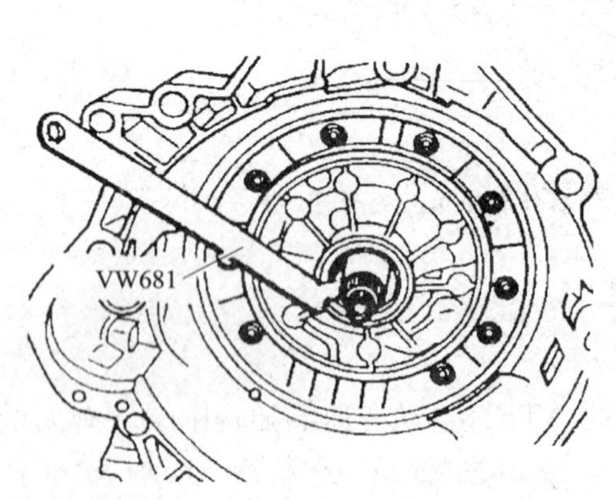

图 1—1—20　拆卸液力变矩器油封

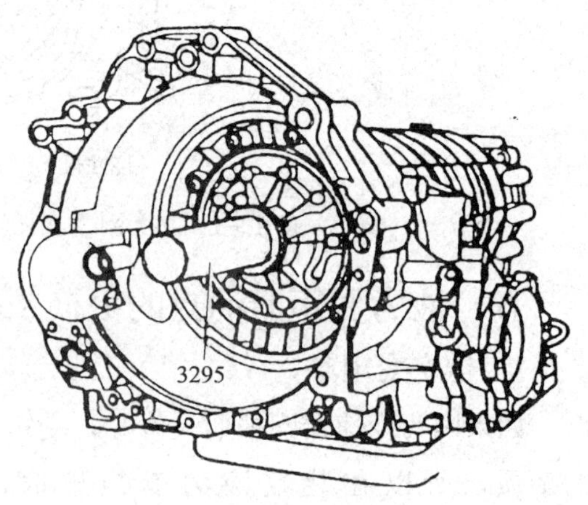

图 1—1—21　安装液力变矩器油封

5．液力变矩器的安装

先装入轮毂，然后将液力变矩器轻轻向里旋转，直到液力变矩器轮毂的驱动槽进入泵轮的接合杆中，再将变矩器向里推到位，驱动槽的结构如图 1—1—22 所示。液力变矩器的安装是否到位可用测量的方式来检测。如果液力变矩器安装正确，则变速器固定面（变矩器罩与发动机连接的结合面）到液力变矩器端面距离最小为 23 mm，如图 1—1—23 所示。如果液力变矩器没有装好，则此距离大约为 11 mm。

特别提示：如果液力变矩器安装错误会造成液力变矩器的接合杆及自动变速器油泵损坏，所以安装变矩器后一定要按照上述要求进行检查。

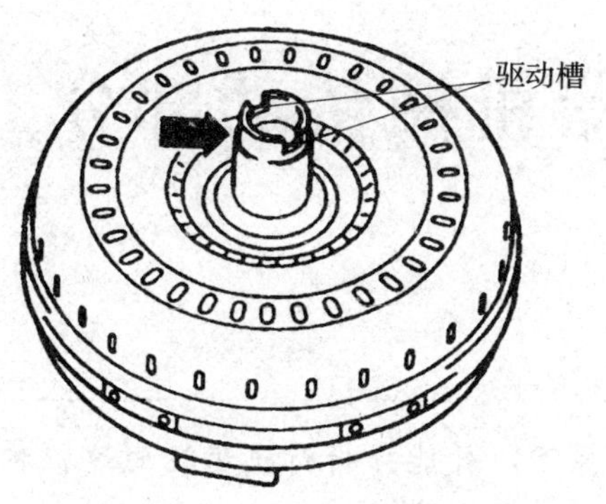

图 1—1—22　液力变矩器驱动槽结构

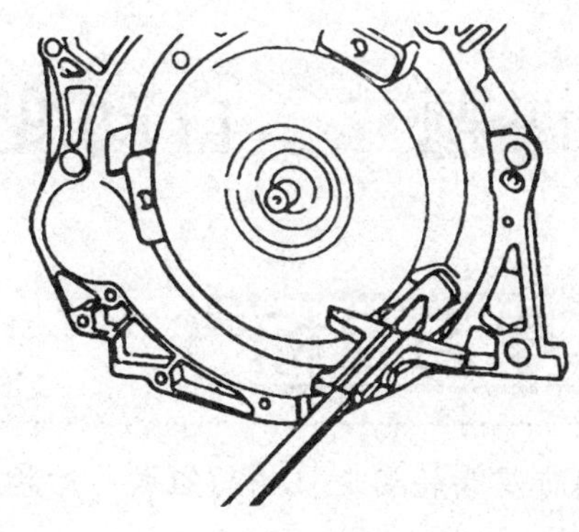

图 1—1—23　测量变速器固定面到变矩器端面距离

六、液力变矩器的故障诊断

1．变矩器锁止离合器故障的诊断

锁止离合器在变矩器内部，所以其检测只能就车检测或者在专用试验台架上进行试验检测。锁止离合器结合后，液力变矩器的泵轮和涡轮就机械地连接在一起了，即发动机的曲轴跟变速器的输入轴机械地连接在一起。所以，当锁止离合器锁止后，如果突然将加速踏板踩下，发动机的转速将会快速上升。但是由于发动机曲轴与变速器输入轴连接在一起，且由于惯性原因，汽车速度短时间内不会有明显变化。所以在变速器负载的作用下，发动机的转速在踏下加速踏板的瞬间不会明显发生变化就证明锁止离合器的工作状况正常，反之则说明锁止离合器打滑或者没有结合。

2．变矩器单向离合器的故障诊断

当对变速器进行失速试验时，发动机转速一般：4 缸发动机为 2 200～2 600 r/min，6～8 缸发动机为 2 400～2 700 r/min。当发动机失速转速低于 1 800 r/min 时，说明发动机功率不足；当低于 1 600 r/min 时，说明自动变速器的变矩器失去变矩能力（导轮叶片损坏或导轮单向离合器打滑）；低于 600 r/min 时，则很有可能是导轮单向离合器卡滞造成的。

特别提示：发动机失速试验用于检查发动机和变速器（行星齿轮装置的离合器和制动器）的总体性能。试验时，使汽车驱动轮固定不转，然后将变速器换挡杆拨到“D”或“R”位，在将加速踏板踩到底的同时测量发动机的最高转速。

课题二　自动变速器机械传动部分

学习目标

◆ 熟悉行星齿轮变速机构的组成、结构及工作原理，并能分析行星齿轮变速机构的传动路线。

◆ 熟悉拉维娜式行星齿轮机构的组成和结构特点，并能分析拉维纳行星齿轮机构传动路线。

◆ 熟悉辛普森行星齿轮机构的组成和结构特点，并能分析辛普森行星齿轮机构的传动路线。

想一想

液力变矩器取代了离合器就能自动换挡了吗？在行星齿轮变速器中还要有取代拨叉和同步器（结合套、同步环、结合齿圈等）的换挡离合器、换挡制动器、电液控制系统；在双离合DSG中有两套离合器，电液控制的两套离合器踏板，电液控制的拨叉和同步器。这样才能实现自动换挡，所以，自动是以电液控制为前提的，是高科技的基础。这些零部件都属于自动变速器机械传动系统。你知道自动变速器不同类型机械传动系统的传动路线吗？

液力变矩器虽然能在一定的范围内自动地、无级地改变变矩比，但由于变矩器存在着变矩能力与传动效率之间的矛盾，并且变矩器的变矩比只能在1～3之间变动，所以单靠液力变矩器难以满足汽车多种工况下的使用要求，故在汽车上广泛采用的是液力变矩器与机械变速器串联组成的“液力—机械式变速器”。

发动机的动力经液力变矩器传至机械变速器，经机械变速器后输出至传动轴。与液力变矩器配合使用的机械变速器多数是行星齿轮变速器（见图1—1—5），也有固定轴式齿轮变速器（如本田系列自动变速器）。行星齿轮变速器因具有体积小、结构简单、变速比大等优点，在现代汽车自动变速器上得到了广泛的应用，所以本课题主要介绍行星齿轮变速器。

行星齿轮变速器由行星齿轮机构和换挡执行机构两大部分组成。前者的作用是改变传动比和传动方向，即构成不同的传动比以适应汽车的行驶环境；后者的作用是实现挡位的变换。学习本课题的主要目的是掌握行星齿轮变速器的工作原理，学会对自动变速器的行星齿轮部分的传动路线进行分析及检修。

任务 1 行星齿轮变速机构的传动分析及检修

如图 1—2—1 所示是平行轴式手动变速器的齿轮传动线路。从图 1—2—1 中可以看出，通过滑移使齿轮处在不同的位置，可以改变不同的齿轮啮合，从而达到改变挡位（速度）的目的。

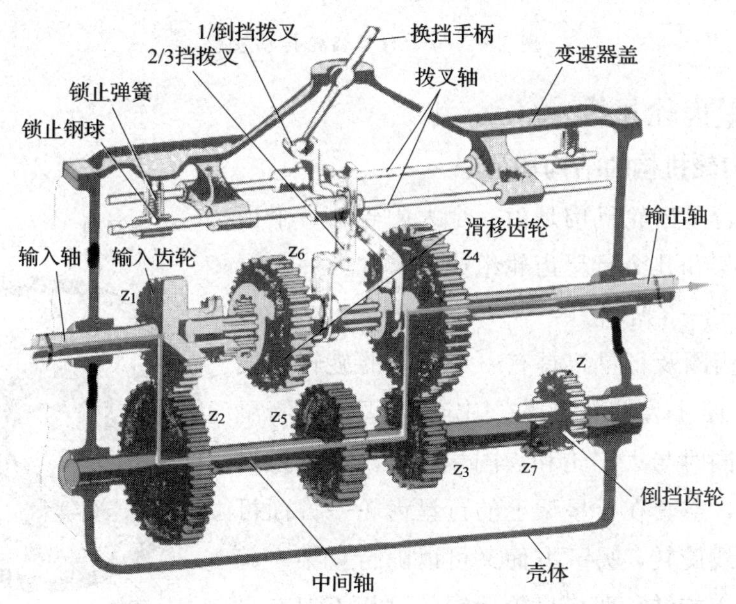

图 1—2—1 平行轴式手动变速器传动路线

如图 1—2—2 所示是一种新的变速器传动形式，该传动形式采用了行星齿轮传动。与手动变速器相比，该变速机构中的所有齿轮都是处于常啮合状态的，没有滑移齿轮之类的元件。那么，这种变速机构是如何实现变速（也就是传动比变化或换挡）的呢？由输入轴到输出轴，转速变化如何？是升速还是降速了呢？因此需要大家掌握行星齿轮机构的传动原理，才能够对行星齿轮排进行故障检测，对执行元件进行检修。

通过分析可知，图 1—2—2 中标注 B_0 的表示制动器，它起作用时可以使与它相连接的零件静止不动；标注 C_0 的表示离合器，它起作用时可以将与它相连接的两个零件连成一体。当制动器或者离合器分别工作时，相关的行星齿轮机构元件被约束，该机构就在两个传动比之间进行变换；当离合器和制动器都不工作时为空挡。其中，离合器和制动器就是行星齿轮传动机构的执行元件。检修行星齿轮传动机构时，首先要明确分析出该行星齿轮机构的传动路线，其次，在理论分析的基础上进行有针对性的检修。

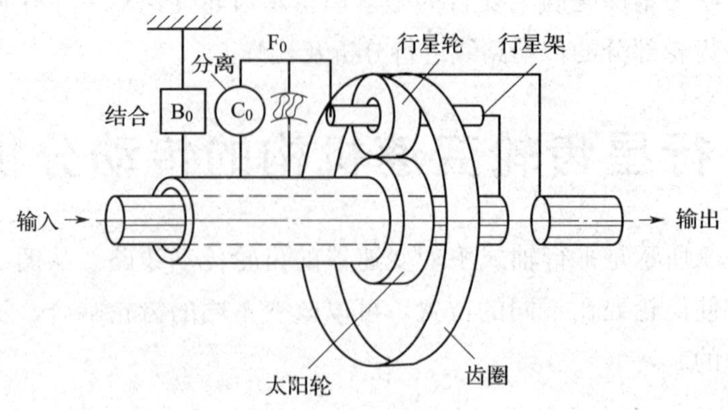

图 1—2—2 行星齿轮传动装置

一、行星齿轮机构

1. 行星齿轮机构的结构和类型

最简单的行星齿轮机构是由一个太阳轮、一个齿圈、一个行星架和几个行星齿轮组成的，称为一个行星排，如图 1—2—3 所示。

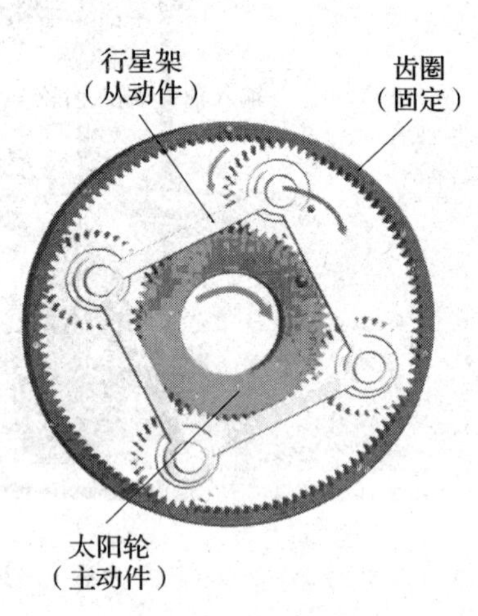

图 1—2—3 行星排

太阳轮、齿圈及行星架具有一个共同的旋转轴线（见图 1—2—4），行星齿轮支撑在固定于行星架的行星齿轮轴上，并同时与太阳轮和齿圈相啮合。当行星齿轮机构运转时，空套在行星架上的行星齿轮一方面可以绕自身的轴线旋转，另一方面又可以随行星架一起绕着太阳轮轴心旋转，即行星轮运转的过程不但有自转而且还有公转，就像太空中运动的行星一样，所以称为行星齿轮传动机构。太阳轮、齿圈和行星架是构成一个行星排的三个基本元件。

根据太阳轮和齿圈之间的行星齿轮个数的不同，行星齿轮机构可以分为单行星齿轮式和双行星齿轮式。双行星齿轮机构与单行星齿轮机构在其他条件相同的情况下，齿圈可以得到反向传动，如图 1—2—5 所示。

2. 行星齿轮机构的变速原理

根据机械原理可知，要想使组成机构的各构件具有确定的相对运动，则必须使机构的原动件数目与机构的自由度数目相等。而对于单排行星齿轮机构来说，行星架、太阳轮以及齿圈与外部零件组成了 3 个转动副；行星架又与行星齿轮组成了一个转动副；相互啮合的太阳轮、行星轮和齿圈组成了两个高副。根据平面机构自由度的计算公式可得单排行星齿轮机构的自由度为 2。

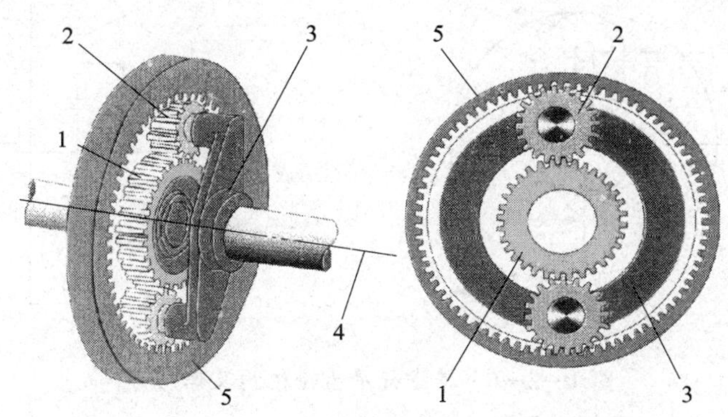

图 1—2—4　单排行星轮机构

1—太阳轮　2—行星轮　3—行星架　4—传动轴　5—齿圈

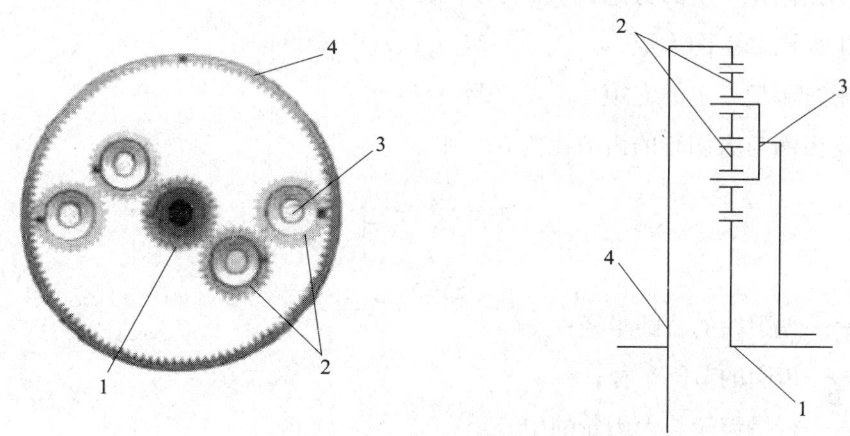

图 1—2—5　双行星齿轮机构

1—太阳轮　2—行星轮　3—行星架　4—齿圈

单排行星齿轮机构有两个自由度但有 3 个自由运动件，所以为了使行星排能够组成具有一定传动比的传动机构，必须将太阳轮、齿圈和行星架这 3 个基本元件中的 1 个加以固定或使其运动受到一定的约束（也可将某两个基本元件互相连接在一起），使行星排变为只有一个自由度的机构，以获得确定的传动比，图 1—2—2 中的制动器 B_0、离合器 C_0就是为此而设计的。

3．行星齿轮机构传动比计算

（1）单排行星轮传动比计算

单排行星齿轮传动比的计算是学习行星齿轮变速器传动原理的基础，计算传动比之前，首先需要对行星齿轮机构进行受力分析。单排行星齿轮机构中行星轮所受到的作用力如图 1—2—6 所示。

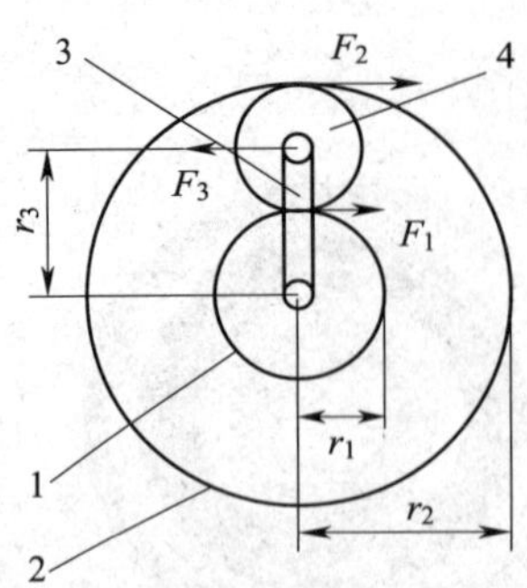

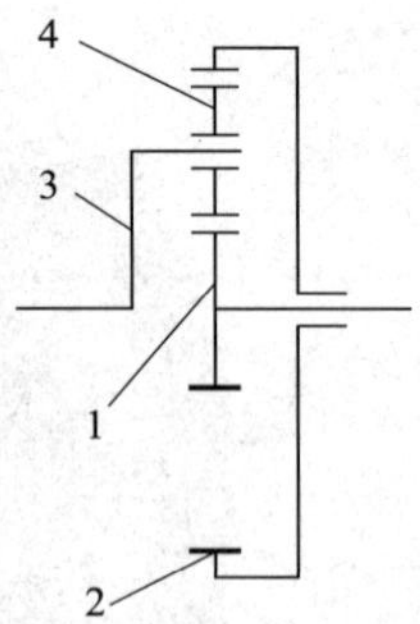

图 1—2—6　单排行星齿轮机构及作用力

a）示意图　b）简图

由图 1—2—6 可知：

作用于太阳轮 1 上的力矩　　$M_1 = F_1 r_1$

作用于齿圈 2 上的力矩　　$M_2 = F_2 r_2$

作用于行星架 3 上的力矩　　$M_3 = F_3 r_3$

如果令齿圈与太阳轮的齿数比为 α，则

$$\alpha = \frac{Z_2}{Z_1} = \frac{r_2}{r_1}$$

所以

$$r_2 = \alpha r_1 \qquad (1—2—1)$$

式中　r_1——太阳轮的节圆半径；

r_2——齿圈的节圆半径；

r_3——行星齿轮与太阳轮的中心矩；

Z_1——太阳轮的齿数；

Z_2——齿圈的齿数。

由行星轮 4 的受力平衡条件可得：

$$F_1 = F_2$$

$$F_3 = -2F_1$$

因此，太阳轮、齿圈和行星架上的力矩分别为：

$$\left.\begin{aligned} M_1 &= F_1 r_1 \\ M_2 &= \alpha F_1 r_1 \\ M_3 &= -(1+\alpha) F_1 r_1 \end{aligned}\right\} \qquad (1—2—2)$$

根据能量守恒定律，在 1 个行星排上 3 个元件输入和输出功率的代数和应等于零，即：

$$M_1\omega_1 + M_2\omega_2 + M_3\omega_3 = 0 \qquad (1—2—3)$$

式中　ω_1、ω_2、ω_3 分别为太阳轮、齿圈和行星架的角速度。

将式（1—2—2）代入式（1—2—3）中，即可得到表示单行星排行星齿轮机构一般运动规律的特性方程式：

$$\omega_1 + \alpha\omega_2 - (1+\alpha)\omega_3 = 0 \tag{1—2—4}$$

$$\omega = \frac{2\pi n}{60} \tag{1—2—5}$$

将式（1—2—5）带入式（1—2—4），则上式最终可化简成：

$$n_1 + \alpha n_2 - (1+\alpha)n_3 = 0 \tag{1—2—6}$$

式中　n_1——太阳轮转速；

n_2——齿圈转速；

n_3——行星架转速。

这就是单排行星齿轮传动比的计算公式，也称运动特性方程。在一个行星排中，只要知道输入元件、输出元件和固定元件，就可以根据式（1—2—6）计算出其传动比。

传动比的公式：

$$i = \frac{主动轮转速}{从动轮转速} = \frac{从动轮齿数}{主动轮齿数} \tag{1—2—7}$$

（2）双行星齿轮传动比计算

对于双行星轮齿轮机构，由于在太阳轮与齿圈之间有两个行星轮，所以它的传动比计算公式就发生了一定的变化。由于双行星齿轮传动计算公式的推导过程较为复杂，在此，具体的推导过程就不详细列出，只给出公式。

$$n_1 - \alpha n_2 - (1-\alpha)n_3 = 0 \tag{1—2—8}$$

式中　n_1——太阳轮转速；

n_2——齿圈转速；

n_3——行星架转速；

$\alpha = \frac{Z_2}{Z_1}$（齿圈与太阳轮的齿数比）。

上述两种行星齿轮传动机构的灵活组合就构成了市面上绝大多数的行星齿轮变速器，如两个或三个单行星齿轮排进行串联组合或者一个单行星齿轮排和一个双行星齿轮排串联组合等。如图 1—2—2 所示的传动简图就是现在市面上非常流行的一款自动变速器中的一个传动部分。

4．单行星齿轮排传动的 8 种组合

当行星齿轮机构工作时，将太阳轮、齿圈和行星架这三者任一元件作为主动件，使它与输入轴相连；将另一元件作为被动件，与输出轴相连；再将第三个元件加以约束，这样整个行星齿轮机构即以一定的传动比传递动力。这三个基本元件都有三种运动状态（主动件、从动件、约束件）可以选择，所以有6种不同的组合方案，再加上两个特例——行星排中没有被约束的零件（自由转动）和将任意两个零件锁为一体（行星排将成为一体，直接传递动力），一共有8种组合。单排单行星齿轮机构的8种传动方案见表1—2—1。

表1—2—1　　单排单行星齿轮机构的8种传动方案

方案	主动件	从动件	固定件	传动比	注
1	太阳轮	行星架	齿圈	$1+\alpha$	减速增矩
2	齿圈	行星架	太阳轮	$1+\frac{1}{\alpha}$	
3	太阳轮	齿圈	行星架	$-\alpha$	
4	行星架	齿圈	太阳轮	$\frac{\alpha}{1+\alpha}$	增速减矩
5	行星架	太阳轮	齿圈	$\frac{1}{1+\alpha}$	
6	齿圈	太阳轮	行星架	$-\frac{1}{\alpha}$	
7	任意2个连为一体			1	直接传动
8	既无任一元件制动，又无任意2个元件连为一体			3个零件自由转动	不传递动力

通过表1—2—1可以发现规律，当行星架作为主动件时，传动比肯定小于1；当其作为从动件时，传动比肯定大于1。这个关系可以为以后分析行星齿轮传动机构的传动路线提供很大的方便。

由于单个行星排的传动比变化范围有限，不能很好地满足汽车多种行驶工况的要求，所以实用的行星齿轮变速器都是由两个或多个行星齿轮排经过灵活组合而成的。在计算各种行星齿轮机构的传动比时，可以先从分析最简单的单排行星齿轮机构传动比的计算方法入手，其他各种形式的行星齿轮机构传动比可以用同样的方法导出。因此对于式（1—2—6）和式（1—2—8），大家一定要牢固掌握，它是分析任何一款行星齿轮变速器传动路线的基础。只有明白了传动路线，才能针对故障现象分析出所要维修的自动变速器的故障原因所在，从而可以在很大程度上避免工作的盲目性，提高维修工作的效率。

二、行星齿轮变速器执行元件

在行星齿轮变速器中，要想实现确定的传动比，必须对行星排3个元件中的1个元件进行约束。所以在行星齿轮变速器中设立了离合器和制动器等约束元件，它们统称为执行元件。

执行元件根据其结构的不同有许多形式，其中，离合器根据结构形式分为湿式多片式离合器和单向离合器；制动器根据结构形式可分为多片湿式制动器和带式制动器。

1. 离合器的结构及工作原理

所谓离合器就是将两个能独立运动的零件连接起来，使之成为一体。在实践中，常常用大写字母C表示离合器，如果变速器中有多个离合器则在C的右下角加一个数字脚标，如C_1等。

(1) 湿式多片式离合器

在自动变速器中，湿式多片式离合器的主要作用是连接，即将行星排中两个运动的零件连接在一起以约束行星排中某两个基本件的运动。

湿式多片式离合器通常由离合器鼓、离合器活塞、回位弹簧、弹簧座、钢片、摩擦片、调整垫片、离合器毂及几个密封圈组成，如图1—2—7所示。

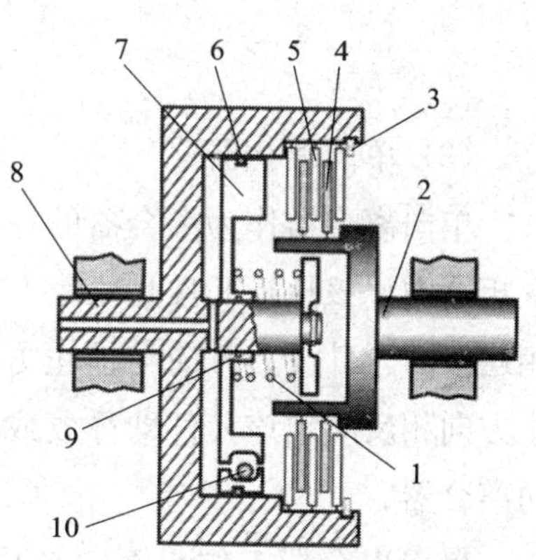

图1—2—7　湿式多片式离合器

1—回位弹簧　2—输出轴　3—卡环　4—摩擦片　5—钢片　6—活塞密封圈　7—活塞　8—输入轴　9—密封圈　10—单向阀

离合器活塞安装在离合器鼓内，它是一种环状活塞，由活塞内外圈上的橡胶密封圈与离合器鼓紧密接触保证密封，从而和离合器鼓一起形成一个密封的环状液压缸，并通过离合器轴颈上的进油孔和控制油道相通。

图1—2—7中单向阀10的作用是为保证离合器能够分离彻底而设计的。这是因为在离合器旋转时，将带动液压油产生较大的离心力。在离合器分离时，活塞腔中的一部分油液则由于离心力的作用残留在液压缸内并对活塞产生一定的压力，这会引起离合器分离不彻底。为防止此类问题，就在活塞的外圆处设有止回阀，如图1—2—8所示。

当离合器接合时，球阀在油压的推动作用下压紧在阀座上，止回阀处于关闭状态，保证了液压缸的密封，如图1—2—8a所示；当缸体内的油压解除时，缸体内的工作液压力下降，球阀在离心力的作用下离开阀座，使止回阀处于开启状态，残留在液压缸内的液压油在离心力的作用下从止回阀的小孔流出，从而促使离合器快速、完全脱开，如图1—2—8b所示。

湿式多片式离合器由于其表面积较大，所传递的转矩也较大，摩擦材料磨损均匀。通过增减摩擦片的数目和改变施加压力的大小，就可以改变其传递功率的大小。这样就可以使同一外形尺寸的变速器适用于不同排量的发动机，从而减少了零件尺寸规格，方便维修。

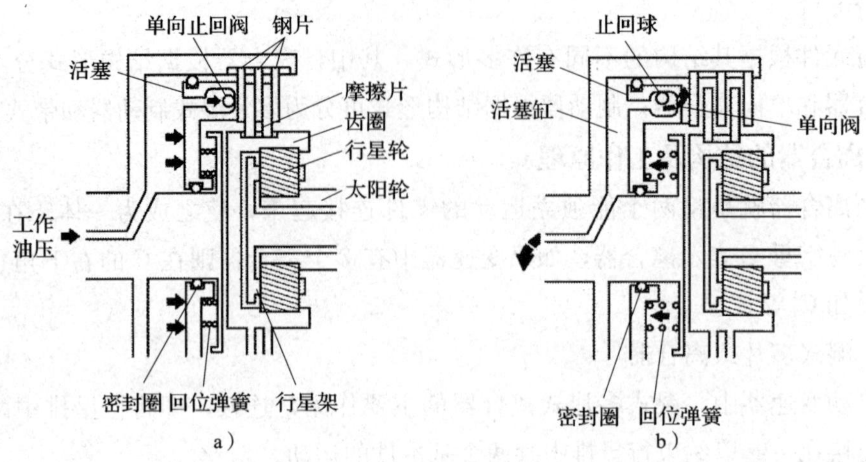

图 1—2—8　离合器单向止回球阀

a）结合　b）分离

（2）单向离合器

单向离合器作为离合器的一种特别形式，广泛用于行星齿轮变速器及综合式液力变矩器中。该执行元件是依靠其“单向锁止”原理来发挥固定或连接作用的。当与之相连接的元件受力方向与锁止方向相同时，该元件即被固定或连接；当受力方向与锁止方向相反时，该元件即释放或脱离连接。在汽车维修中，常用大写字母 F 来表示单向离合器。

单向离合器工作与否完全由与之相连接元件的受力方向来控制，无须控制机构控制。当与它相连接的元件受力方向发生变化的瞬时即产生接合或脱离，反应迅速、灵敏，可保证平顺、无冲击。单向离合器的使用能大大简化变速器的液压控制系统。

行星齿轮变速器中采用的单向离合器基本上是楔块式单向离合器和滚柱式单向离合器两种。在楔块式单向离合器中，内、外圈都是圆形的，利用的是内外圈之间的楔形块来工作，如图 1—2—9 所示；而在滚柱式单向离合器中，内圈和滚柱体是圆形的，利用的是滚柱在其外圈上的楔形槽中不同的位置来工作的，如图 1—2—10 所示。

2．制动器的结构及工作原理

所谓制动器就是能将一个运动的零件与一个固定的零件连接起来，从而使该零件不能运动。制动器也有多种形式，在自动变速器中常用的有多片湿式制动器和带式制动器两种。

（1）多片湿式制动器

多片湿式制动器实际上与多片式离合器具有相同的结构，其主要的区别在于离合器的壳体是一个运动件，而制动器的壳体和油缸是固定不转动的。

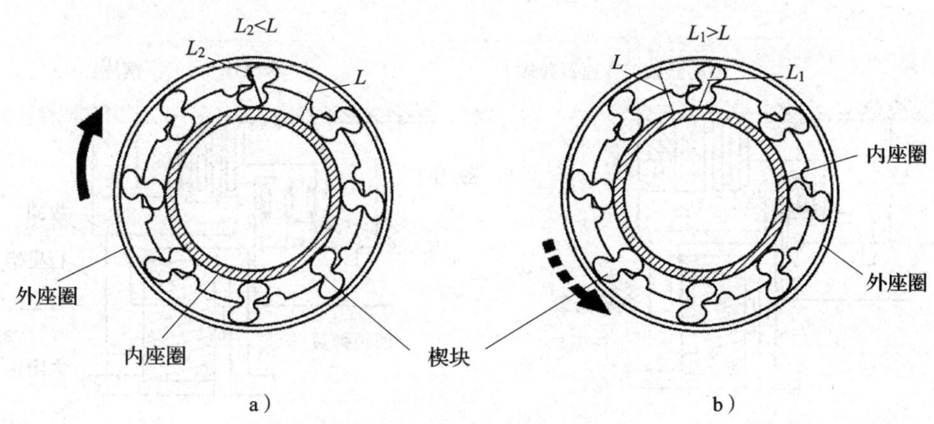

图 1—2—9　楔块式单向离合器工作原理

a）顺时针方向转动　b）逆时针方向转动

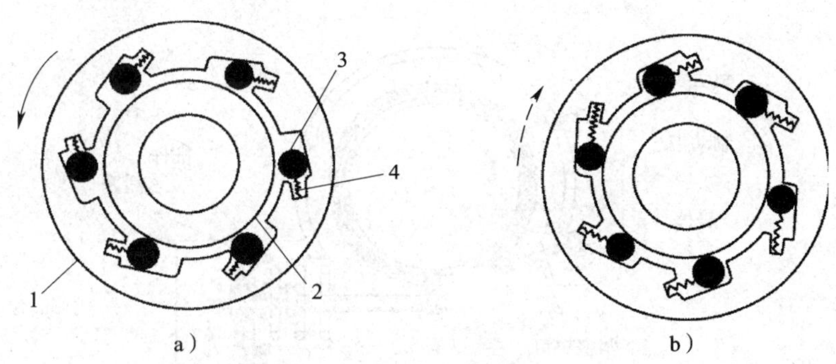

图 1—2—10　滚柱式单向离合器工作原理

a）自由状态　b）锁止状态

1—外圈　2—内圈　3—滚柱　4—弹簧

多片湿式制动器的工作原理和多片式离合器基本上相同。当液压油进入活塞缸时，活塞在缸体内向右移动，促使制动器的摩擦片与钢片接触，在两片之间产生大摩擦力，与行星架连接的制动器毂就被固定，不能旋转，如图 1—2—11a 所示；当液压油从活塞缸排出时，回位弹簧将活塞复位至原始位置，导致制动器脱开，制动器毂便可以自由旋转，如图 1—2—11b 所示。

（2）带式制动器

带式制动器主要由制动鼓、制动带、液压缸及活塞组成。制动带绕在制动鼓的圆周上，一端用销钉固定在变速器壳体上，而另一端与制动缸活塞接触。带式制动器工作原理如图 1—2—12 所示。图 1—2—12 中的调整螺钉用于调整制动器自由间隙。现在自动变速器已经取消了调整螺钉这一结构，自由间隙的调整是通过更换不同长度的推杆来实现的，通常备有两种不同长度的推杆供选用。

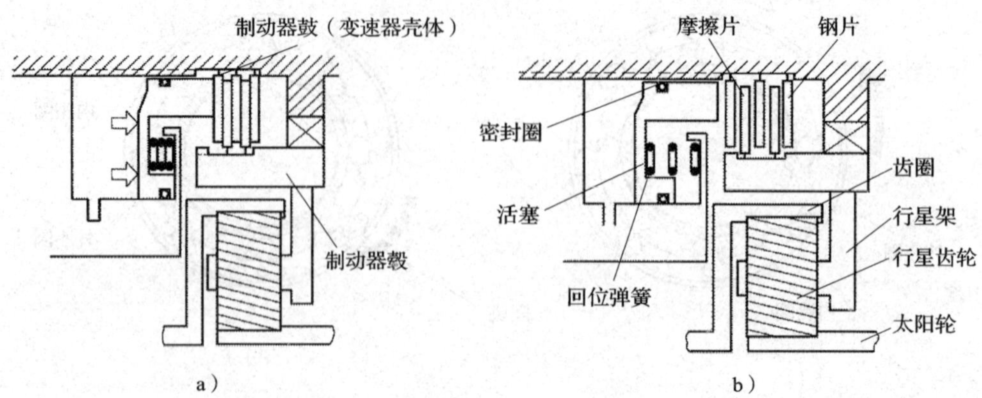

图 1—2—11　圆盘多片湿式制动器工作原理

a）结合　b）分离

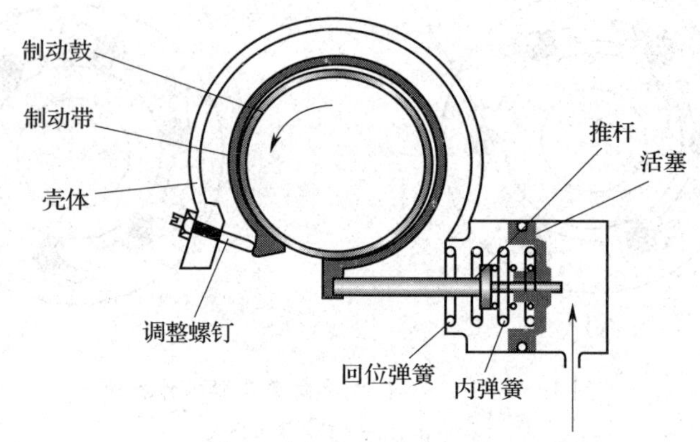

图 1—2—12　带式制动器工作原理

带式制动器的整个制动过程分为两个阶段：第一个阶段，当油缸内油压升高时，活塞向左移动推动内弹簧，内弹簧被压缩并将力传给推杆推动制动带夹持制动鼓（注：此时制动力不是很大，所以制动鼓只是降速而没有完全被制动）。第二个阶段，缸体内的油压继续升高，压缩内、外弹簧推动活塞继续移动。当活塞与推杆垫片接触时，活塞便直接推动推杆，制动带便以更大的制动力夹持制动鼓。此时在制动带和制动鼓之间产生更大的摩擦力，以促使制动鼓被固定。当液压油从缸体内排出时，活塞和推杆被外弹簧推回，因此制动鼓被释放，制动解除。这样的结构可以非常有效地防止制动器在起作用时产生振动。

三、行星齿轮排的故障检测及原因

在变速器中行星齿轮是处于常啮合状态的，所以只要汽车在行走，那么它就一直处于运动状态，难免发生磨损。当它损坏时，该车辆乘坐起来就会变得不舒适。

变速器里会不断地传来噪声，在换挡的瞬间会产生冲击感，使坐车的人产生前俯后仰的感觉，所以在维修行星齿轮变速器的时候，要对行星齿轮机构进行检查。了解行星齿轮机构损坏的原因，则可以找出变速器产生故障的原因，从根本上排除故障。

在检查的过程中，要着重对行星齿轮排进行以下几个方面的检修。

1. 检查太阳轮、行星齿轮、齿圈的齿面

如有磨损或疲劳剥落现象应更换整个行星排。该损坏的主要原因是齿轮机构在运行过程中缺少润滑以及使用时间过长造成的疲劳损伤，再就是零件本身质量原因。

2. 检查行星齿轮与行星架之间的间隙

齿轮与行星架之间间隙的检查如图1—2—13所示。用塞尺检查行星轮与行星架之间的间隙，其标准值为0.2～0.6 mm，最大不得超过1.0 mm，否则应更换止推垫片或整个行星齿轮组件。该元件损坏的主要原因有两个方面，一是缺少润滑；二是使用时间过长，达到预定寿命。

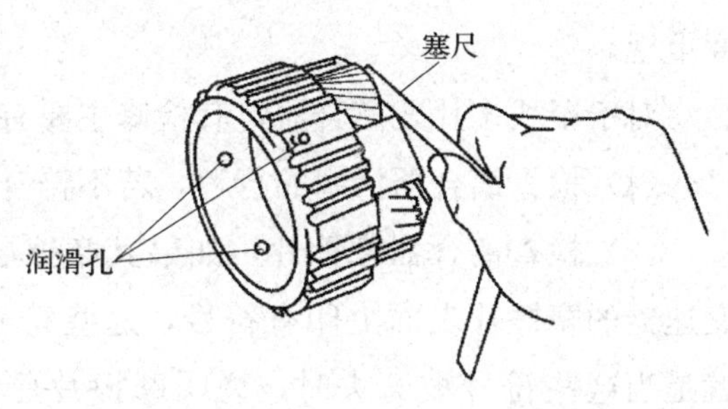

图1—2—13 齿轮与行星架之间间隙的检查

3. 检查行星齿轮架上的润滑孔有无堵塞

行星齿轮架上的润滑孔如有堵塞，应进行疏通。

4. 检查太阳轮、行星架、齿圈等零件的轴颈或滑动轴承处有无磨损

如有异常，应更换新件。该故障的主要原因是缺少润滑，如润滑孔堵塞，变速器缺油等。

无论是单行星轮排还是双行星轮排，其检查的内容与检查方式基本一样，只是其各个间隙的标准值不同，具体数值需要参照各自的维修技术手册。

四、行星齿轮排执行元件的检修

由前面行星齿轮传动机构的工作原理可以知道，在行星齿轮变速器中，执行元件能可靠地约束行星齿轮机构中的相关元件是变速器能产生确定传动比的前提。如果它们不能正常约束所要约束的元件，那么变速器就不能正常地实现动力传递，此时就要对相关的执行元件进行检测与维修。

在所有型号的自动变速器中，其离合器、制动器（带式和片式）及单向离合器的工作原理及检查项目都相差无几，但是其具体的结构形式及拆装方式各不相同。所以在此仅介绍四种执行元件的检修方法及检修注意事项，而不讲解其拆装过程，只要大家学会这四种执行元件的检修方法，在以后的工作中对此类问题就可以做到“一通百通”的效果。

1. 湿式多片式离合器的检修

湿式多片式离合器装配后，在钢片和摩擦片之间要预留一定的间隙，称为自由间隙。一般平均每片之间为 0.3～0.5 mm，总间隙因片数不同而不同，一般为 2～5 mm。湿式多片式离合器在装配中必须十分注意离合器的自由间隙。间隙过小，离合器分离不彻底；间隙过大，当回位弹簧已被压紧至极限状态，而离合器仍未完全接合，离合器将严重打滑，不能传递动力。离合器片是易损件，极易磨损。磨损后造成的故障是汽车在行驶中出现离合器打滑，使 ATF 油温升高，若自动变速器 ATF 冷却器和发动机冷却器装在一起，还有可能引起发动机水温过高。因此，对于自由间隙必须予以高度重视。

对于湿式多片式离合器，其检修主要有以下几个项目：

（1）检查离合器活塞的行程，若不符合要求，应检查每一部件。

（2）检查离合器摩擦片，如果其摩擦层剥落、变色，应当更换摩擦片。许多自动变速器的摩擦片表面上印有符号，这些符号除了说明摩擦片的规格外还有一个作用，就是当这些符号被磨去时，说明摩擦片已磨损至极限，必须更换。摩擦片外形如图 1—2—14 所示。

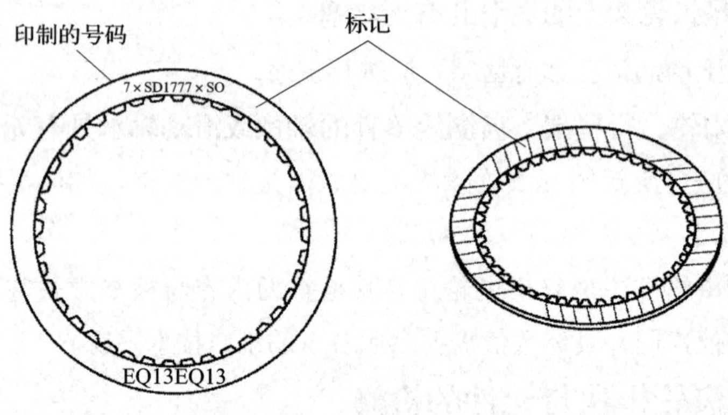

图 1—2—14　摩擦片外形

（3）摩擦片的摩擦表面上有一层“含油层”。新拆下来的摩擦片用无毛布将表面擦干，用手轻按摩擦表面时应析出较多的自动变速器油；如轻按时不出油，说明摩擦片含油层（隔离层）已被耗尽，无法保持自动变速器油，必须更换。

（4）压盘和从动片上的齿要完好，不能拉毛，拉毛容易造成卡滞。压盘和从动片表面如有蓝色过热的斑迹，则应放在平台上用深度尺测量其高度，可将两片叠在一起，检查其是否变形。出现变形或表面有裂纹的必须更换。

（5）检查离合器活塞密封圈是否已经老化，此件一经拆卸必须更换。如汽车停驶一年半以上时间，也应更换。

(6) 活塞止回阀要用压缩空气吹净，不能被脏物堵住，球阀在孔中应活动自如，用煤油检查，应能密封。检查离合器活塞单向止回球阀如图 1—2—15 所示。

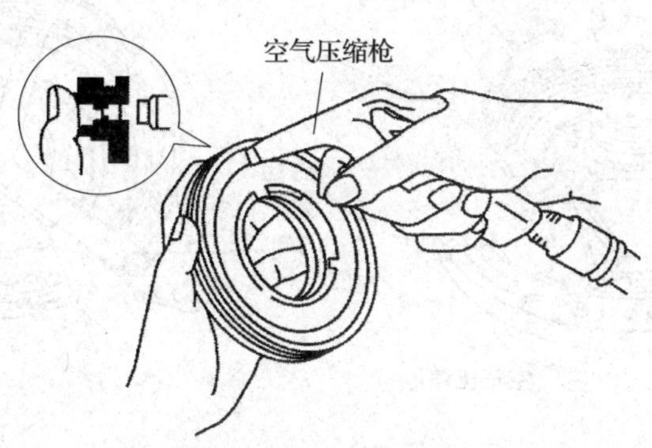

图 1—2—15　检查离合器活塞单向止回球阀

(7) 离合器毂外圆表面是否被制动片拉毛，必要时可在外圆磨床上磨修。

(8) 回位弹簧是否因不正常使用而变形，如果中心线弯曲，则与活塞发生干涉，必要时更换新弹簧。

(9) 离合器毂内圆表面进油口两侧与密封环接触处是否被严重拉毛。

(10) 装配时，离合器片必须在自动变速器油中浸泡 30 min 以上，否则容易造成表面摩擦材料过早脱落。

(11) 每个离合器装配后，都应检查活塞的工作是否正常。可按照分解时的方法，向油道内吹入压缩空气，检查活塞能否向上移动将钢片和摩擦片压紧，如图 1—2—16a 所示。若吹入压缩空气后活塞不能移动，应检查漏气的部位，修复后再重新安装。

(12) 用塞尺测量离合器的自由间隙，如图 1—2—16b 所示，也可按如图 1—2—16c 所示方法，用百分表测量离合器的自由间隙，若自由间隙不符合要求，可采用更换不同厚度挡圈的方法来调整至合适间隙。

检测工作行程时，需用空气压缩机、空气压缩枪、百分表和磁力表架。压缩空气保持在 0.4 MPa 的压力。把空气压缩枪对准进油孔，固定好离合器，把百分表抵住外侧压盘，如图 1—2—16c 所示开动空气压缩枪，从百分表的摆动差可以读出活塞的工作行程。

2. 单向离合器的失效形式及检修方法

单向离合器的检查项目：

(1) 单向离合器外观的检查。目测检查内外圈及滚动体有无高温变色、受伤变形、拉伤等情况。

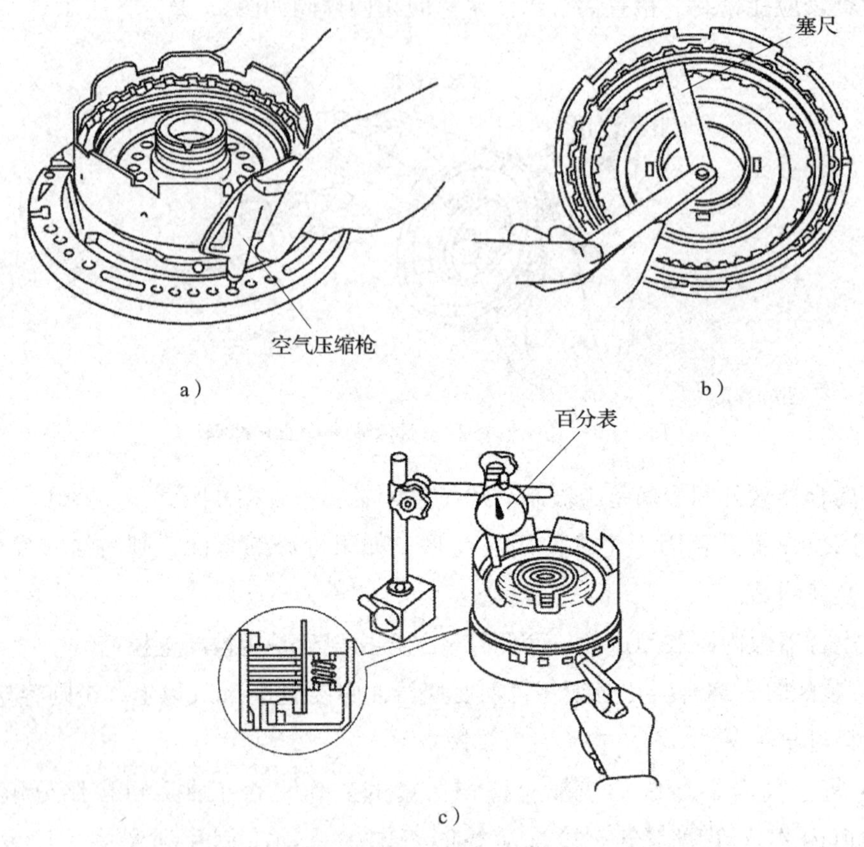

图 1—2—16　离合器检修

a）吹压缩空气　b）塞尺检测　c）百分表检测

（2）单向离合器锁止方向的检查。其应在一个方向能够有效锁止，在反方向可自由转动。若在锁止方向打滑或在自由转动方向发卡，都应更换单向离合器。

（3）单向离合器旋转灵活性的检查。单向离合器沿运动方向旋转时，其转矩必须小于 2.5 N·m，如大于该值就应更换。

金属材料的滚柱式单向离合器不仅装配时严禁击打，装前也应认真检查其上、下平面，如发现有凹坑必须更换。

3．盘式多片湿式制动器的检修

在维修中，不但规定了盘式多片湿式制动器允许自由间隙和最大间隙，而且有的还规定了制动器片的最小厚度。当某一片摩擦片的厚度小于规定值时必须更换。当摩擦片单片厚度尚未小于允许值，而总间隙超过允许值时，应通过选装不同厚度的压板来调整自由间隙使之满足规定要求。

制动器的具体检查项目同多片湿式离合器一样。对于制动器的具体检修方法及注意事项参考离合器检修的有关内容，不同的是，由于制动器活塞不旋转，所以制动器活塞中没有单向止回球阀，所以在制动器中没有该检查项目。

4．带式制动器的检查

带式制动器的检查项目：

（1）检查制动器的制动带是否磨损过度（标记是否清晰）、材料烧焦及有无材料脱落等；检查制动带有无变形。制动带的磨损标记位置如图 1—2—17 所示。

用无毛布把制动带表面的油渍擦掉后，用手轻按制动带摩擦表面，应能析出油，析出的油越多，说明摩擦表面含油性越好。如轻压后，没有油析出，说明制动带摩擦表面上的含油层已被磨损，如继续使用将很快被烧蚀，必须更换。

（2）检查制动鼓表面外观有无烧蚀变蓝的痕迹及变形情况，如有则必须更换制动鼓。检查方式如图 1—2—18 所示。

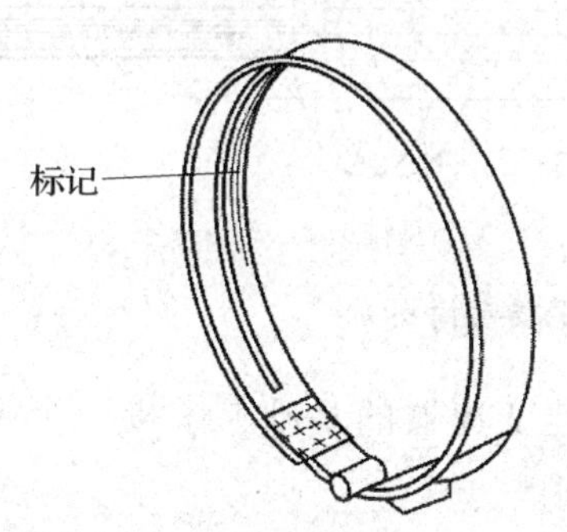

图 1—2—17　制动带的磨损标记符号

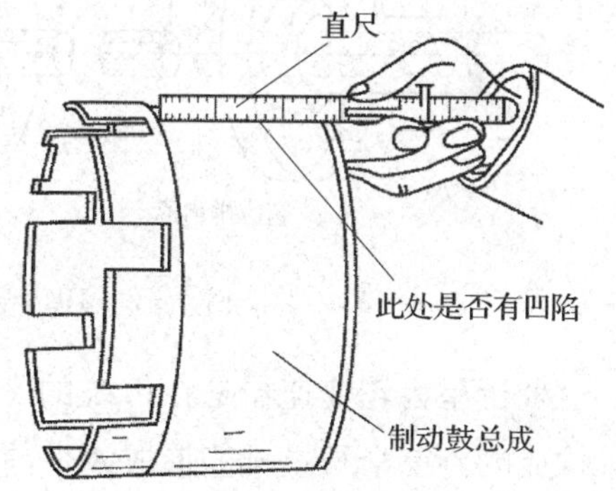

图 1—2—18　制动鼓表面的检查

（3）检查活塞裙部有无裂纹，裙部导向部分有无被缸孔拉毛，皮碗有无老化。

（4）检查密封环在缸孔内间隙是否符合标准。

（5）装配时应在密封环及缸孔表面喷涂自动变速器油。

（6）制动带在装配前应在自动变速器油中浸泡 30 min 以上。

（7）装配后，要调整制动带与制动鼓之间的间隙。

工程应用

某车主反映其车行驶中有明显顿挫感，这属于强烈换挡冲击，一定是二、三挡离合器或制动器漏油、烧蚀造成彻底损坏，使二、三挡之一无挡，从而产生一三或二四跨挡升挡而产生顿挫。

五、多种组合的行星齿轮变速器

单排行星齿轮机构传动比的变化范围有限，而且在实际应用中，有些传动的方案是不宜用或不能用的。现代汽车为了得到较好的动力性能和经济性能，要求变速器的挡位较多，以拓宽液力自动变速器的高效区域以充分利用发动机的功率。因此在实际应用的行星齿轮变速器中，多采用2～3个单排行星齿轮机构组合成的行星齿轮变速器。

1．用两个行星机构串联

即在两个行星排之间只有一个连接元件。如辛普森三排四速变速器中超速排的齿圈与前排行星齿轮的连接，如图1—2—19所示。

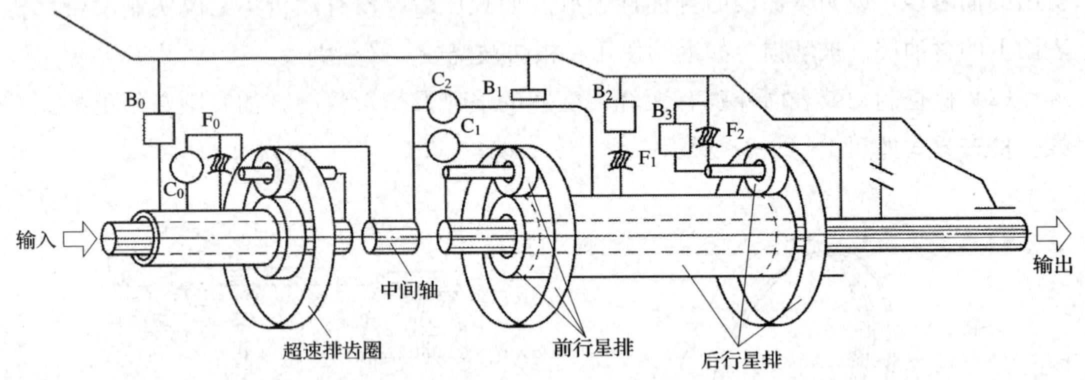

图1—2—19　辛普森四速变速器传动简图

这种行星齿轮变速器是在传统的辛普森双排三速变速器的基础上串接一个超速行星排构成的，三个行星排能形成四个前进挡和一个倒挡。

2．用两个行星机构并联

即两个行星排之间有两个连接件。如图1—2—19所示前行星排与后行星排的连接，两个行星排之间的太阳轮连为一体以及前排的行星架与后排的齿圈连为一体，即辛普森式行星齿轮机构。

3．在二自由度行星机构的基础上，换接主动或被动构件

例如，改进前的辛普森双排三速变速器中的C_1、C_2的传动形式，如图1—2—20所示。当C_1结合时，前排齿圈是主动件；当C_2结合时，前后太阳轮组件是主动件。通过两种不同的主动件，就可以得到两种不同的传动比。

4．拉维娜行星齿轮机构

拉维娜行星齿轮机构就是一个单行星轮齿轮排和一个双行星轮齿轮排并联的结构，如图1—2—21所示，前后行星排共用一个齿圈和一个行星架，大太阳轮与长行星轮啮合，小太阳轮与短行星轮啮合。它是现代汽车变速器上广泛使用的一种行星齿轮机构。

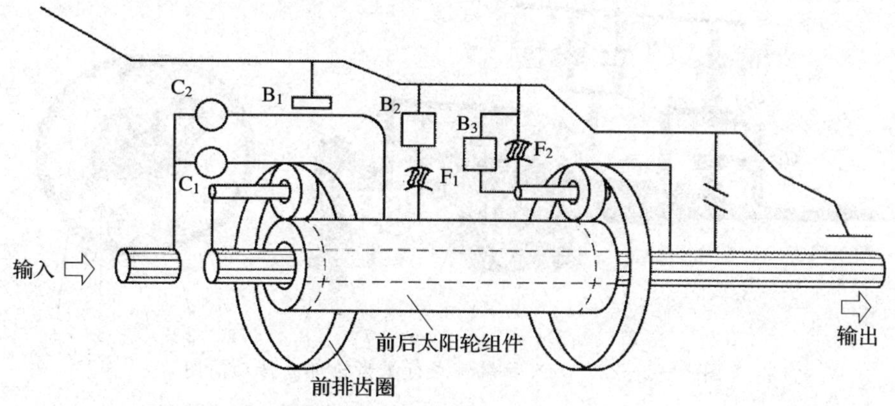

图 1—2—20　双排辛普森三速行星齿轮变速器传动简图

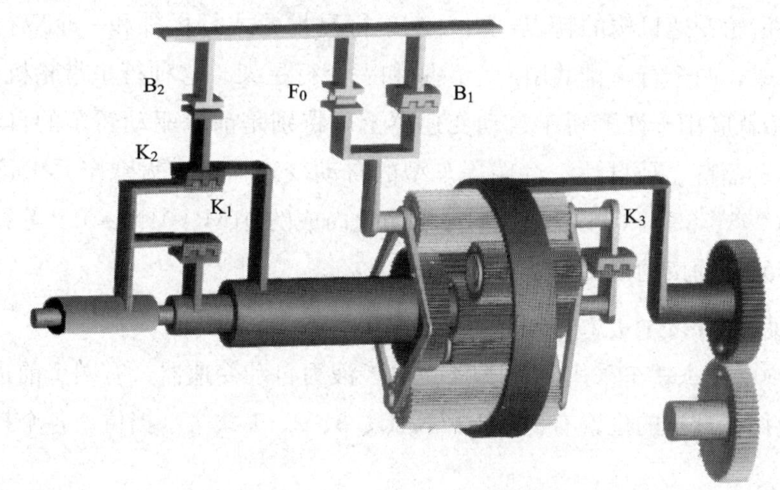

图 1—2—21　拉维娜行星齿轮变速器传动简图

任务 2　大众车系行星齿轮变速器传动分析

一、拉维娜式行星齿轮变速机构

大众公司的车系广泛采用了 096、097、098、01M、01N、01P、01V、01K、01F、001 等型号的自动变速器，其中，01M 为 096 的改进型，01N 为 097 的改进型，01P 为 098 的改进型。其中，096、097、098、01M、01N、01P 等型号变速器均采用了拉维娜式的行星齿轮机构，为电子、液压综合控制四速自动变速器，它们的行星齿轮部分完全相同。为便于大家分析，特将内部元件的连接关系画成传动简图的形式，如图 1—2—22 所示。

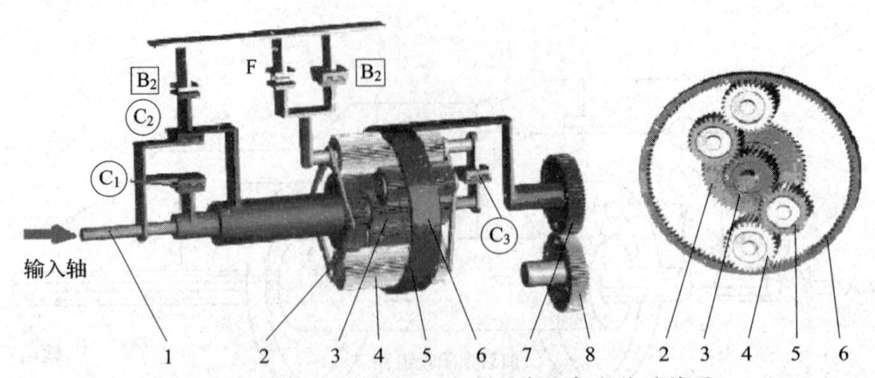

图 1—2—22　01N 拉维娜式行星齿轮部分传动简图

1—输入轴　2—行星架　3—小太阳轮　4—长行星轮　5—短行星轮

6—齿圈　7—输出轴　8—输出中间齿轮

这种行星齿轮变速机构的特点：由一个单行星齿轮式行星排和一个双行星齿轮式行星排组合而成，两个行星排共用一个齿圈和一个行星架。这种行星齿轮机构自 20 世纪 70 年代开始就应用于许多轿车自动变速器上，特别是前轮驱动轿车的自动变速器，如奥迪、大众、福特、马自达、奇瑞等车型的自动变速器。在大众车系上该变速器有多种变种，如 096、097、098 以及它们分别演化而成的 01M、01N、01P 等行星齿轮机构，只是执行元件约束的元件稍微有些变化。

二、变速器的挡位

桑塔纳 2000 俊杰轿车采用 01N 型 4 速电控液力自动变速器，有四个前进挡、一个倒挡。可供换挡杆选择的位置有 P、R、N、D、3、2、1 共 7 个挡位。各个挡位的使用说明如下：

1. P 挡（停车挡）

只有在车辆完全停稳时才可挂入该挡，挂入该挡后变速器输出轴被机械装置锁止而使车轮无法转动。若想将换挡杆移动到该位置，需踩下制动踏板并按下换挡杆手柄上的换挡锁止解除按钮。换挡手柄外形如图 1—2—23 所示。

2. R 挡（倒车挡）

只有在车辆静止且发动机在怠速运转时才可挂入该挡，按下换挡杆手柄上的锁止解除按钮，即可将换挡杆移出或移入倒车挡。在车辆前行时，不要误将换挡杆挂入 R 挡。

3. N 挡（空挡）

在点火开关打开状态下，车辆静止或车速低于 5 km/h 时，挂入该挡后换挡杆会被锁止电磁阀锁止。若想移出该挡，需踩下制动踏板，同时按下换挡锁止解除按钮。在车速高于 5 km/h 时，只需按下锁止按钮即可将换挡杆移入或移出 N 挡。

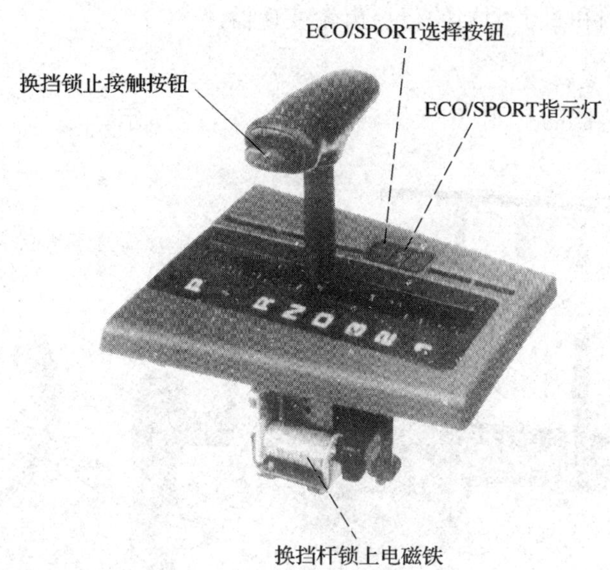

图 1—2—23 换挡手柄外形

4. D 挡（前进挡）

一般情况下选用该挡，变速器控制单元根据车速及发动机负荷等参数，控制变速器在 1～4 挡中自动切换。

5. 3 挡（坡路挡）

在有坡度的路面上行驶时可挂入该挡，此时变速器会在 1～3 挡中自动换挡，但不会换入 D 挡，这样一方面可以防止频繁跳挡，另一方面在下坡时可以使变速器具有发动机制动的效果。

6. 2 挡（长坡挡）

遇到较长距离的坡路时选用此挡，变速器控制单元只根据行驶速度及节气门的开度变化，控制变速器在 1、2 挡之间自动换挡。这样一方面避免了进入不必要的高速挡，另一方面在下坡时可更好地利用发动机的制动效果。

7. 1 挡（陡坡挡）

在非常陡峭的坡路行驶时选用此挡，此时车辆总处于 1 挡行驶状态，而不会换入其他三个前进挡位。这样一方面可以保证在爬坡时有足够的动力；另一方面在下坡时可最大限度地利用发动机的制动效果，减轻制动器的负荷，提高行车安全性。

三、各挡位传动路线分析

该变速器设置了 3 个离合器（C_1——第 1、2、3 挡离合器，C_2——倒挡离合器，C_3——第 3、4 挡离合器），2 个制动器（B_1——倒挡制动器，B_2——第 2、4 挡制动器），1 个单向离合器（F——第 1 挡单向离合器），共有 6 个换挡执行元件，即可成为一个具有 4 个前进挡和 1 个倒挡的行星齿轮变速器。

1．D—1 挡

在此挡位，变速器的 C_1 和 F 工作，如图 1—2—24 所示。

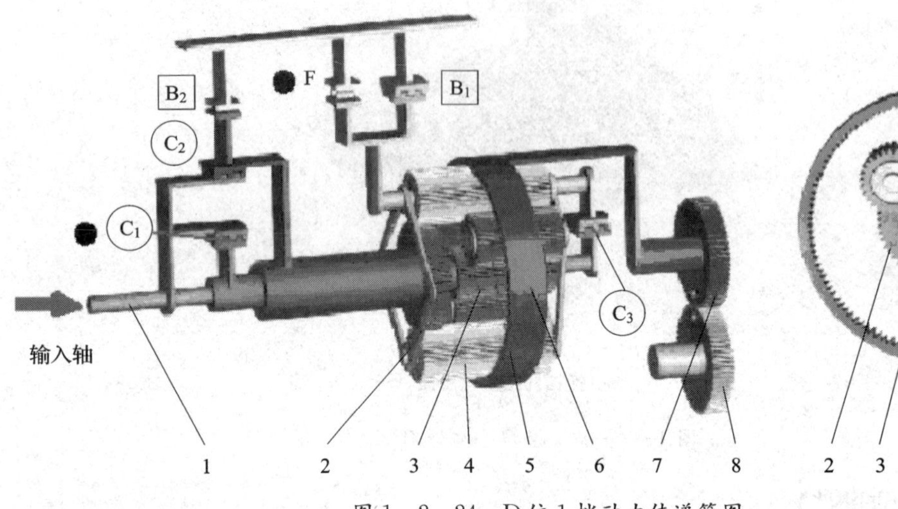

图 1—2—24　D 位 1 挡动力传递简图

其动力传递的路径：泵轮——涡轮——输入轴——离合器 C_1 接合——小太阳轮（顺转）——短行星齿轮（逆转）——长行星齿轮（顺转）——（此时由于齿圈有输出阻力，所以迫使行星架逆转，此时离合器 F 起作用）行星架被固定——长行星齿轮驱动齿圈（顺转）——输出轴（顺转）。此时只有后排双行星轮齿轮排起作用。

2．D—2 挡

在此挡位上，变速器的 C_1 和 B_2 工作，如图 1—2—25 所示。

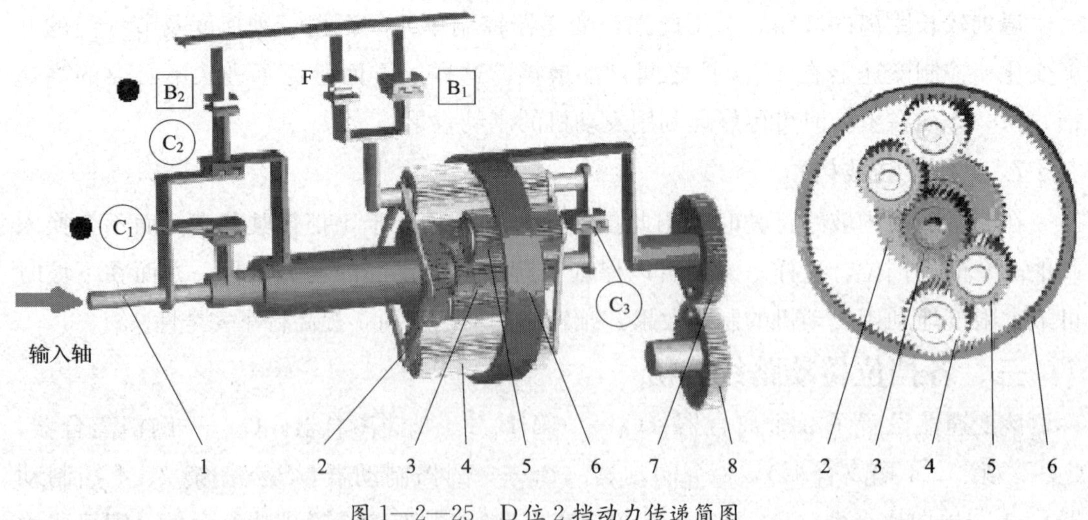

图 1—2—25　D 位 2 挡动力传递简图

其动力传动路线：泵轮——涡轮——输入轴——离合器 C_1 接合——小太阳轮（顺转）——短行星齿轮（逆转）——（此时由于 2、4 挡制动器 B2 的作用）大太阳轮被固定——长行星齿轮（顺转）。长行星齿轮围绕大太阳轮滚动的同时驱动齿圈。相对于 D 位 1 挡而言，多了长行星轮绕大太阳轮旋转的运动，所以其相对于 1 挡输出轴的转速有所提高。此时，前、后行星排都起作用，所以传动比的计算可以分别列出单行星齿轮和双行星齿轮的计算公式，然后将两个公式联立即可求出当前的传动比。

3. D—3 挡

此挡位上，变速器的 C_1、C_3 工作，如图 1—2—26 所示。

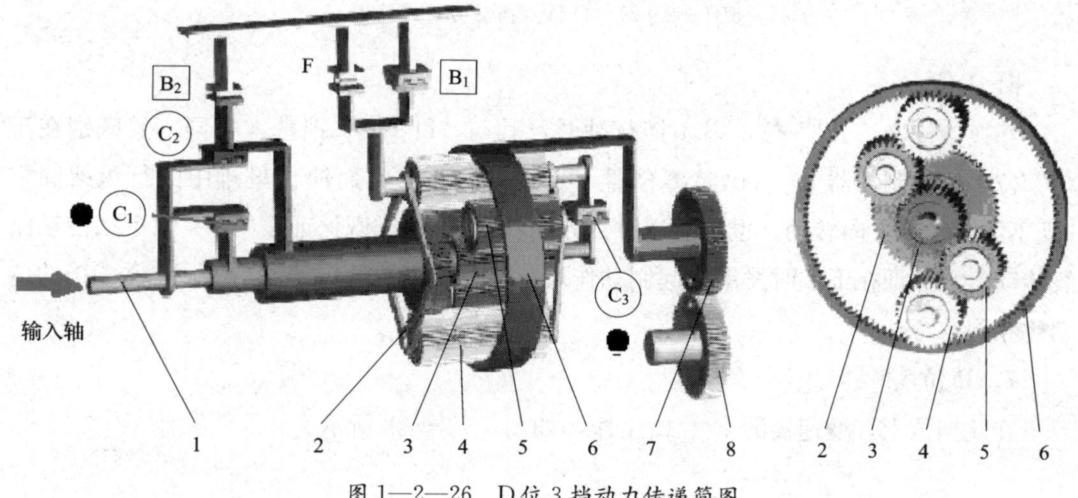

图 1—2—26　D 位 3 挡动力传递简图

由图 1—2—26 可以看出，在 D 位 3 挡时 C_1 和 C_3 将行星架和小太阳轮连成一体了，所以此时行星排的各个齿轮之间没有相对运动，即输出轴跟输入轴转速和旋转方向一样，为直接挡。

4. D—4 挡

在此挡位上，变速器的 C_3 和 B_2 工作，如图 1—2—27 所示。

其动力传递的路线：泵轮——离合器 C_3 接合——行星架（顺转）——长行星齿轮（顺公转）——（此时由于 2、4 挡制动器 B_2 的接合）大太阳轮被固定——长行星齿轮围绕大太阳轮转动（自转）并驱动齿圈顺时针方向转动。此时，只有前排行星轮起作用。

5. 2 位

“2”位各挡的传动路线与“D”位各挡完全相同，各挡的传动比也与“D”位所对应挡位的传动比相同。

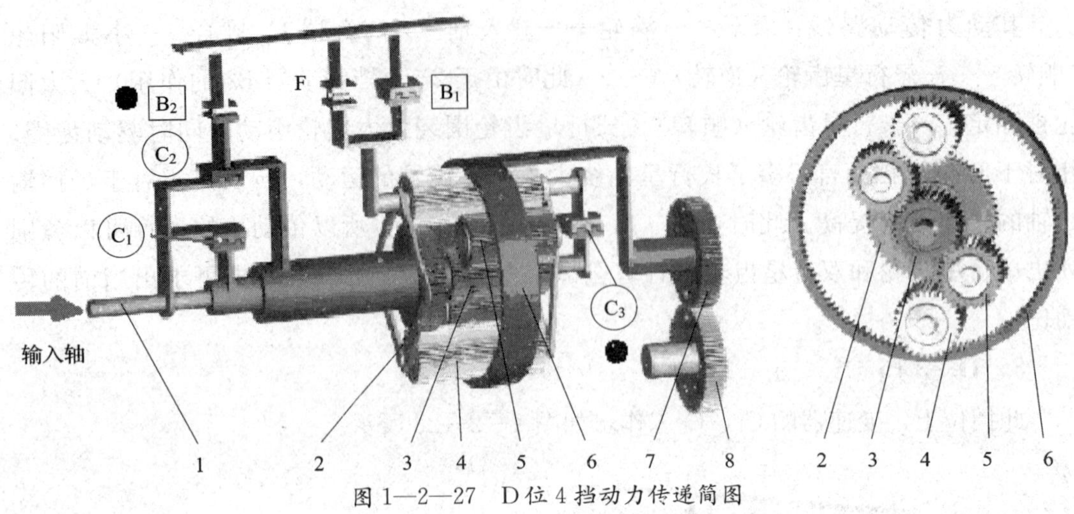

图 1—2—27　D 位 4 挡动力传递简图

6. 1 位

当换挡杆置于“1”位，以 1 挡行驶时，其与“D”位 1 挡基本相同，其区别在于“1”位 1 挡时制动器 B1 与单向离合器 F 共同起作用，从而使行星排中的行星架固定（既不能顺时针方向转动，也不能逆时针方向转动）。这样既保证按“D”位 1 挡传动路线传动，又保证在下坡时发动机起制动作用。“1”位 1 挡的传动比与“D”位 1 挡的传动比相同。

7. R 位

在此挡位上，变速器的 C_2、B_1 工作，如图 1—2—28 所示。

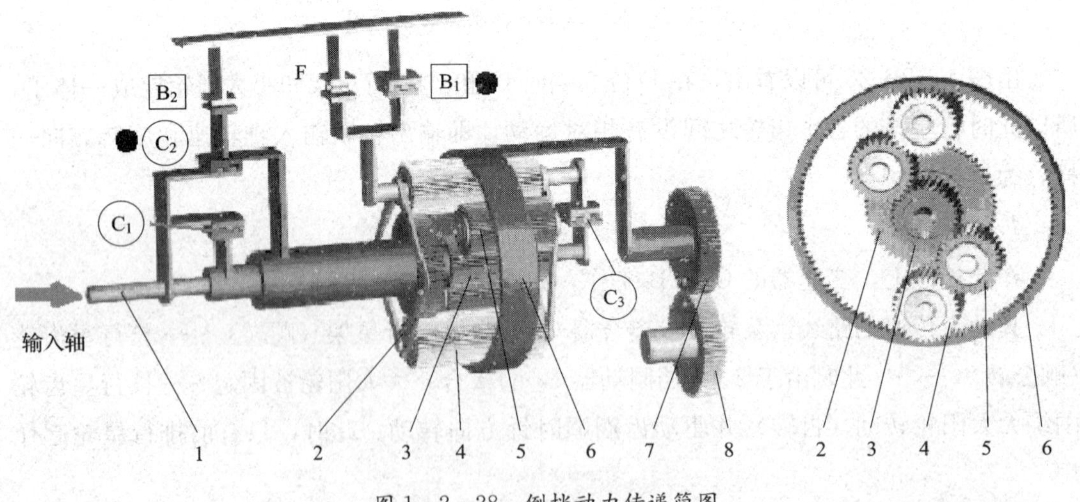

图 1—2—28　倒挡动力传递简图

其动力传递路径：泵轮——涡轮——输入轴——倒挡离合器 C_2 接合——大太阳轮（顺转）——（此时由于倒挡制动器 B_1 的接合）行星架被固定——长行星齿轮逆转驱

动齿圈。此时，仅前排行星齿轮起作用。

四、01N自动变速器执行元件表

经过上面的各个挡位的传动路线分析，可以把01N这一款自动变速器在工作过程中各个离合器、制动器及单向离合器的工作情况做一个总结。为了方便查阅以及总结执行元件动作规律，把执行元件的动作情况制成表格的形式，称为执行元件动作表，见表1—2—2。

表1—2—2　　01N自动变速器执行元件动作表

挡位		离合器			制动器		单向离合器
		C_1	C_2	C_3	B_1	B_2	F
D位	1挡	●					●
	2挡	●				●	
	3挡	●		●			
	4挡			●		●	
3位	1挡	●					●
	2挡	●				●	
	3挡	●		●			
2位	1挡	●					●
	2挡	●				●	
1位	1挡	●			●		●
R位	R挡		●		●		

注：●表示结合元件工作。

五、变速器发生打滑故障的原因及故障排除方法

在自动变速器所有的机械故障中，变速器打滑是常见故障。其故障现象是汽车起步时踩下加速踏板，发动机转速很快升高，但车速升高缓慢；汽车行驶中踩下加速踏板加速时，发动机转速升高，但车速没有相应很快提高；汽车平路行驶基本正常，但上坡无力，且发动机转速异常高。该类故障大都是变速器行星齿轮的执行元件部分出现问题所导致的，在排除故障时，只要知道变速器是在哪一个挡位打滑和该挡位所用的执行元件就可以大体判断故障所在，再结合其他挡位与故障挡位所公用的执行元件工作状况，就可以非常准确地判断故障所在点了。

1．故障原因

（1）自动变速器油的油面高度太低，致使控制油路中缺油或进入空气。

（2）自动变速器油的油面高度太高，运转中被行星齿轮机构搅动后产生大量气泡，

油液中混入空气，致使油液传递压力的性能变差。

（3）离合器或制动器摩擦片、制动带磨损过度或烧伤。

（4）油泵磨损严重或主油路泄漏，造成油路油压过低。

（5）单向离合器打滑。

（6）离合器或制动器活塞密封圈损坏，导致漏油。

（7）减振器活塞密封圈损坏，导致漏油。

2．故障诊断

自动变速器打滑是自动变速器最常见的故障之一。虽然自动变速器打滑往往都伴有离合器或制动器摩擦片严重磨损甚至烧焦等现象，但如果只是简单地更换磨损的摩擦片而没有找出打滑的真正原因，则会使修理后的自动变速器使用一段时间后又出现打滑现象。因此，对于出现打滑的自动变速器，不要急于拆卸分解，应先做各种检查测试，以找出造成打滑的真正原因。

（1）对于出现打滑现象的自动变速器，应先检查自动变速器油的油面高度。若油面过高或过低，应先调整至正常后再做检查；若油面调整至正常后自动变速器不再打滑，可不必拆修自动变速器。

（2）检查自动变速器油的品质。若自动变速器油呈棕黑色或有烧焦味，说明离合器或制动器的摩擦片有烧焦现象，应拆修自动变速器。

（3）进行路试，以确定自动变速器是否打滑，并检查出现打滑的挡位和打滑的程度。将换挡操纵手柄拨入不同的位置，让汽车行驶。若自动变速器升至某一挡位时发动机转速突然升高，但车速没有相应地提高，即说明该挡位有打滑。打滑时发动机的转速升得越高，说明打滑越严重。根据出现打滑的规律，结合执行元件动作表就可以判断产生打滑的是哪一个换挡执行元件。

（4）对于有打滑故障的自动变速器，在拆卸分解之前，应先检查自动变速器的主油路油压，以找出造成自动变速器打滑的原因。自动变速器不论前进挡或倒挡均打滑，其原因往往是主油路油压过低造成的。若主油路油压正常，则只要更换磨损或烧焦的摩擦元件即可。若主油路油压不正常，则在拆卸自动变速器的过程中，应根据主油路油压，相应地对油泵及阀板进行检修，并更换自动变速器的所有密封圈及密封环。

六、变速器异响的原因及故障排除方法

1．故障现象

在汽车运行过程中，自动变速器内始终有异常响声；汽车行驶中自动变速器有异响，停车挂空挡后异响消失。

2．故障原因

（1）油泵因磨损过甚或自动变速器油面位置过低、过高而产生异响。

（2）液力变矩器因锁止离合器、导轮单向超越离合器等损坏而产生异响。

（3）行星齿轮机构异响。

（4）换挡执行元件异响。

3．故障诊断

（1）检查自动变速器油面高度。若太高或太低，应调整至规定位置。

（2）用举升器将汽车升起，起动发动机，在空挡、前进挡、倒挡等状态下检查变速器产生异响的部位和时刻。

（3）若在任何挡位下自动变速器前部始终有连续的异响，通常为油泵或液力变矩器异响，对此，应拆检自动变速器，检查油泵有无磨损，液力变矩器内有无大量摩擦粉末。如有异常，应更换油泵或液力变矩器。

（4）若自动变速器只有在行驶中才有异响，空挡时无异响，则为行星齿轮机构异响。对此，应分解自动变速器，检查行星齿轮机构各个零件有无磨损痕迹，齿轮有无断裂，单向超越离合器有无磨损、卡滞，轴承或止推垫片有无损坏。如有异常，应予以更换。

七、大众车系变速器油面的检查及油液更换

大众汽车的新自动变速器油（VWATF）是淡黄色的，有 0.5 L 桶装配件号 G052162A1 和 1 L 桶装配件号 G052162A2 两种。01N 型自动变速器的行星齿轮变速器内必须使用作为配件供应的 VWATF；齿轮油 SAE75W/90（合成油）作为配件供应。

特别提示：自动变速器油和主减速器油是分开加注的，维修后切不可忘记加注主减速器油。

1．专用工具、仪器和辅助物品

（1）带诊断线 V. A. G1551/3 的故障诊断仪 V. A. G1551。

（2）储液容器 V. A. G1924，如图 1—2—29 所示。

（3）检查过 ATF 液位之后，必须更换 ATF 液位螺塞上的密封圈，如图 1—2—30 所示。

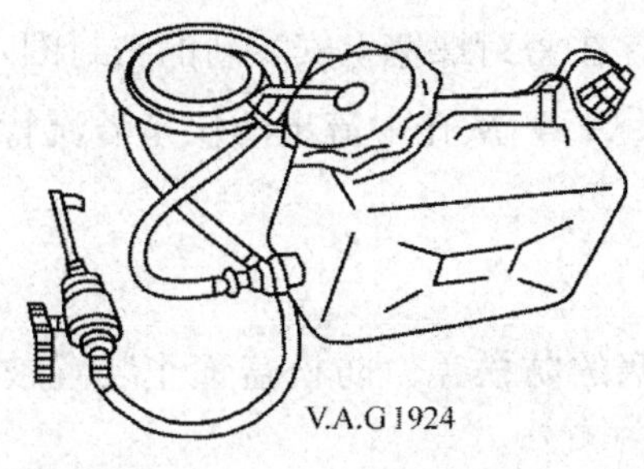

图 1—2—29　储液容器

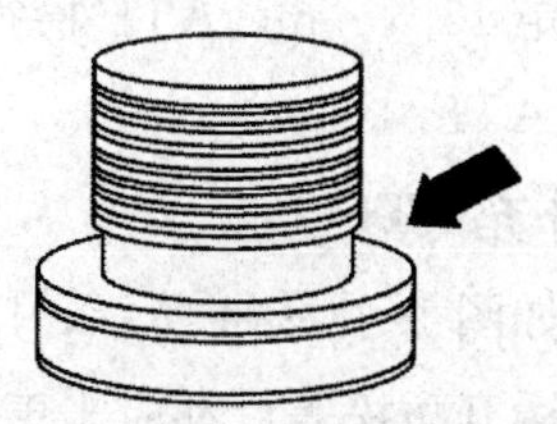

图 1—2—30　ATF 液位检查螺塞

2. 检查 ATF 液位

（1）检查条件

1）变速器未处于应急运行状态。

2）ATF 的温度不高于 30℃。

3）汽车水平放置。

4）换挡杆位于 P 挡位置。

（2）检查过程

1）拆下油底壳护板。

2）如图 1—2—31 所示，将储液容器挂在汽车上。

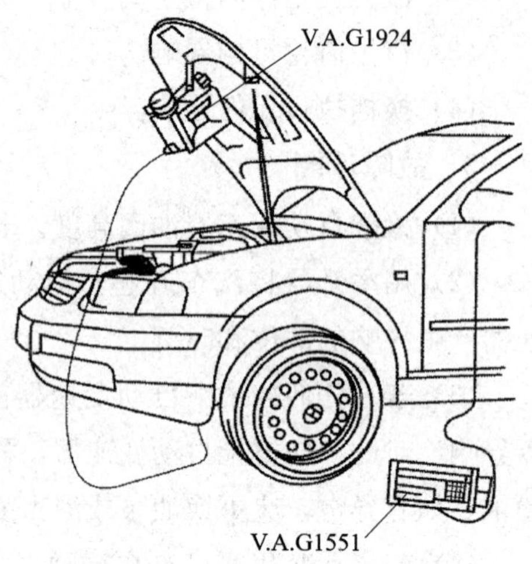

图 1—2—31　固定储液容器

3）连接故障诊断仪 V. A. G1551，并且输入地址码“02”选择“自动变速器电控系统”，显示屏上显示为：

Rapid data transfer　　　　Q 08－Read measured value block	快速数据传递 08－阅读测量数据块

按“Q”键确认，显示屏上的显示为：

Read measured value block Enter display group number	阅读测量数据块 输入显示组号码

输入显示组号码“05”，按“Q”键确认，显示屏上显示为：

Read measured value block 5 30℃ 0011011　0　900 r/min	阅读测量数据块 5

4）使 ATF 的温度升高，达到测试温度 35～45℃。

5）如图 1—2—32 所示，拆下油底壳上的 ATF 检查孔螺塞。溢流管内的 ATF 将流出，如图 1—2—33 所示。

如果 ATF 从孔中涌出，则不需要补充 ATF。在密封螺塞上安装新的密封圈，并且拧紧至力矩 15 N・m，ATF 检查工作结束。如果 ATF 从孔中流出的仅是溢流管内的，则应补充 ATF。

3. 补充 ATF

（1）如图 1—2—34 所示，用旋具撬去密封塞的防松盖。防松盖锁止装置被损坏，所以每次撬开防松盖后都应当更换新的防松盖。

（2）拔出注液管中的密封塞。

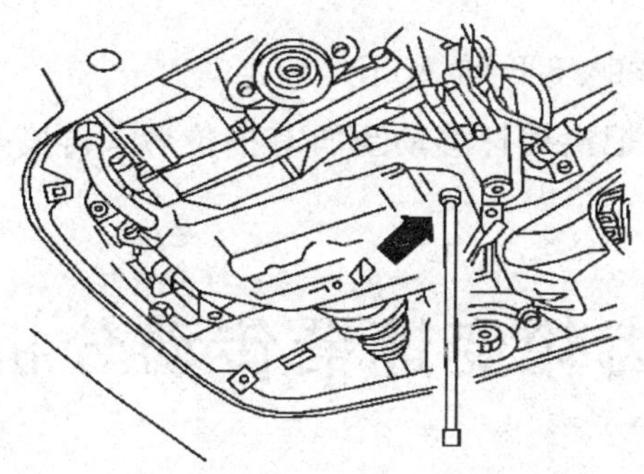

图 1—2—32　拆下 ATF 检查孔螺塞

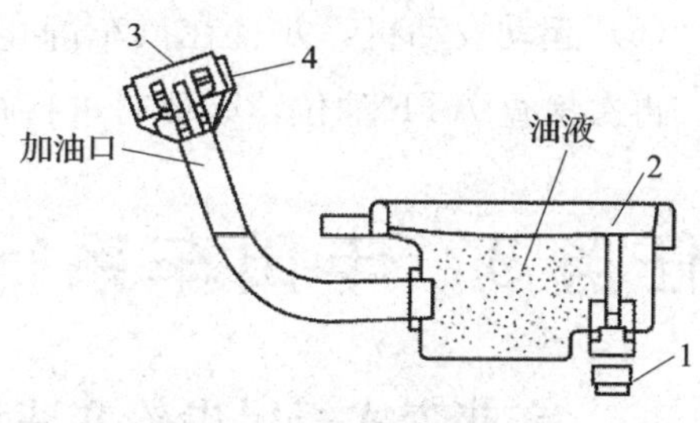

图 1—2—33　溢流管

1—检查孔螺塞　2—溢流管

3—密封螺塞　4—密封盖

(3) 用 V. A. G1924 注入 ATF，直到 ATF 从检查孔（见图 1—2—35 中箭头所指）中流出。注意，ATF 加注量不足或过多均会影响变速器的功能。

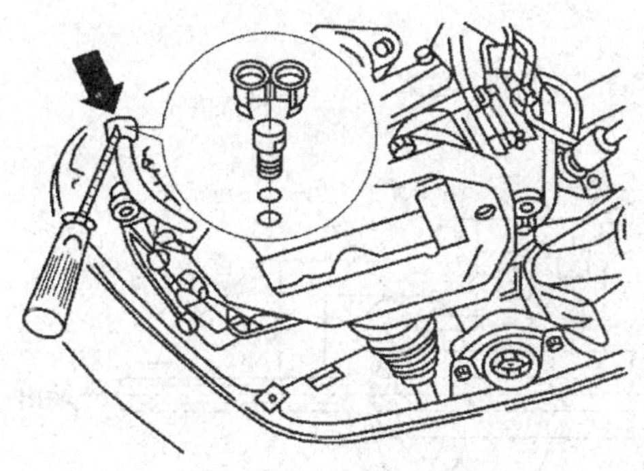

图 1—2—34　撬去密封塞防松盖

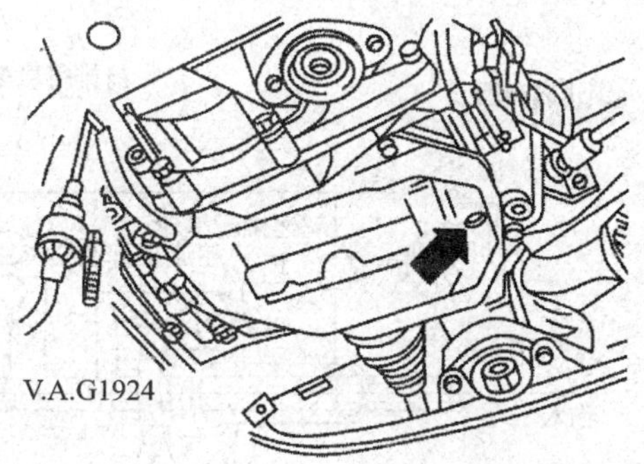

图 1—2—35　注入 ATF

(4) 在检查孔上安装新的密封圈，并且拧紧螺塞至力矩 15 N · m。把密封塞装入注液管，并且用一个新的防松盖锁定。

4. 更换 ATF

(1) 在变速器下面放置一个容器。

(2) 拆下油底壳上的 ATF 检查孔螺塞，如图 1—2—36 所示。拆下检查孔中的溢流管，排空 ATF。

(3) 装上溢流管，用手旋紧检查孔螺塞。

(4) 用旋具撬去密封塞的防松盖。防松盖锁止装置被损坏，所以每次都应当更换新

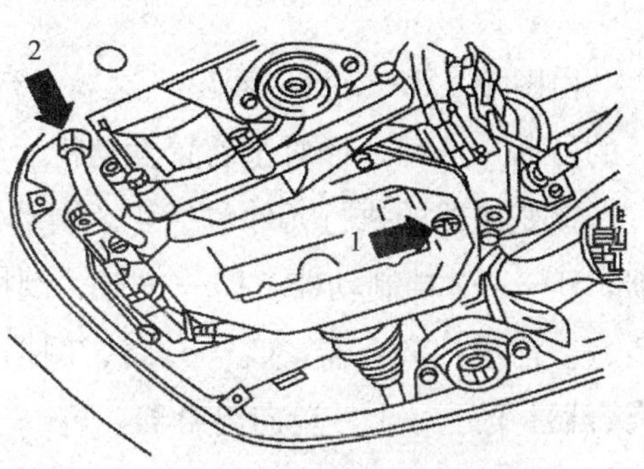

图 1—2—36　检查孔和防松盖

1—检查孔　2—防松盖

的防松盖。

（5）拔下注液管中的密封塞，从注液管中加入 3 L 的 ATF。

（6）起动发动机，并且在汽车静止状态下把换挡杆移动至所有挡位后，再拨至 P 位。再次检查 ATF 油位，必要时进行补充。

任务 3　丰田车系行星齿轮变速器传动分析

一、辛普森式行星齿轮变速机构

丰田 A341E 自动变速器是丰田公司专门为 LS400 豪华轿车研发的一款四速后驱变速器，发动机排量为 3.0 L，可见该变速器可以传递较大的转矩。该变速器的行星齿轮变速器部分采用辛普森式行星齿轮机构，共有三个行星排。其中，最前面的行星排只在超速挡时才起作用，称为超速排。后面两排行星齿轮在 1～3 挡时起作用。传动路线如图 1—2—37 所示。

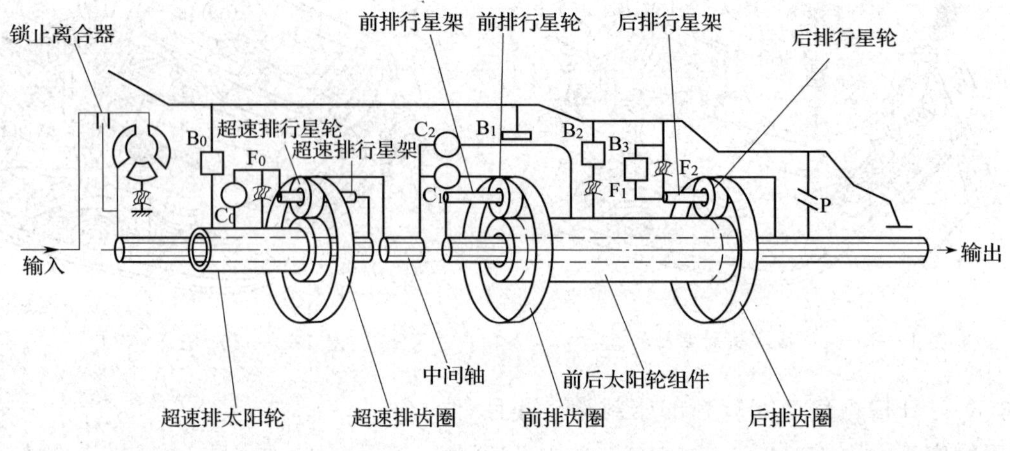

图 1—2—37　丰田 A341E 自动变速器传动路线简图

由图 1—2—37 可以看出，这 3 个行星排是串联结构，所以其构成的变速器是细而长的外形，这种外形对于前置发动机后轮驱动的轿车而言非常方便安装。

该变速器的执行元件包括 4 个制动器（B_0——超速挡制动器，B_1——2 挡强制制动器，B_2——2 挡制动器，B_3——低、倒挡制动器），3 个离合器（C_0——超速挡离合器，C_1——前进挡离合器，C_2——高、倒挡离合器）和 3 个单向离合器（F_0——超速单向离合器，F_1——1 号单向离合器，F_2——2 号单向离合器），共 10 个执行元件。该机构的特点：前排行星架与后排齿圈都与输出轴相连（也称前架后圈结构）、前后太阳轮共用。

二、变速器挡位

该变速器的换挡杆有 P、R、N、D、2、L 共 6 个位置，各个挡位的使用说明如下。

1. P 位（停车挡）

丰田车上，换挡手柄的外形如图 1—2—38 所示。只有在车辆完全停稳时才可挂入 P 位，其使用方法及场合同拉维娜式变速器 P 位。

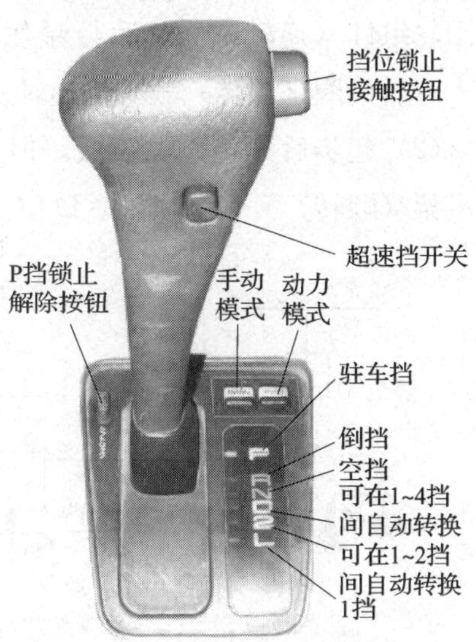

2. R 位（倒车挡）

只有在车辆静止且发动机怠速运转时才可挂入该挡，其使用方法同拉维娜式变速器 R 位。

3. N 位（空挡）

长时间停车时使用，它和 P 挡为两个安全位置（只有在这两个位置上，发动机才可以起动，其他位置起动机被锁止）。

4. D 挡

一般情况下选用该挡，变速器控制单元根据车速及发动机负荷等参数，控制变速器在 1～4 挡中自动切换。

图 1—2—38　丰田 A341E 自动变速器换挡手柄外形

5. 2 位（长坡挡）

遇到较长距离的坡路时选用此挡，变速器控制单元根据车速及节气门的开度变化，只在 1、2 挡之间自动换挡，这样一方面避免变速器频繁换挡，另一方面在下坡时可更好地利用变速器的发动机制动效果。

6. L 位（陡坡挡）

在非常陡峭的坡路行驶时选用此挡，车辆总处于 1 挡行驶状态，而不会换入其他 3 个前进挡位。这样一方面可以保证在爬坡时有足够的动力，另一方面在下坡时可最大限度地利用变速器的发动机制动效果，以减轻制动器的负荷，提高行车安全性。

三、各挡位的传动路线分析

下面来分析变速器在各个挡位上的传动路线与执行元件的动作情况。

1. D—1 挡

在此挡位上，执行元件 C_0、F_0、C_1、F_2 工作。

其动力传递路径：动力由液力变矩器（顺时针转动）——超速排输入轴（顺

转）——超速行星架（顺转）——此时由于C_0接合、F_0锁定，使得超速太阳轮和行星架成为一体，转速相同，因此超速齿圈也以相同转速转动（顺转）——中间轴（顺转）——前进挡离合器C_1接合——前齿圈（顺转）；此时动力分两路走：

（1）前行星架与驱动轮相连，起步前转速为零；前行星轮自转（顺转）——前后太阳轮组件（逆转）——后行星轮（顺转）——（此时由于F_2接合）后行星架被锁死——后齿圈（顺转）——输出轴。

（2）起步后其转速也很低，但在前齿圈的驱动下，前行星轮（顺转）公转——前行星架（顺转）——输出轴。D位1挡动力传递简图如图1—2—39所示。

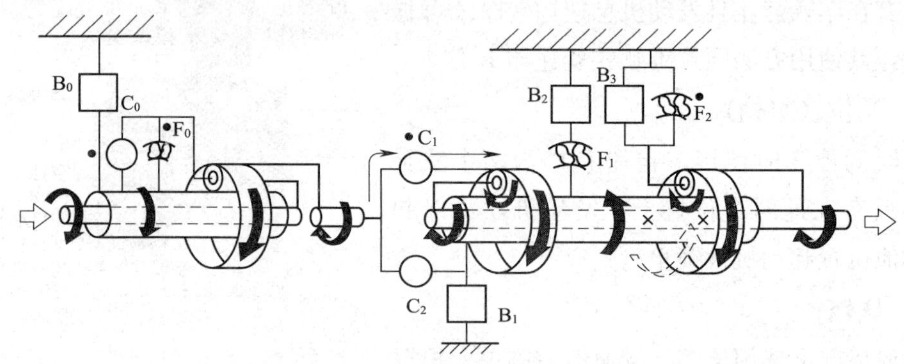

图1—2—39　D位1挡动力传递简图

此时，变速器的前排行星齿轮与后排行星齿轮同时起作用，可分别列出两个行星排的传动比计算公式，然后将两个公式联立就可以求出当前挡位的传动比。

2．D—2挡

在此挡位上，执行元件C_0、F_0、C_1、B_2、F_1工作。

其动力传递的路径：动力自液力变矩器（顺时针转动）——超速排输入轴（顺转）——超速行星架（顺转）——（此时由于C_0接合、F_0作用）使得超速太阳轮和行星架成为一体，因此超速齿圈也以相同转速转动（顺转）——中间轴（顺转）——前进挡离合器C_1接合——前齿圈（顺转）——前行星轮（顺自转）——太阳轮（有逆转的趋势，由于B_2、F_1的共同作用，其被固定）——前行星齿轮的公转成为输出的动力——输出轴。此时，变速器只有前排行星齿轮在起作用。D位2挡动力传递简图如图1—2—40所示。

3．D—3挡

在此挡位上，执行元件C_0、F_0、C_1、C_2工作（此时B_2仍然结合，但由于单向离合器的作用，对顺时针旋转的太阳轮没有约束作用，因此对3挡传动比没有影响）。

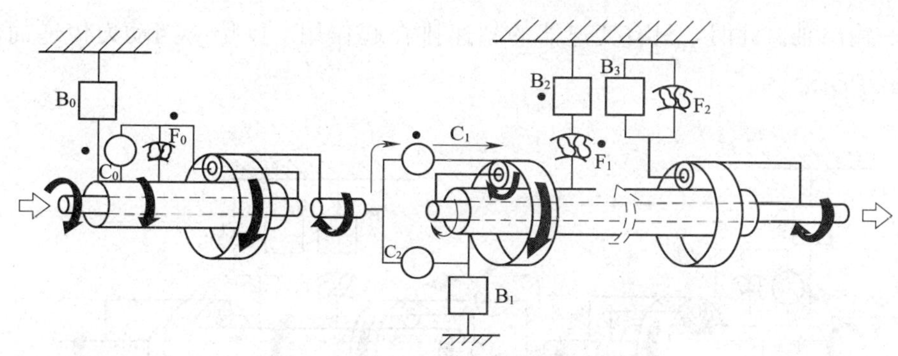

图 1—2—40　D 位 2 挡动力传递简图

其动力传递的路径：动力自液力变矩器（顺时针转动）——超速排输入轴（顺转）——超速行星架（顺转）——（此时由于 C_0 接合、F_0 作用）使得超速太阳轮和行星架成为一体，因此超速齿圈也以相同转速转动（顺转）——中间轴（顺转）——前进挡离合器 C_1 和高、倒挡离合器 C_2 同时接合——前齿圈和太阳轮的转速相同（顺转）——前行星架以相同的转速旋转（顺转）——输出轴。

当汽车在 3 挡行驶时，由于此时的超速排和前行星排中各自都有两个基本元件相互连接，从而使之成为一个整体而旋转，故此时的传动比 $i_3=1$。D 位 3 挡动力传递简图如图 1—2—41 所示。

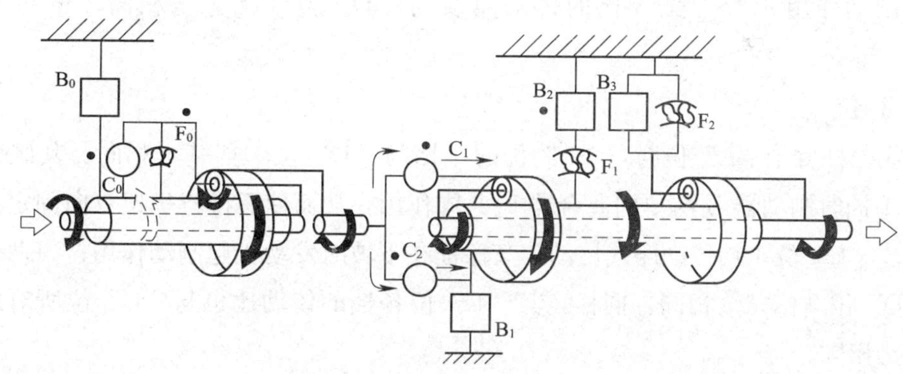

图 1—2—41　D 位 3 挡动力传递简图

4．D—4 挡

在此挡位上，执行元件 B_0、C_1、C_2 工作（此时 B_2 仍然结合，但由于单向离合器的作用，对顺时针旋转的太阳轮没有约束作用，因此对 4 挡的传动比没有影响）。

其动力传递的路径：动力自液力变矩器（顺时针转动）——超速排输入轴（顺转）——超速行星架（顺转）——（此时由于 B_0 接合）使得超速太阳轮被固定——齿圈（增速顺转）——中间轴（顺转）——前进挡离合器 C_1 和高、倒挡离合器 C_2 同时接合——前齿圈和太阳轮的转速相同（顺转）——前行星架以相同的转速旋转（顺转）——输出轴。此时，只有变速器的超速排在起作用。D 位 4 挡动力传递简图如图 1—2—42 所示。

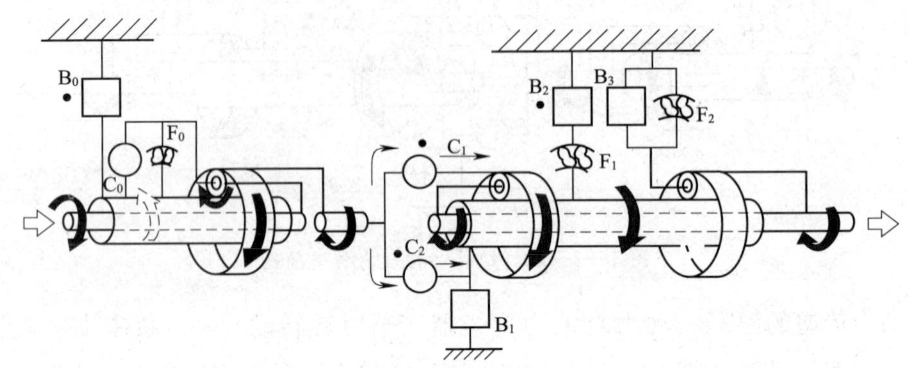

图 1—2—42 D 位 4 挡动力传递简图

5. S 位

当换挡杆置于“S”位时，其“S”位的 1 挡与“D”位 1 挡完全相同；“S”位的 2 挡与“D”位 2 挡基本相同，其区别在于“S”位 2 挡时制动器 B_1 与制动器 B_2 和单向离合器 F_1 共同起作用，从而使前后太阳轮组件双向固定（既不能顺时针方向转动，也不能逆时针方向转动）。这样既保证按 2 挡传动路线传动，又保证在下坡时发动机制动作用。“S”位 3 挡的传动路线与“D”位 3 挡完全相同，传动比也相同。

6. L 位

当换挡杆置于“L”位时，“L”位的 1 挡与“D”位 1 挡基本相同，其区别在于“L”位 1 挡时制动器 B_3 与单向离合器 F_2 共同作用，从而使后排行星架双向固定。这样既保证按“D”位 1 挡传动路线传动，又保证在下坡时发动机起制动作用；“L”位的 2 挡与“D”位 2 挡完全相同。同样，其“L”位各挡的传动比也与“D”位所对应挡位的传动比相同。

7. R 位（倒车挡）

在此挡位，执行元件 C_0、F_0、C_2、B_3 工作，如图 1—2—43 所示。

其动力传递路线：动力自液力变矩器（顺时针转动）——超速排输入轴（顺转）——超速行星架（顺转）——（此时由于 C_0 接合、F_0 的作用）使得超速太阳轮和行星架成为一体，因此超速齿圈也以相同转速转动（顺转）——中间轴（顺转）——高、倒挡离合器 C_2 接合——太阳轮组件（顺转）——低、倒挡制动器 B_3 接合（后行星架被固定）——后行星轮（逆自转）——后齿圈（逆转）——输出轴。

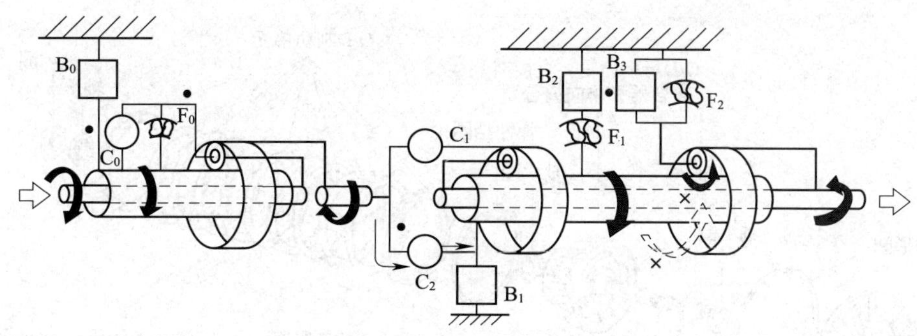

图 1—2—43　倒挡动力传递简图

四、丰田 A341E 自动变速器执行元件动作表

丰田 A341E 自动变速器执行元件动作表见表 1—2—3。

表 1—2—3　　**丰田 A341E 自动变速器执行元件动作表**

挡位		离合器			制动器				单向离合器		
		C_0	C_1	C_2	B_0	B_1	B_2	B_3	F_0	F_1	F_2
P	停车挡										
R	倒挡	○		○				○	○		
N	空挡										
D	1 挡	○	○						○		○
	2 挡	○	○				○		○	○	
	3 挡	○	○	○			●		○		
	4 挡		○	○	○		●				
S	1 挡	○	○						○		
	2 挡	○	○			○	●		○	○	
	3 挡	○	○	○			●		○		
L	1 挡	●	○				●	○	○		○
	2 挡	○	○				○		○	○	

注：○表示结合且传递动力。

●表示结合但不传递动力。

经过大众 01N 和丰田 A341E 两款不同形式自动变速器的学习，可以发现这样一个规律，就是虽然行星齿轮变速器是由几个行星排组合而成，但是在具体到各个挡位时往往只有一个行星排在起作用，很少有两个行星排同时起作用的。所以只要牢牢记住单排行星齿轮传动的八种组合和两种行星排的传动比计算公式，哪怕是在没有任何资料的情况下，也可以按照变速器的连接关系画出传动路线简图，然后分析出各个挡位需要什么执行元件。

五、行星齿轮变速器的拆卸分解及检查

在经过正确的理论分析后确认变速器出现内部故障，那么就需要对变速器进行分解检修。将变速器分解后，将各个元件按顺序排开，变速器分解后的元件位置如图 1—2—44 所示。

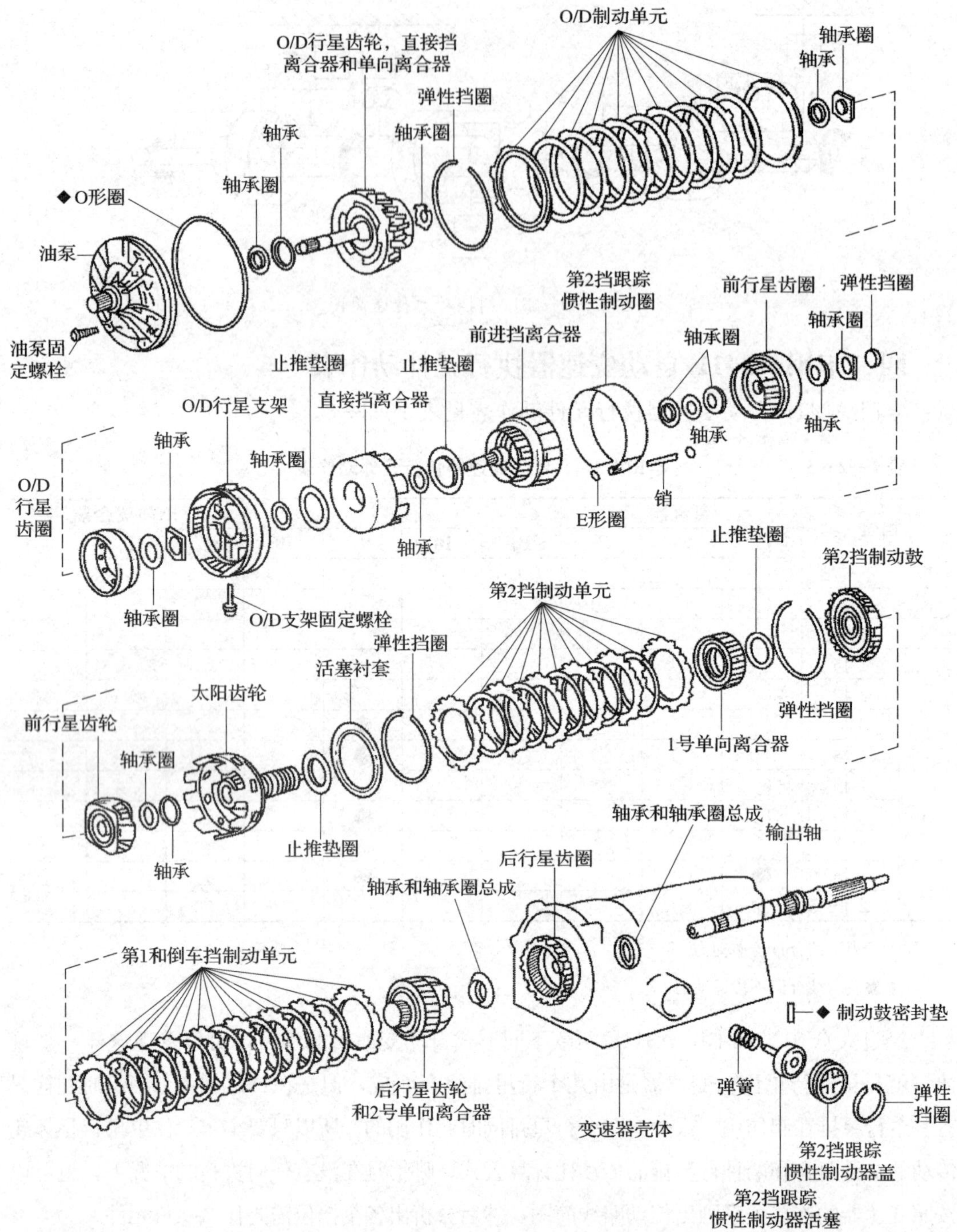

图 1—2—44　变速器拆卸分解后的零件排列图

变速器分解后，需要针对各个元件进行必要的检测。对于行星齿轮机构的检查方法及要点已经在任务一中讲述完毕，各个行星排的检查方式都是一样的，可以相互借鉴。这里，主要讲述变速器执行元件部分的检测。

1. 离合器检修

离合器检修操作步骤见表 1—2—4。

表 1—2—4　　　　离合器拆卸分解与检修示意图及说明

步骤	拆卸分解与检修示意图	说明
1	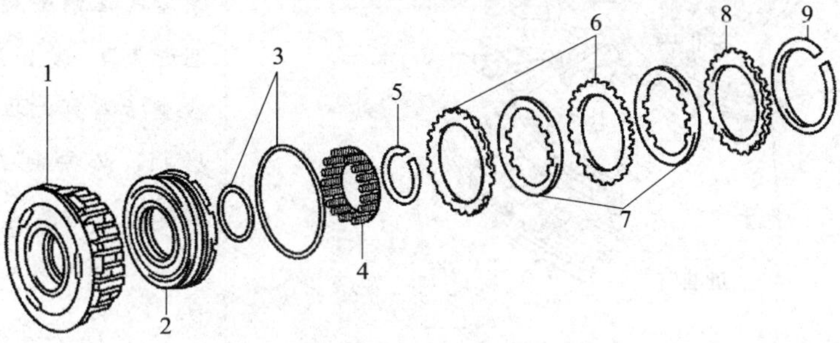 图 1—2—45　超速离合器组件排列图 1—超速离合器鼓　2—活塞　3—O 形密封圈　4—回位弹簧及弹簧座圈 5—卡环　6—钢片　7—摩擦片　8—挡圈　9—卡环	按照如图 1—2—45 所示的离合器组件分解图，分解超速离合器
2	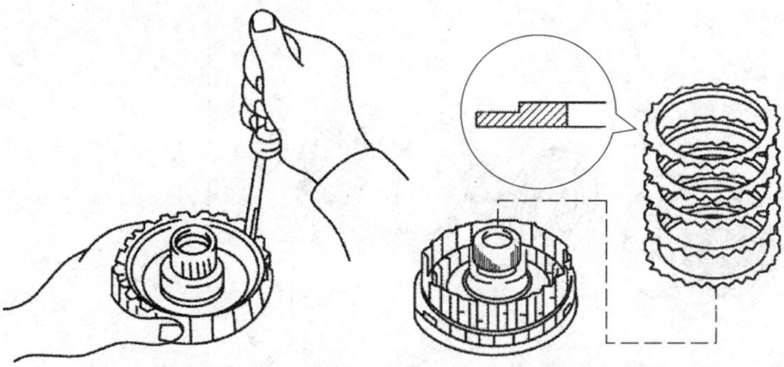 图 1—2—46　拆卸超速离合器的摩擦片等	用旋具拆除卡环，取出挡圈、摩擦片、钢片，如图 1—2—46 所示
	注：拆卸时，注意钢片与摩擦片之间的排列方式与叠放顺序	
3	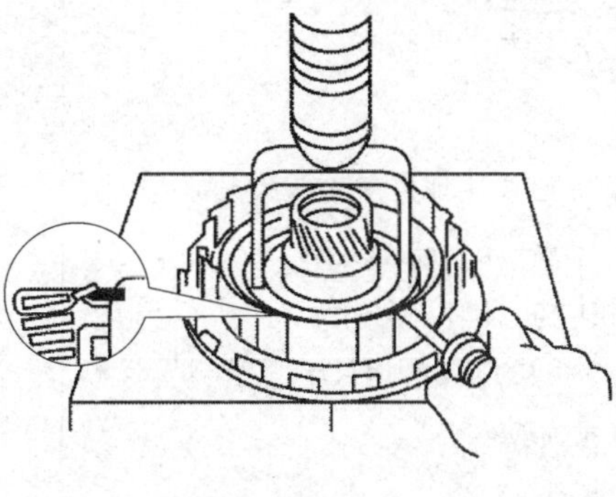 图 1—2—47　拆卸超速排离合器活塞回位弹簧	如图 1—2—47 所示用专用工具压下活塞回位弹簧座，拆下活塞回位弹簧卡环，取出活塞回位弹簧及弹簧座圈

续表

步骤	拆卸分解与检修示意图	说明
4	空气压缩枪 进油口 图 1—2—48　取出超速排离合器活塞	如图 1—2—48 所示用空气压缩枪对准活塞进油口，吹出活塞。检查活塞有无拉毛或磨损，必要时更换。装配时，活塞上的 O 形密封圈必须更换新件
	注：在通入压缩空气的时候另一只手要轻轻按住活塞，以免活塞突然飞出	
5	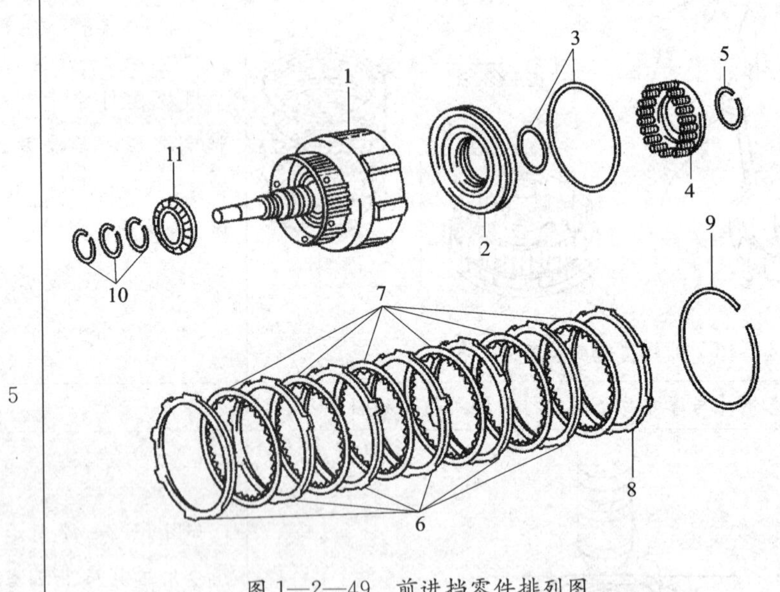 图 1—2—49　前进挡零件排列图 1—前进离合器鼓　2—活塞　3—O 形密封圈 4—回位弹簧及弹簧座圈　5—卡环　6—钢片 7—摩擦片　8—挡圈　9—卡环　10—密封环 11—止推轴承	如图 1—2—49 所示分解前进挡零件

续表

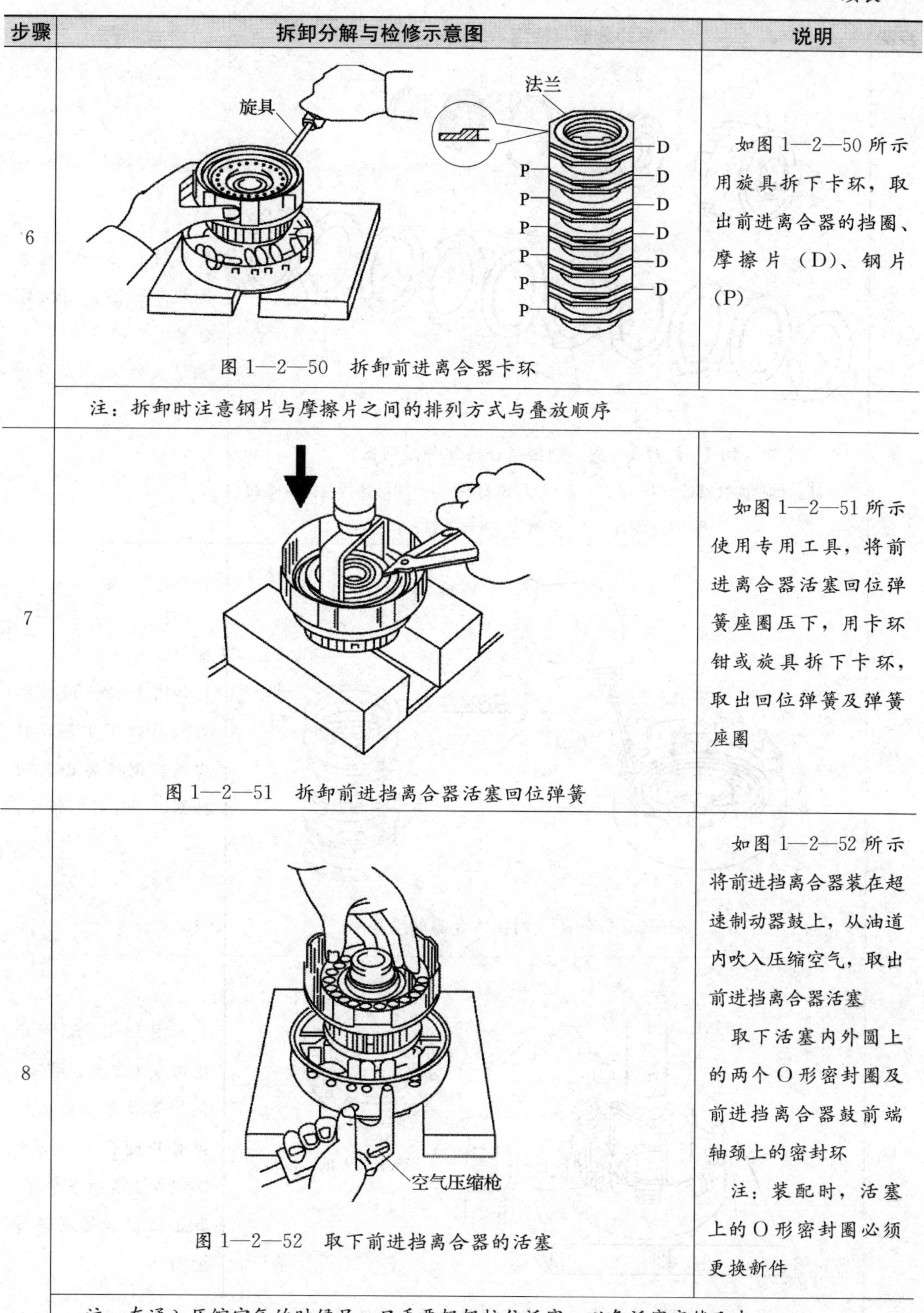

步骤	拆卸分解与检修示意图	说明
6	图 1—2—50　拆卸前进离合器卡环	如图 1—2—50 所示用旋具拆下卡环，取出前进离合器的挡圈、摩擦片（D）、钢片（P）
注：拆卸时注意钢片与摩擦片之间的排列方式与叠放顺序		
7	图 1—2—51　拆卸前进挡离合器活塞回位弹簧	如图 1—2—51 所示使用专用工具，将前进离合器活塞回位弹簧座圈压下，用卡环钳或旋具拆下卡环，取出回位弹簧及弹簧座圈
8	图 1—2—52　取下前进挡离合器的活塞	如图 1—2—52 所示将前进挡离合器装在超速制动器鼓上，从油道内吹入压缩空气，取出前进挡离合器活塞 取下活塞内外圆上的两个 O 形密封圈及前进挡离合器鼓前端轴颈上的密封环 注：装配时，活塞上的 O 形密封圈必须更换新件
注：在通入压缩空气的时候另一只手要轻轻按住活塞，以免活塞突然飞出		

续表

步骤	拆卸分解与检修示意图	说明
9	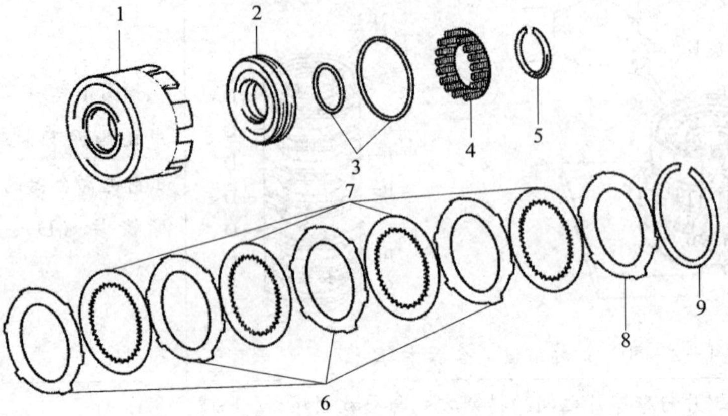 图 1—2—53　高、倒挡离合器组件排列图 1—高、倒挡离合器鼓　2—活塞　3—O 形密封圈　4—回位弹簧及弹簧座圈 5—卡环　6—钢片　7—摩擦片　8—挡圈　9—卡环	如图 1—2—53 所示拆卸分解高、倒挡离合器
10	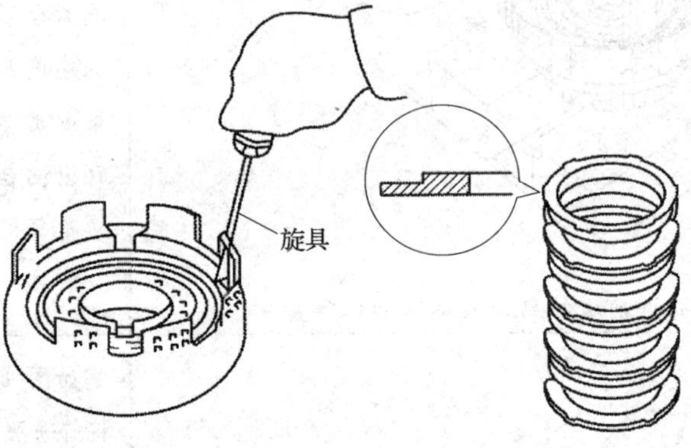 旋具 图 1—2—54　拆卸高、倒挡离合器的卡环等	如图 1—2—54 所示用旋具拆下卡环，取出高、倒挡离合器的挡圈，摩擦片，钢片
11	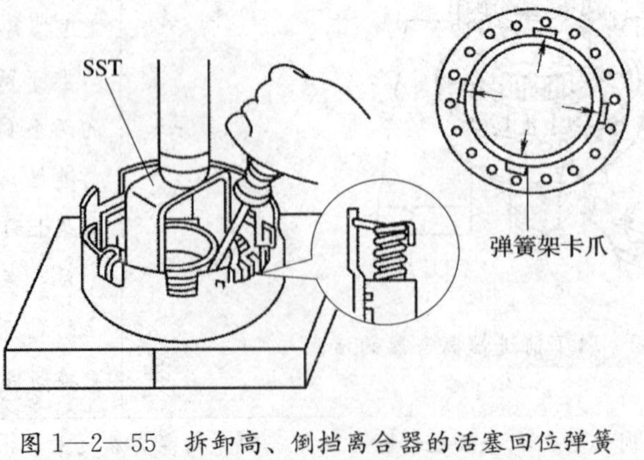 SST 弹簧架卡爪 图 1—2—55　拆卸高、倒挡离合器的活塞回位弹簧	如图 1—2—55 所示使用专用工具，将高、倒挡离合器活塞回位弹簧座圈压下，用卡环钳或旋具拆下卡环，取出回位弹簧及弹簧座圈

续表

步骤	拆卸分解与检修示意图	说明
12	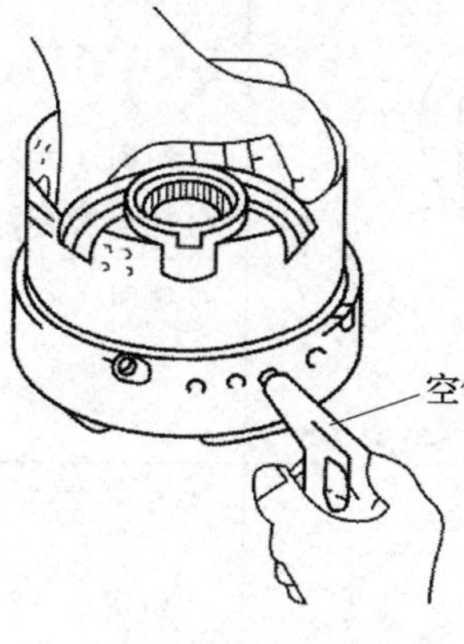 空气压缩枪 图 1—2—56　取下高、倒挡离合器的活塞	如图 1—2—56 所示将高、倒挡离合器装在超速制动器鼓上，并向油道内吹入压缩空气，取出活塞 取下活塞内、外圆上的两个 O 形密封圈 注：装配时，活塞上的 O 形密封圈必须更换新件
	注：在通入压缩空气的时候另一只手要轻轻按住活塞，以免活塞突然飞出	

2．单向离合器的检修

单向离合器的检修操作步骤见表 1—2—5。

表 1—2—5　　单向离合器拆卸分解与检修示意图及说明

步骤	拆卸分解与检修示意图	备注
1	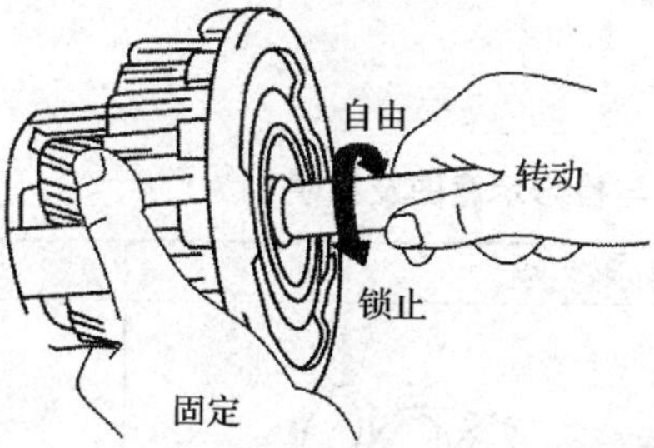 自由　转动　锁止　固定 图 1—2—57　超速单向离合器锁止方向的检查	如图 1—2—57 所示，检查超速单向离合器的锁止方向，应使该单向离合器外圈（行星架）相对于内圈（超速离合器鼓）在逆时针方向（由自动变速器前方看，下同）锁止，在顺时针方向可以自由转动
2	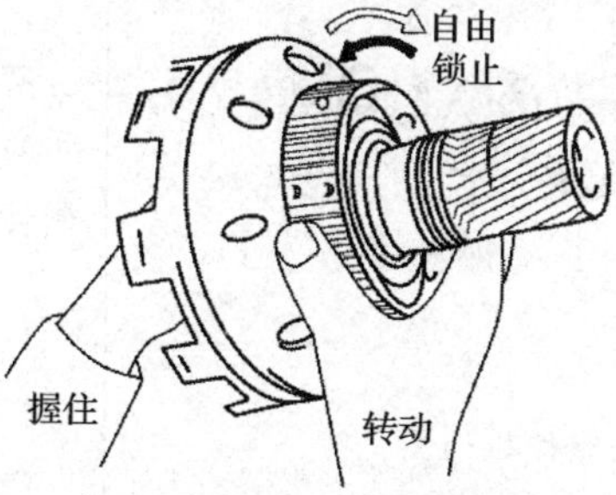 自由　锁止　握住　转动 图 1—2—58　1 挡单向离合器锁止方向的检查	如图 1—2—58 所示，检查 1 挡单向离合器锁止方向。用左手握住太阳轮驱动鼓，右手转动 1 挡单向离合器 F_1 外圈，检查 1 挡单向离合器的锁止方向，如图 1—2—58 所示，应使外圈相对于内圈在逆时针方向锁止，在顺时针方向能自由转动

续表

步骤	拆卸分解与检修示意图	备注
3	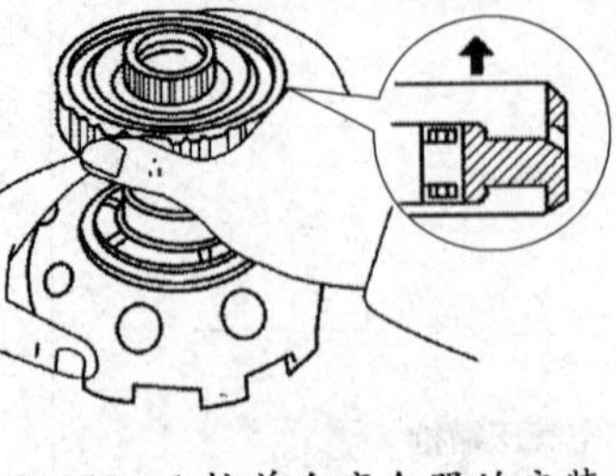 图 1—2—59　1 挡单向离合器的安装	如图 1—2—59 所示安装 1 挡单向离合器时，注意其小面背向油泵的方向
4	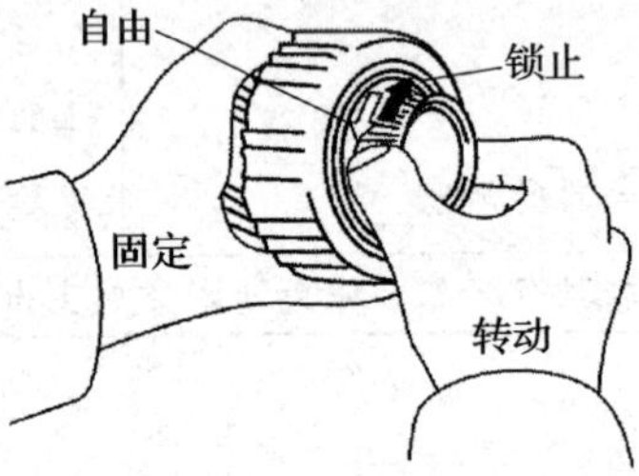 图 1—2—60　低挡单向离合器锁止方向的检查	如图 1—2—60 所示，用左手握住后排行星架，右手转动低挡单向离合器内圈，检查其锁止方向，应使内圈相对于外圈在顺时针方向锁止，在逆时针方向可以自由转动

注：(1) 单向离合器的所有零件清洗干净，涂上少许液压油，按分解相反的顺序进行装配。

(2) 装好单向离合器之后，应再次检查，保证其锁止方向正确，在自由转动方向上转动灵活。

3. 制动器的检修

制动器检修操作步骤见表 1—2—6。

表 1—2—6　　制动器拆卸分解与检修示意图及说明

序号	拆卸分解步骤与检修示意图	说明
1	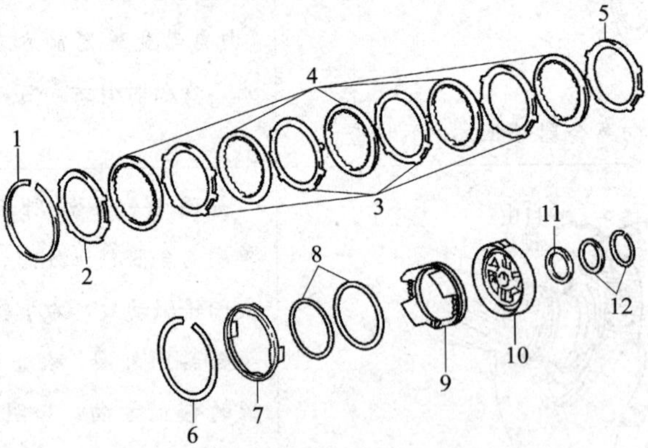 图 1—2—61　超速制动器 B_0 组件排列图 1、6—卡环　2、5—挡圈　3—钢片　4—摩擦片　7—回位弹簧及弹簧座圈　8—O 形密封圈　9—活塞　10—制动器鼓　11—止推垫片　12—密封环	如图 1—2—61 所示拆卸分解超速挡制动器

续表

序号	拆卸分解步骤与检修示意图	说明
2	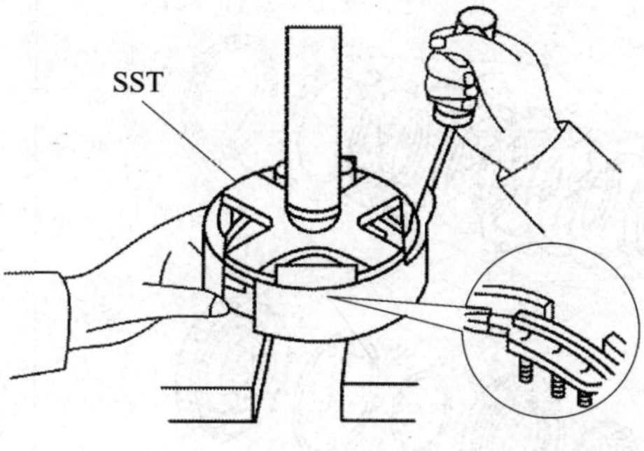 SST 图 1—2—62　拆卸超速制动器的回位弹簧等	如图 1—2—62 所示，使用专用工具，将活塞回位弹簧座圈压下，用旋具拆下卡环，取出回位弹簧和弹簧座圈
3	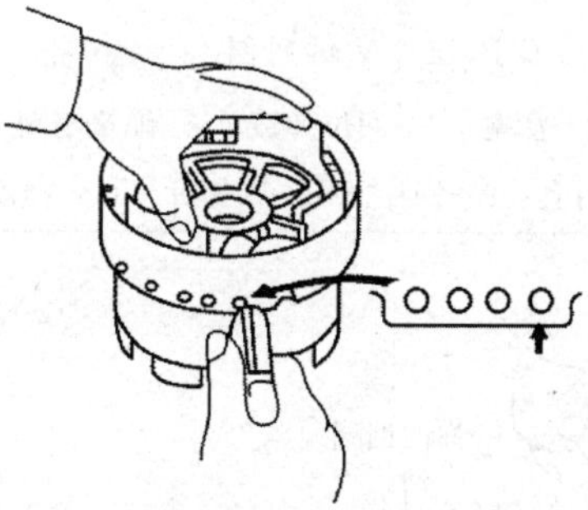 图 1—2—63　取下超速制动器的活塞	如图 1—2—63 所示，将超速制动器鼓装在高、倒挡离合器上，从油道内吹入压缩空气，取出活塞
	注：在通入压缩空气的时候另一只手要轻轻按住活塞，以免活塞突然飞出	
4	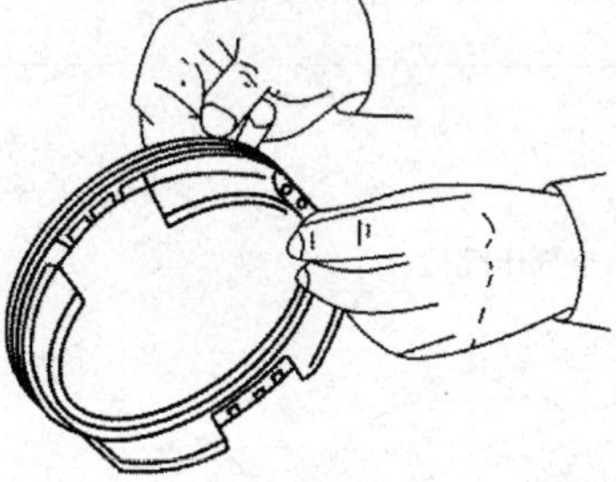 图 1—2—64　取下超速制动器的活塞密封圈	如图 1—2—64 所示拆下活塞内外圆上的 O 形密封圈、制动鼓后端轴颈上的密封环和止推轴承座
	注：装复时，所有的 O 形密封圈必须更换	

续表

序号	拆卸分解步骤与检修示意图	说明
5	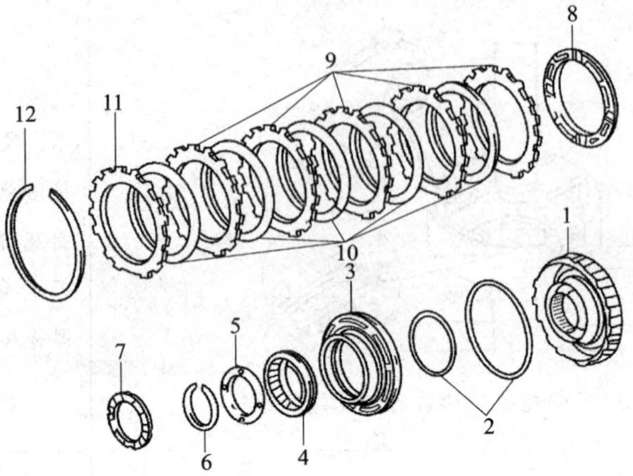 图 1—2—65　2 挡制动器 B_2 组件的排列图 1—2 挡制动器鼓　2—O 形密封圈　3—活塞　4—回位弹簧　5—弹簧座圈　6、12—卡环　7—止推垫圈　8—活塞衬套　9—钢片　10—摩擦片　11—挡圈	如图 1—2—65 所示，拆卸分解 2 挡制动器
6	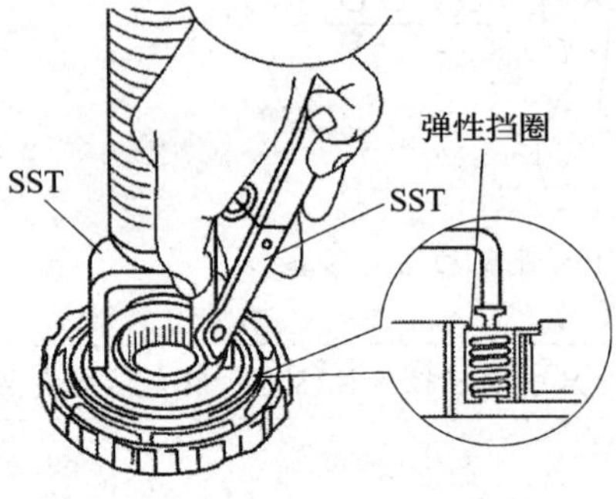 图 1—2—66　2 挡制动器 B_2 的分解操作图	如图 1—2—66 所示使用专用工具，将 2 挡制动器活塞回位弹簧座圈压下，用旋具或卡环钳拆下卡环，取出回位弹簧及弹簧座圈
7	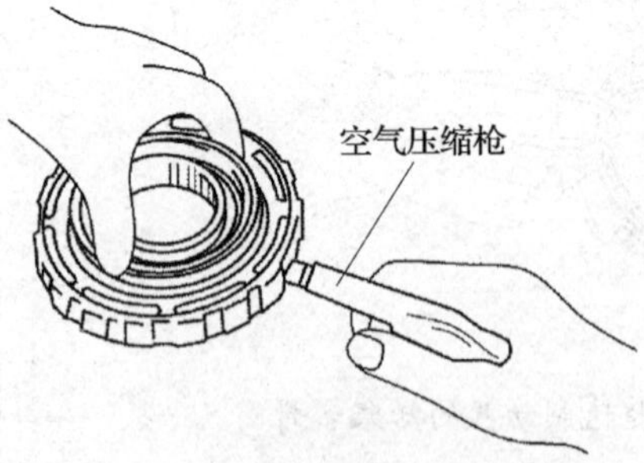 图 1—2—67　取下 2 挡制动器 B_2 的活塞	如图 1—2—67 所示，从 2 挡制动器毂外圆上的油孔内吹入压缩空气，取出活塞
	注：在通入压缩空气的时候另一只手要轻轻按住活塞，以免活塞突然飞出	

续表

<table>
<tr><th>序号</th><th>拆卸分解步骤与检修示意图</th><th>说明</th></tr>
<tr><td>8</td><td> 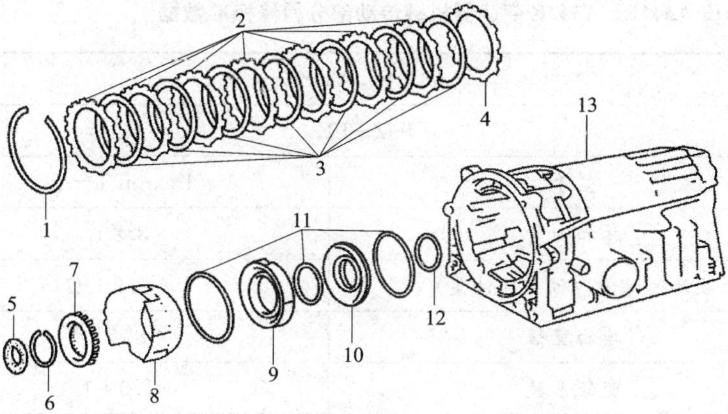图 1—2—68 低、倒挡制动器 B_3 组件排列图
1、6—卡环 2—钢片 3—摩擦片 4—挡圈 5—止推轴承 7—回位弹簧及弹簧座圈 8—大活塞 9—回位滑套 10—小活塞 11、12—O 形密封圈 13—自动变速器壳</td><td>如图 1—2—68 所示，拆卸分解低、倒挡制动器</td></tr>
<tr><td>9</td><td> 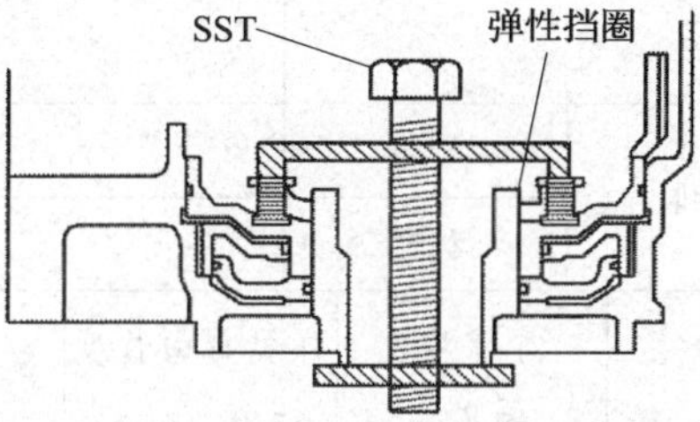SST
弹性挡圈
图 1—2—69 拆卸低、倒挡制动器活塞的回位弹簧等</td><td>如图 1—2—69 所示，用专用工具将自动变速器壳内的低、倒挡制动器活塞的回位弹簧座圈压下，用旋具或卡环钳拆下卡环</td></tr>
<tr><td>10</td><td> 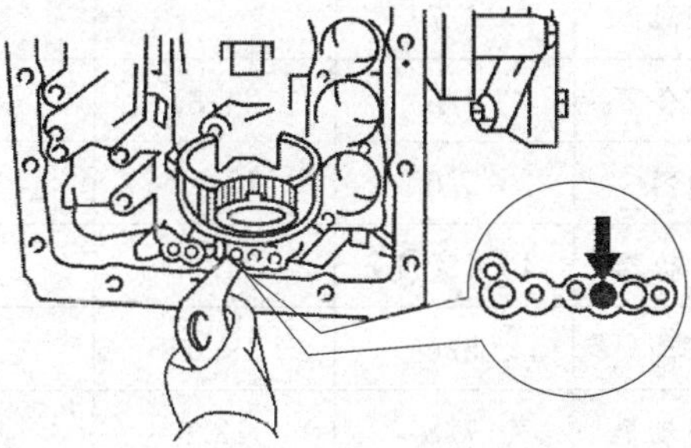图 1—2—70 取出低、倒挡制动器的活塞</td><td>按如图 1—2—70 所示方法从壳体上的低、倒挡制动器进油孔吹入压缩空气，取出活塞</td></tr>
<tr><td></td><td colspan="2">注：在通入压缩空气时，另一只手要轻轻按住活塞，以免活塞突然飞出</td></tr>
</table>

六、变速器检修标准

丰田 A341E、A342E 变速器机械传动部分检修标准数据值见表 1—2—7。

表 1—2—7　　丰田 A341E、A342E 变速器机械传动部分检修标准数据

<table>
<tr><td>变速箱型号</td><td colspan="6">A341E、A342E</td></tr>
<tr><td>发动机型号</td><td colspan="6">IUZ—FE</td></tr>
<tr><td rowspan="4">ATF</td><td colspan="3">型号</td><td colspan="3">Dexron T—Ⅱ</td></tr>
<tr><td colspan="3">总加油量</td><td colspan="3">8.2 L</td></tr>
<tr><td colspan="3">换油时油量（油底壳油量）</td><td colspan="3">1.9 L</td></tr>
<tr><td colspan="3">换油里程</td><td colspan="3">4 800 km</td></tr>
<tr><td>变矩器</td><td colspan="3">变矩系数</td><td colspan="3">1.9∶1</td></tr>
<tr><td rowspan="5">各挡传动比</td><td colspan="3">1</td><td colspan="3">2.531</td></tr>
<tr><td colspan="3">2</td><td colspan="3">1.531</td></tr>
<tr><td colspan="3">3</td><td colspan="3">1.000</td></tr>
<tr><td colspan="3">4（OD）</td><td colspan="3">0.705（UCF10）
0.753（UCF20）</td></tr>
<tr><td colspan="3">R</td><td colspan="3">1.880</td></tr>
<tr><td rowspan="2">行星轮止推间隙（mm）</td><td colspan="2" rowspan="2">超速排、前排、后排</td><td>标准</td><td colspan="3">0.2～0.6</td></tr>
<tr><td>极限</td><td colspan="3">1.0</td></tr>
<tr><td rowspan="8">离合器/制动器</td><td>代号</td><td>名称</td><td>摩擦片/钢片数</td><td>弹簧自由长度标准（mm）</td><td colspan="2">自由间隙（mm）</td></tr>
<tr><td>C_0</td><td>超速离合器</td><td>2/3</td><td>15.8</td><td colspan="2">1.45～1.70</td></tr>
<tr><td>C_2</td><td>前进离合器</td><td>6/7</td><td></td><td colspan="2">0.7～1.00</td></tr>
<tr><td>C_1</td><td>高、倒挡离合器</td><td>4/5</td><td>24.35</td><td colspan="2">1.37～1.60</td></tr>
<tr><td>B_0</td><td>超速制动器</td><td>5/6</td><td>17.23</td><td colspan="2">1.85～2.05</td></tr>
<tr><td>B_1</td><td>2 挡强制制动器</td><td>40（宽度）</td><td>24.35</td><td colspan="2">2.0～3.0</td></tr>
<tr><td>B_2</td><td>2 挡制动器</td><td>5/6</td><td>19.64</td><td colspan="2">0.63～1.98</td></tr>
<tr><td>B_3</td><td>低、倒挡制动器</td><td>7/8</td><td>12.9</td><td colspan="2">0.70～1.22</td></tr>
<tr><td rowspan="2">换挡点（D 位、节气门全开）</td><td>1→2</td><td>2→3</td><td>3→OD</td><td>OD→3</td><td>3→2</td><td>2→1</td></tr>
<tr><td>70～75</td><td>120～130</td><td>181～199</td><td>182～193</td><td>110～119</td><td>59～64</td></tr>
</table>

任务 4　09G 自动变速器的传动分析

一、09G 自动变速器概述

AISIN 和 ZF 公司为大众公司设计的 09G、09D、09E、09K 均为 6 速变速器，这几款变速器都采用莱佩莱捷式行星齿轮机构。其优点：结构简单、节约结构空间且质量适中，它把一个单排（固定排—该排太阳轮固定）和一个拉维娜有机结合，因此只需 6 个换挡执行元件即可实现 6 前 1R 的变速功能。

09G 自动变速器如图 1—2—71 所示。

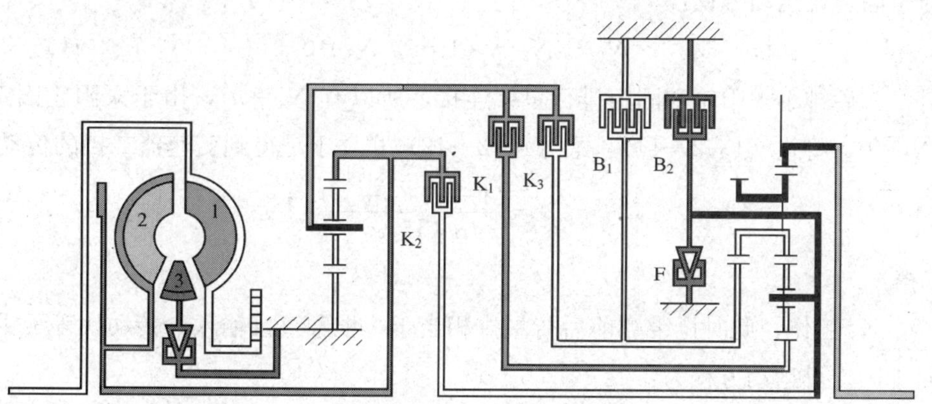

图 1—2—71　09G 自动变速器

二、09G 自动变速器传动路线分析

09G 自动变速器换挡执行元件工作表见表 1—2—8。

表 1—2—8　　09G 自动变速器换挡执行元件工作表

挡位	部件					
	K_1	K_2	K_3	B_1	B_2	F
1 挡	●					●
2 挡	●			●		
3 挡	●		●			
4 挡	●	●				
5 挡		●	●			
6 挡		●		●		
R 挡			●		●	

1 挡：

K_1、F_1 工作。此时动力由固定排行星架传递到后排小太阳轮上，由于后排行星架在 F_1 作用下锁止，所以小太阳轮带动齿圈输出动力，此挡位只有固定排和后排起作用。

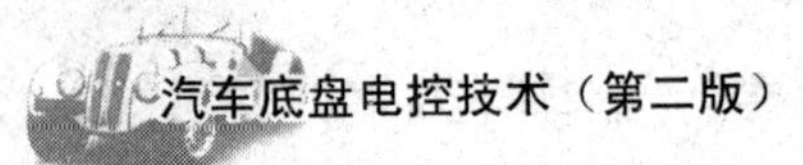

2 挡：

K_1、B_1 工作。与拉维娜 D_2 挡类似，此时在 B_1 作用下大太阳轮处于固定状态，因此有 $n_1=0$，前后排都参与了挡位的形成，所以针对前后排分别列出运动方程：

$$n_1+\alpha n_2-(1+\alpha)n_3=0 \tag{1—2—9}$$

$$n_1'-\alpha' n_2-(1-\alpha')n_3=0 \tag{1—2—10}$$

对传动比的计算需要联立前后排运动方程，因此将式（1—2—9）、式（1—2—10）联立计算得到：

$$i'=\frac{n_1'}{n_2}=\frac{\alpha+\alpha'}{1+\alpha} \tag{1—2—11}$$

对于固定排运动方程：

$$N_1+\beta N_2-(1+\beta)N_3=0 \tag{1—2—12}$$

其中，后排小太阳轮和固定排行星架连接，所以有 $N_3=n_1'$，由于太阳轮固定，所以有 $N_1=0$，将式（1—2—11）、式（1—2—12）联立于是得到变速器二挡的传动比：

$$i=\frac{N_2}{n_2}=\frac{(1+\beta)(\alpha+\alpha')}{\beta(1+\alpha)}$$

3 挡：

K_1、K_3 工作，此时拉维娜前后行星排相当于一根轴直接输入，传动比等于 1。

对于固定排运动方程为：

$$N_1+\beta N_2-(1+\beta)N_3=0 \tag{1—2—13}$$

太阳轮固定，因此 $N_1=0$，计算方程（1—2—13）即可得到传动比（也是总传动比）：

$$i=\frac{N_2}{N_3}=\frac{1+\beta}{\beta}$$

4 挡：

K_1、K_2 工作，此时固定排和拉维娜后排参与挡位形成，同样对两排联立方程：

$$\beta N_2-(1+\beta)N_3=0 \tag{1—2—14}$$

$$n_1'-\alpha' n_2-(1-\alpha')n_3=0 \tag{1—2—15}$$

这里有 $N_2=n_3$，$n_1'=N_3$，联立式（1—2—14）、式（1—2—15）进行计算得到四挡传动比：

$$i=\frac{n_3}{n_2}=\frac{\alpha'(1+\alpha)}{\alpha-(1-\alpha')(1+\alpha)}$$

5 挡：

K_2、K_3 工作，同理联立固定排和拉维娜前行星排的方程：

$$\beta N_2-(1+\beta)N_3=0 \tag{1—2—16}$$

$$n_1+\alpha n_2-(1+\alpha)n_3=0 \tag{1—2—17}$$

这里有 $n_1=N_3$，$N_2=n_3$，联立式（1—2—16）、式（1—2—17）进行计算得到五挡传动比：

$$i=\frac{n_3}{n_2}=\frac{\alpha(1+\beta)}{(1+\beta)(1+\alpha)-\beta}$$

6 挡：

K_2、B_1 工作，此时只有拉维娜前行星排工作，由于 B_1 锁定大太阳轮，行星架带动齿圈运动输出动力。

R 挡：

K_3、B_2 工作。同理联立固定排和拉维娜前行星排的方程：

$$\beta N_2-(1+\beta)N_3=0 \quad (1—2—18)$$

$$n_1+\alpha n_2-(1+\alpha)n_3=0 \quad (1—2—19)$$

通过对以上几个挡位的推导，证明了越是复杂的行星排传动机构，越需要联立方程进行求解，才能明确传动情况。

知识拓展

ZF—9HP 自动变速器（见图 1—2—72）由当今世界上主要的传动系统产品专业制造厂家之一德国采埃孚集团公司（ZF）设计制造。本书首先分析了 ZF—9HP 自动变速器的各挡动力传递路线，建立了 ZF—9HP 自动变速器的等效杠杆图。针对原有杠杆法在分析三排及三排以上行星齿轮变速机构时存在困难和不足的情况，本书在原有杠杆分析法基础上对其进行了拓展，得出了 ZF—9HP 自动变速器等效杠杆转速线图，并由图得出了各挡传动比。通过计算并与各挡传动比数值进行比较，验证了新拓展的杠杆法的正确性。这将为以后分析、设计自动变速器换挡过程提供一定的借鉴。

图 1—2—72　ZF—9HP 自动变速器

一、ZF—9HP 自动变速器结构特点

在当今汽车市场，自动变速器挡数主要为 6 挡及 6 挡以下时，拥有变速器最大市

场份额的德国采埃孚集团公司（ZF）已经研发出专门适用于横置发动机的9HP自动变速器。它在尺寸和质量上与传统的6AT相当，但是挡位数更多，换挡更加平顺。

ZF—9HP自动变速器的核心结构是4组单行星轮行星排和两个爪形离合器，两个离合器，两个制动器。ZF—9HP自动变速器传动简图如图1—2—73所示，其结构特点如下：

第一排齿圈R1和第二排太阳轮S2连为一体。

第一排、第二排行星架PC1、PC2和第三排齿圈R3连为一体（三件同速）。

第三排行星架PC3和第四排齿圈R4连为一体（前架后圈一体），第三排太阳轮S3和第四排太阳轮S4连为一体（共用）。

因此第三排和第四排是典型的辛普森结构，且第四排行星架PC4为输出构件。

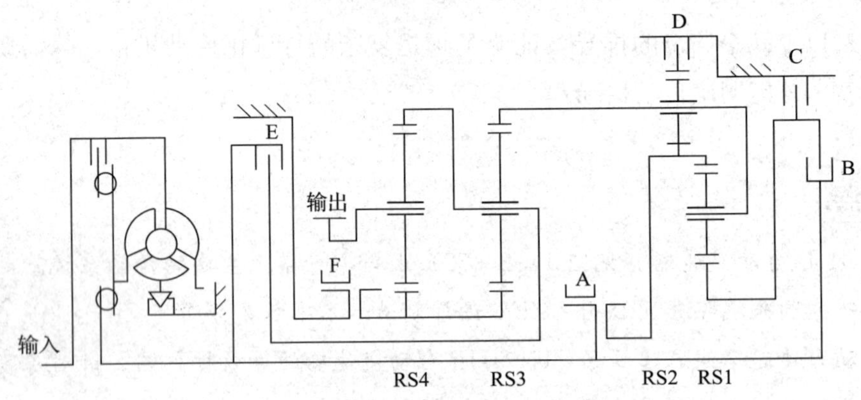

图1—2—73 ZF—9HP自动变速器传动简图

6个结合元件中，爪形离合器A连接输入轴和第一排齿圈R1、第二排太阳轮S2，爪形离合器F制动第三排太阳轮S3和第四排太阳轮S4，离合器B连接输入轴和第一排太阳轮S1，离合器E连接输入轴和第三排行星架PC3、第四排齿圈R4，制动器C制动第一排太阳轮S1，制动器D制动第二排齿圈R2。

二、ZF—9HP自动变速器各挡动力传递路线分析

ZF—9HP自动变速器各挡换挡元件工作表见表1—2—9。

表1—2—9　　ZF—9HP自动变速器各挡换挡元件工作表

挡位	制动器		离合器		爪形离合器		齿比	齿比间隔
	C	D	B	E	F	A		
1		○			○	○	4.70	1.65
2	○				○	○	2.85	1.49
3			○		○	○	1.90	1.38

续表

挡位	制动器		离合器		爪形离合器		齿比	齿比间隔
	C	D	B	E	F	A		
4				○	○	○	1.38	1.38
5			○	○		○	1.00	1.24
6	○			○		○	0.80	1.16
7		○		○		○	0.70	1.21
8	○	○		○			0.58	1.21
9		○	○	○			0.48	Total9.81
R		○	○		○		−3.80	

注：○表示结合元件工作。

ZF—9HP 自动变速器各挡动力传递路线分析如下：

ZF—9HP 自动变速器 1～5 挡动力传递分析时，将第一排和第二排看作一个变速器，而将第三排、第四排看作另一个变速器。在 1 挡、2 挡和 5 挡时，动力流从第一、二排传给第三、四排，符合动力从前向后传递的规律。因此得 ZF—9HP 自动变速器 1～5 挡动力传递分析如下：

1 挡：爪形离合器 A 结合，将输入轴动力传至第二排太阳轮 S2 和第一排齿圈 R1，制动器 D 制动第二排齿圈 R2，第二排行星架 PC2 减速输出至第三排齿圈 R3；爪形离合器 F 制动第三排和第四排太阳轮 S3、S4，因此第三排行星架 PC3 减速输出至第四排齿圈 R4；因为第四排太阳轮 S4 被制动，所以第四排行星架 PC4 减速输出。1 挡时形成三级减速。

2 挡：爪形离合器 A 结合，将输入轴动力传至第二排太阳轮 S2 和第一排齿圈 R1，制动器 C 制动第一排太阳轮 S1，第一排行星架 PC1 减速输出至第三排齿圈 R3；爪形离合器 F 制动第三排和第四排太阳轮 S3、S4，同理第四排行星架 PC4 减速输出。2 挡时也形成三级减速。

3 挡：爪形离合器 A 结合，将输入轴动力传至第二排太阳轮 S2 和第一排齿圈 R1，同时离合器 B 结合，将输入轴动力传至第一排太阳轮 S1，因此第一排行星架 PC1 整体输出至第三排齿圈 R3；爪形离合器 F 制动第三排和第四排太阳轮 S3、S4，同理第四排行星架 PC4 减速输出。3 挡时形成二级减速。

4 挡：离合器 E 结合，将输入轴动力传至第三排行星架 PC3 和第四排齿圈 R4，爪形离合器 F 制动第三排和第四排太阳轮 S3、S4，第四排齿圈 R4 驱动第四排行星架 PC4 减速输出，形成一级减速。此时虽然第三排行星架 PC3 会驱动第三排齿圈 R3 和第二排、第一排行星架 PC2、PC1 转动，且爪形离合器 A 将输入轴动力传至第二排太阳轮 S2 和第一排齿圈 R1，但是由于第一排太阳轮 S1 和第二排齿圈 R2 自由，所以第一排和第二排不参与动力传动。4 挡时形成一级减速。

5 挡：爪形离合器 A 结合，将输入轴动力传至第二排太阳轮 S2 和第一排齿圈 R1，同时离合器 B 结合，将输入轴动力传至第一排太阳轮 S1，所以第一排行星架 PC1 整体输入至第三排齿圈 R3，又因为离合器 E 将输入轴动力传至第三排行星架 PC3 和第四排齿圈 R4，此时第三排太阳轮 S3 整体输出，即第四排太阳轮 S4 也与输入轴同速，最终第四排行星架 PC4 整体输出。5 挡为直接挡。

ZF—9HP 自动变速器 6～9 挡和 R 挡时，将第一排和第二排组成的变速器看作一个制动器，部分约束第三排齿圈，因此引入矢量表示法。如图 1—2—74 所示，A、B、C 分别代表太阳轮、行星架和齿圈；线段 AB、BC、AC 分别表示齿圈、太阳轮和行星架齿数。在单级行星排中用单箭头的线段表示构件的转速和方向。可得到一个构件固定的情况下，其他两个构件的转动情况。

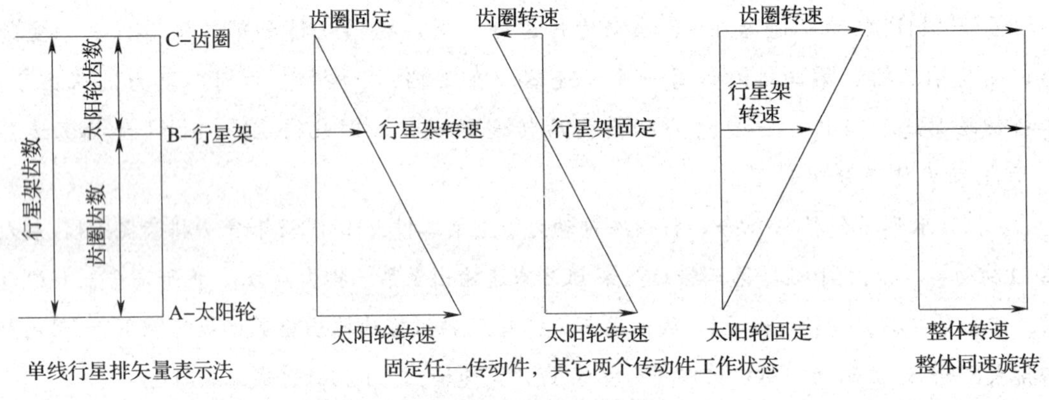

图 1—2—74　用矢量表示单级行星齿轮机构运动规律

同时，通过矢量表示法可以很容易理解三个构件同时旋转但转速和方向各异的情况。如图 1—2—75 所示，当齿圈和行星架转速相同时，将驱动太阳轮同速输出；当齿圈转速减小、为零甚至逆转而行星架转速不变时，太阳轮转速将增加。因此得 ZF—9HP 自动变速器 6～9 挡和 R 挡动力传递分析如下：

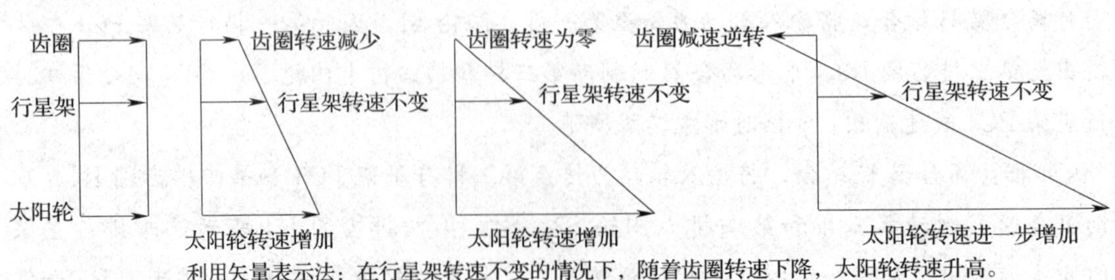

图 1—2—75　行星架转速不变，减少齿圈转速达到增大太阳轮转速目的

6 挡：爪形离合器 A 结合，将输入轴动力传至第二排太阳轮 S2 和第一排齿圈 R1，制动器 C 制动第一排太阳轮 S1，第一排行星架 PC1 减速输出至第三排齿圈 R3；离合器 E 结合，将输入轴动力传至第三排行星架 PC3 和第四排齿圈 R4，由于第三排是两个输入、一个输出的工作情况，所以由矢量表示法可知第三排太阳轮 S3 增速输出，即第四排太阳轮 S4 增速输出；又由于第四排齿圈 R4 与输入轴转速相同，所以第四排也为两个输入、一个输出的工作情况，因此第四排行星架 PC4 增速输出。

7 挡：爪形离合器 A 结合，将输入轴动力传至第二排太阳轮 S2 和第一排齿圈 R1，制动器 D 制动第二排齿圈 R2，第二排行星架减速输出至第三排齿圈 R3；离合器 E 结合，将输入轴动力传至第三排行星架 PC3 和第四排齿圈 R4，由于第三排是两个输入、一个输出的工作情况，所以由矢量表示法可知第三排太阳轮 S3 增速输出，即第四排太阳轮 S4 增速输出；同理第四排行星架 PC4 增速输出。

8 挡：制动器 C 制动第一排太阳轮 S1，制动器 D 制动第二排齿圈 R3，则第一、第二排相当于被制动，所以第三排齿圈 R3 转速为 0。离合器 E 结合，将输入轴动力传至第三排行星架 PC3 和第四排齿圈 R4，第三排太阳轮 S3 增速输出，即第四排太阳轮 S4 增速输出；同理第四排行星架 PC4 增速输出。

9 挡：离合器 B 结合，将输入轴动力传至第一排太阳轮 S1，此时第一排行星轮逆转，驱动第一排齿圈 R1 逆转，即第二排太阳轮 S2 逆转，制动器 D 制动第二排齿圈 R2，所以第二排行星架 PC2 逆转输出至第三排齿圈 R3；离合器 E 结合，将输入轴动力传至第三排行星架 PC3 和第四排齿圈 R4，由于第三排是两个输入、一个输出的工作情况，所以由矢量表示法可知第三排太阳轮 S3 增速输出，即第四排太阳轮 S4 增速输出；同理第四排行星架 PC4 增速输出。

倒挡：离合器 B 结合，将输入轴动力传至第一排太阳轮 S1，制动器 D 制动第二排齿圈 R2，与 9 挡时相同，第二排行星架 PC2 逆转输出至第三排齿圈 R3；爪形离合器 F 结合，制动第三排太阳轮 S3 和第四排太阳轮 S4，因此第三排行星架 PC3 减速逆转；同理第四排行星架 PC4 减速逆转。

注：以上所述减速、整体输出、增速均相对输入轴转速而言。

工程应用

用矢量表示法可以很容易理解行星齿轮三个构件同时旋转但转速和方向各异的传动过程。但越是复杂的行星排传动机构越需要联立方程进行求解才能明确传动情况。

课题三　电控液力自动变速器的控制系统

学习目标

- ◆ 了解自动变速器电液控制系统结构及工作原理。
- ◆ 能进行变矩器油路分析。
- ◆ 掌握自动变速器电控系统故障自诊断的方法。
- ◆ 能正确拆装自动变速器电控系统主要元器件。

想一想

前面课题二已经说过，自动变速器的“自动”是以电液控制为前提的，那么什么是电液控制呢？——电控液动的含义是用小能量、小流量的电控元件（电磁阀）促使大能量、大流量的液控元件（液压换挡滑阀及制动器 B、离合器 C）起作用，完成挡位油路的转换。使前一个挡位的离合器或制动器中的油压快速泄掉而分离；又使另一个挡位的离合器或制动器快速充油而接合，转换时间仅为 1～2 s。液压换挡滑阀实为液压继动器。它分为电控部分和液控部分两个系统，这是自动化控制的基本规律。

高科技的电液控制有什么优点呢？——由于计算机技术的进步和软件系统智能控制功能的开发，加大了电控元件的数量并丰富了电控元件的功能，减少了液动元件的数量，简化了液压阀体，热态泄漏和运动犯卡的故障大幅度减少，电控元件的报警、自诊功能进一步强化，提高了诊断、维修的方便性。

换挡平顺性如何？——ECT－ECU 的永久性 ROM 存储器中，已将每一最佳换挡位置和最佳锁止位置进行了编程，随时可根据道路状况和发动机的工况及各种控制信号的变化，判定换挡时机和锁止时机，并通过四线路驱动器模块 QDM，换挡电磁阀 A、B 和变矩器电磁阀 TCC、PWM 适时地切换离合器和制动器的油道，改变行星排的组合，并适时地锁止传动，实现变速器多元化的自动控制。它接收 10 个控制信号，有 8 项控制功能。

由前面两个课题的学习，已经知道只要控制相应的离合器或制动器的接合与断开，行星齿轮机构就可以实现传动比的变化，也就可以实现变速器最基本的换挡要求。自动变速器的动力及控制流程如图 1—3—1 所示。

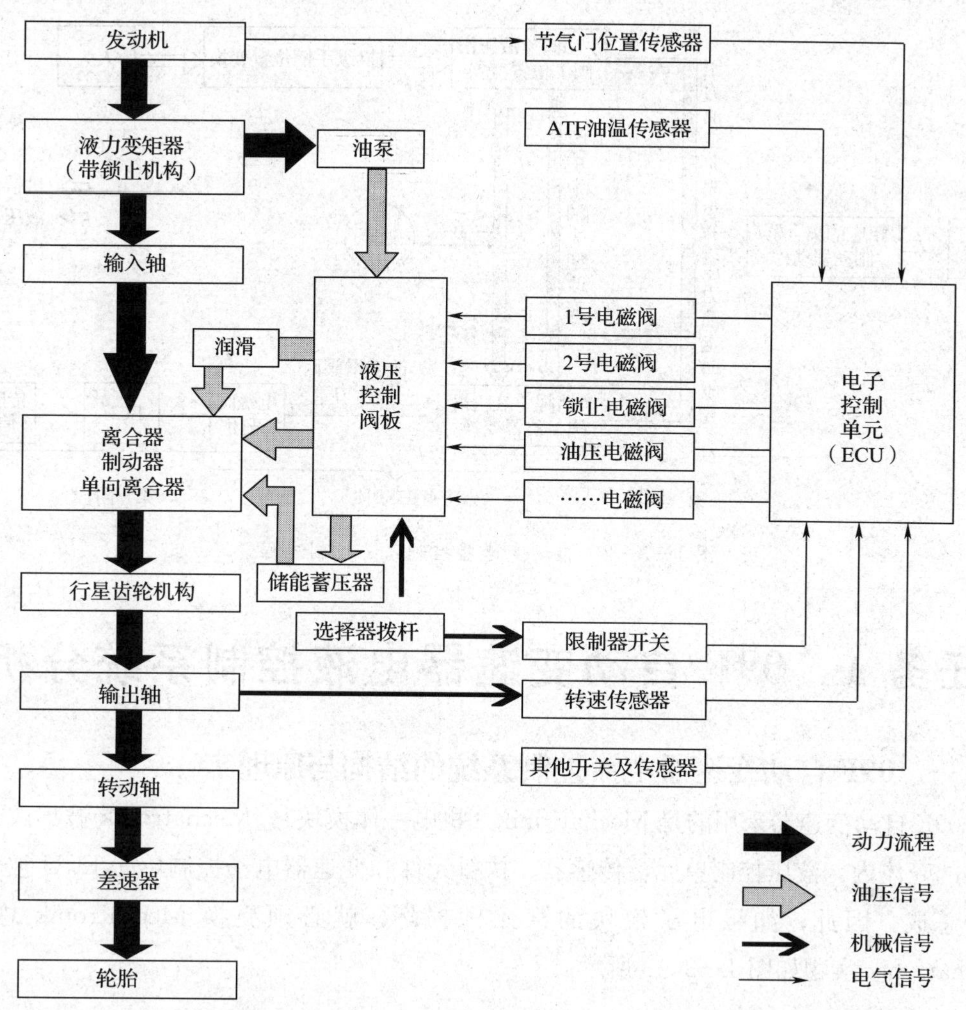

图 1—3—1　自动变速器的动力及控制流程图

由图 1—3—1 可以看到，电控自动变速器的控制主线为传感器 $\xrightarrow{\text{信号传输}}$ ECU $\xrightarrow{\text{控制}}$ 电磁阀开闭 $\xrightarrow{\text{影响}}$ 液压滑阀位置 $\xrightarrow{\text{改变}}$ 压力油走向 $\xrightarrow{\text{实现}}$ 离合器/制动器动作 $\longrightarrow$ 行星齿轮系改变传动比。

此控制链可以人为地分为串联的 3 个阶段：第一阶段，手动阀及换挡阀对执行器的控制；第二阶段，电磁阀对换挡阀的控制；第三阶段，电子控制单元对电磁阀的控制。

自动变速器控制系统控制流程如图 1—3—2 所示。

本课题通过三个任务，讲解自动变速器控制系统的组成、工作原理、故障诊断与排除的相关知识。

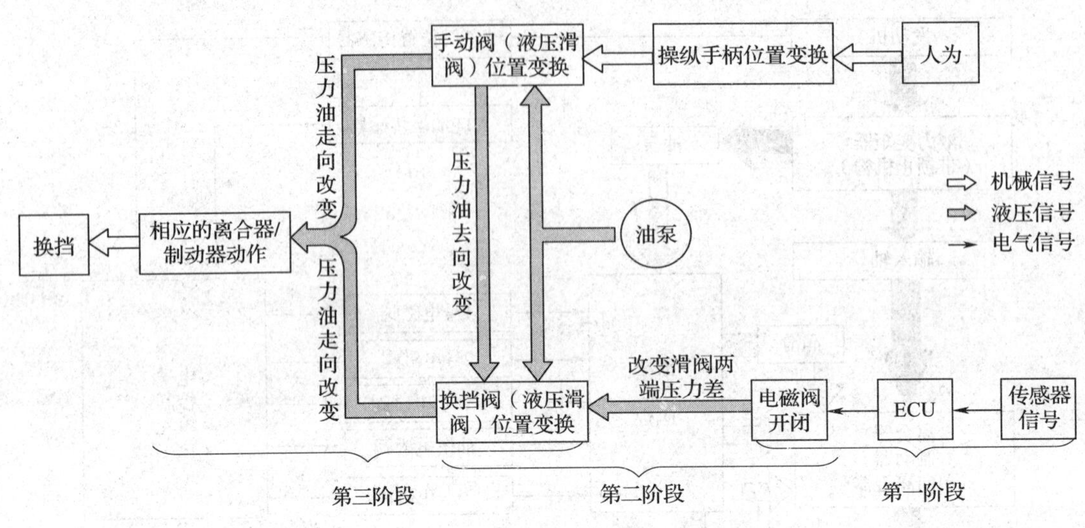

图 1—3—2　自动变速器控制系统控制流程

任务 1　09E 自动变速器电液控制系统分析

一、09E 自动变速器电液控制系统的结构与原理

09E 自动变速器采用的是 Mechatronik（机电一体模块），Mechatronik 被集成在变速器的壳体内，液压控制单元、传感器、执行元件和变速器电子控制单元 ECU 被合成一个总成。因此，如果电子模块的某元件损坏，就必须更换 Mechatronik 总成。Mechatronik 实物如图 1—3—3 所示。

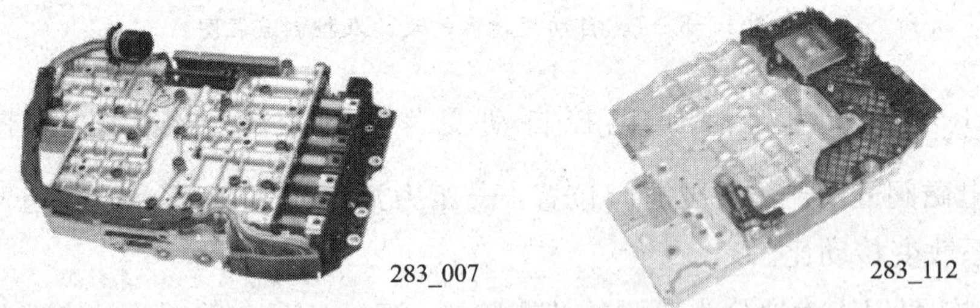

图 1—3—3　Mechatronik 实物

ECU 通过驱动 CAN 总线来与车辆外部设备进行信息交换，并通过各个电磁开关的通断电，控制作用在相应滑阀上端的调节油压，改变滑阀的相对位置，接通或切断相关油路通道，改变油液的流动方向至相应的执行元件，实现各个挡位的切换。液压系统分析图如图 1—3—4 所示。

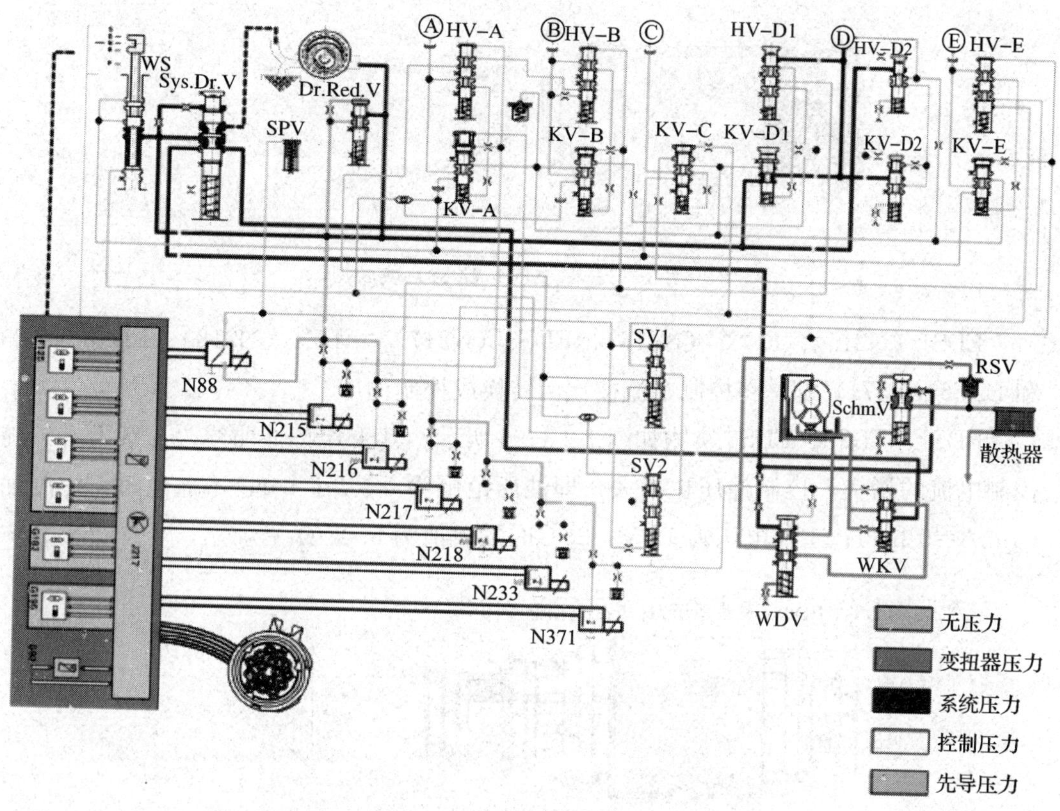

图 1—3—4　液压系统分析图

Dr. Red. V 为减压阀；MV1（N88）为电磁阀 1；EDS1（N215）为压力控制电磁阀 1；EDS2（N216）为压力控制电磁阀 2；EDS3（N217）为压力控制电磁阀 3；EDS4（N218）为压力控制电磁阀 4；EDS5（N233）为压力控制电磁阀 5；EDS6（N371）为压力控制电磁阀 6；HV－A 为离合器 A 锁紧阀；HV－B 为离合器 B 锁紧阀；HV－D1 为制动器 D1 锁紧阀；HV－D2 为制动器 D2 锁紧阀；HV－E 为离合器 E 锁紧阀；KV－A 为离合器 A 离合阀；KV－B 为离合器 B 离合阀；KV－C 为制动器 C 离合阀；KV－D1 为制动器 D1 离合阀；KV－D2 为制动器 D2 离合阀；KV－E 为离合器 E 离合阀；RSV 为单向阀；Schm. V 为润滑阀；SPV 为补偿阀；SV1 为挡位选择阀 1；SV2 为挡位选择阀 2；Sys. Dr. V 为系统压力阀；WDV 为变矩器压力阀；WKV 为变矩器离合器阀；WS 为选挡滑阀；J217 为自动变速器控制单元；F125 为挡位传感器；G93 为油温传感器；G182 为变速器输入转速传感器；G195 为变速器输出转速传感器；WS 为手动阀。

如图 1—3—5 所示的 MV1（N88）是一个开关型电磁阀，用于实现 SV1 和 SV2 油液通道的切换。

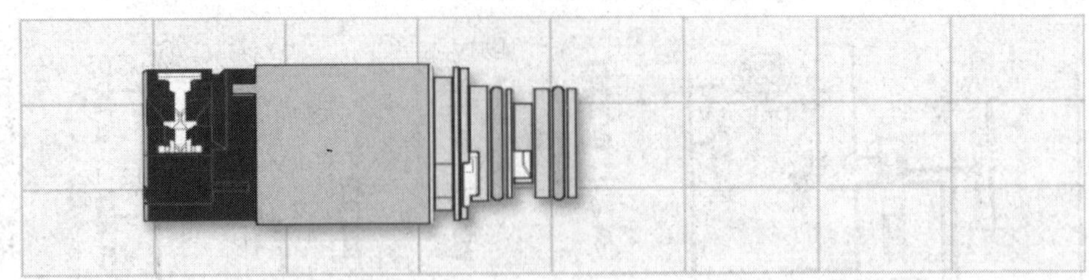

图 1—3—5　MV1（N88）实物图

EDS1（N215）、EDS2（N216）、EDS3（N217）、EDS4（N218）、EDS5（N233）和 EDS6（N371）都是将控制电流按比例转换成控制油压。

EDS1、EDS3、EDS6 实物如图 1—3—6 所示。其工作特性曲线为连续上升，随着控制电流的增大，控制油压也增大，即油压范围为 0～4.6 bar，不通电时无控制油压（0 mA＝0 bar）；工作电压为 12 V；20℃时的阻值为 5.05 Ω。

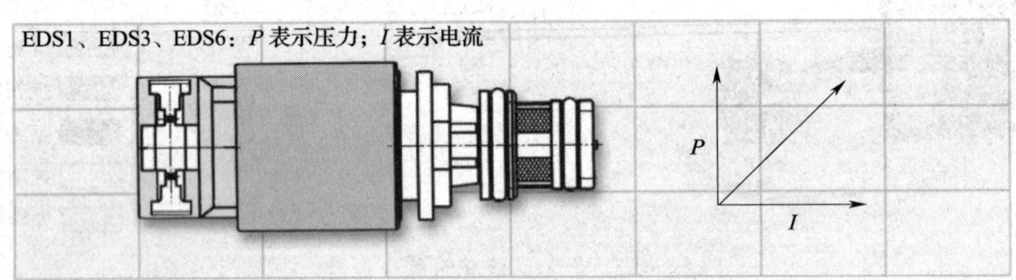

图 1—3—6　EDS1、EDS3、EDS6 实物图

EDS2、EDS4、EDS5 实物如图 1—3—7 所示。其工作特性曲线为连续下降，随着控制电流的增大，控制油压会减小，即油压范围为 4.6～0 bar，不通电时控制压力最大；工作电压为 12 V；20℃时的阻值为 5.05 Ω。

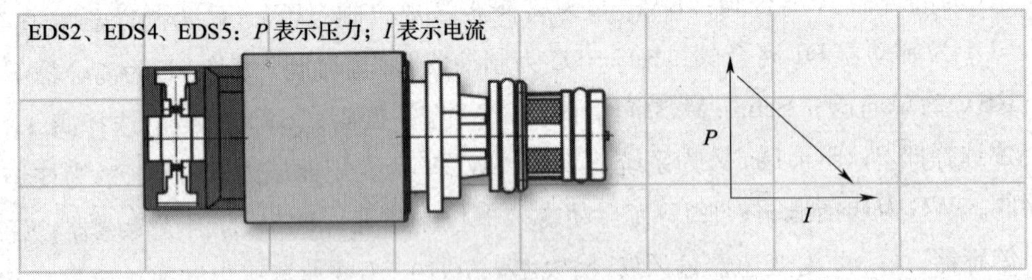

图 1—3—7　EDS2、EDS4、EDS5 实物图

MV1（N88）控制 SV1 和 SV2；EDS1（N215）控制离合器 A 的 HV－A 和 KV－A；EDS2（N216）控制离合器 B 的 HV－B 和 KV－B；EDS3（N217）控制制动器 C 的

KV－C；EDS4（N218）控制制动器 D 的 HV－D1、KV－D1、HV－D2、KV－D2 和离合器 E 的 HV－E 和 KV－E；EDS5（N233）控制 Sys. Dr. V；EDS6（N371）控制 WDV 和 WKV。

二、变矩器的油路分析

变矩器采用的是独立的液压控制回路。J217 根据发动机的转速和转矩、涡轮转速、输出转速、ATF 油温以及当前挡位等数据计算出锁止离合器（WK）的规定状态，并向 EDS6（N371）压力控制电磁阀发出控制电流，由 EDS6（N371）压力控制电磁阀将其按比例转换成液压控制压力来控制 WDV 变矩器压力阀和 WKV 变矩器离合器阀的动作，从而控制 WK 油液的流动方向和压力大小。

1. 锁止离合器（WK）断开

WK 断开油路分析图如图 1—3—8 所示。当 WK 断开时，EDS6（N371）压力控制电磁阀无控制电流通过，WDV 变矩器压力阀和 WKV 变矩器离合器阀的上端也就无控制压力，其阀芯在复位弹簧作用下移至顶端，从而接通或切断相关的油路。

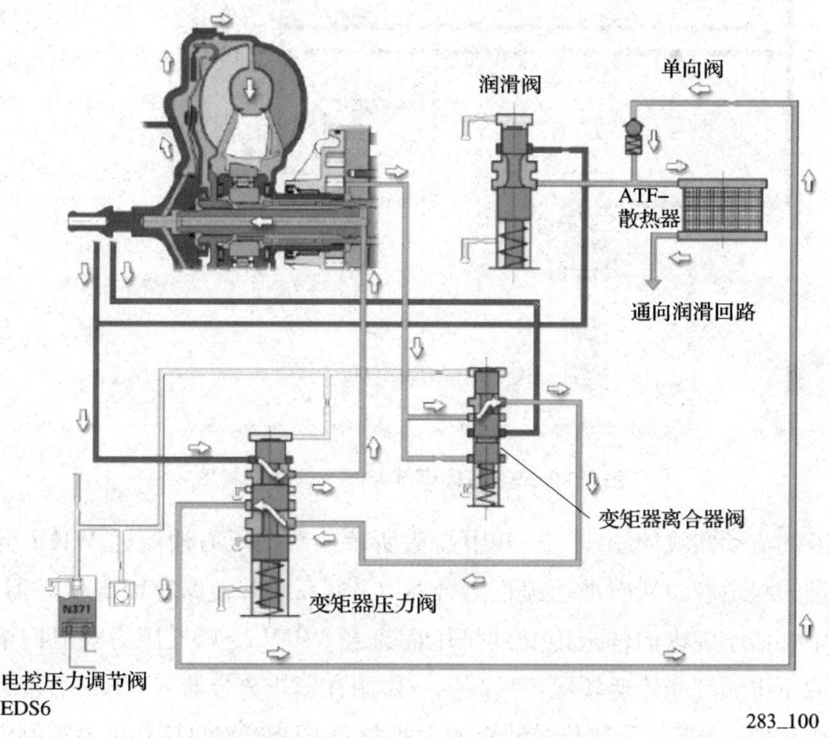

图 1—3—8　WK 断开油路分析图

其油液的流动路线如图 1—3—8 中箭头所示：系统压力油流经 WDV 变矩器压力阀至涡轮轴中心通道，再从活塞腔经摩擦盘和摩擦面流到涡轮腔，因传递转矩和锁止离合器（WK）摩擦而变热的油液流经 WKV 变矩器离合器阀和 WDV 变矩器压力阀，推开通往 ATF 散热器油道中的单向阀并进入 ATF 散热器进行冷却，经冷却后的油液流向润滑回路。

2．锁止离合器（WK）调节与接合

WK 调节与接合油路分析图如图 1—3—9 所示。当锁止离合器（WK）调节与接合时，EDS6（N371）压力控制电磁阀有控制电流通过，控制油压在 30 ms 内逐渐上升到 4.6 bar，WDV 变矩器压力阀和 WKV 变矩器离合器阀的上端也就有控制压力，其阀芯在控制压力的作用下克服复位弹簧的弹力移至底端，从而接通或切断相关的油路。

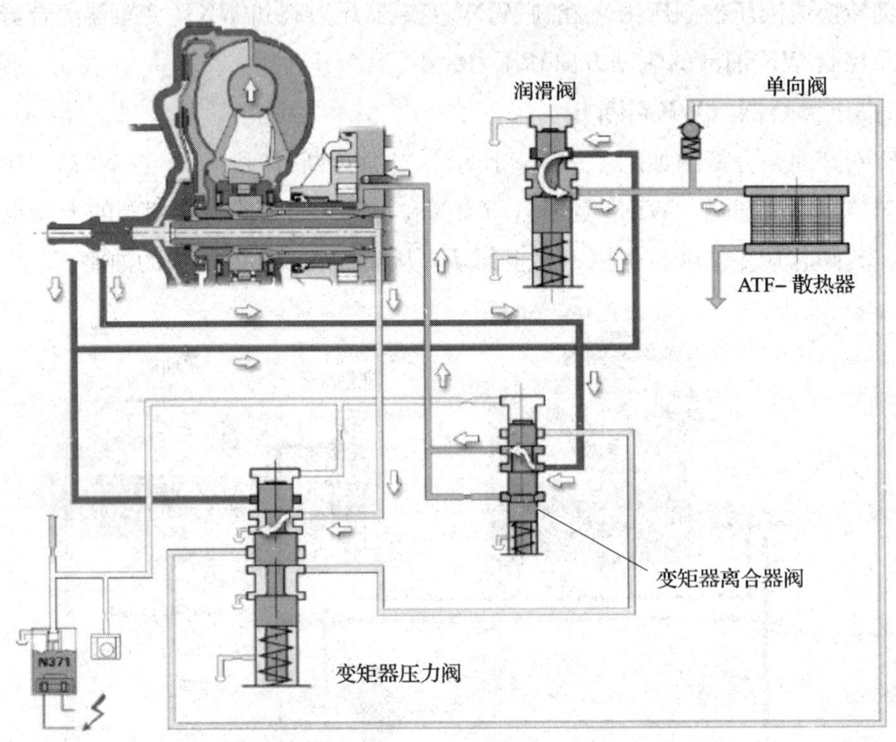

图 1—3—9　WK 调节与接合油路分析图

其油液的流动路线如图 1—3—9 中箭头所示：系统压力油流经 WKV 变矩器离合器阀直接进入涡轮腔，从而推动锁止离合器（WK）活塞使摩擦面与变矩器壳体接合。接合过程中，活塞腔内的油液因受到挤压而流经 WDV 变矩器压力阀泄回油底壳。接合后，油液不再循环和传递转矩，只产生一作用在锁止离合器（WK）活塞上的油压。

锁止离合器（WK）所能传递转矩的大小随着 EDS6（N371）压力控制电磁阀控制电流的变化而变化（增大或减小），因此在锁止离合器（WK）调节工作时，能大大减弱发动机的扭转振动，从而取消了扭转减振器。

3．1 挡油路分析

进入 1 挡时，离合器 A 和制动器 D 工作，通电的电磁阀有 EDS1（N215）、EDS2

(N216) 和 EDS5 (N233), 断电的电磁阀有 MV1 (N88)、EDS4 (N218)、EDS3 (N217) 和 EDS6 (N371)。1 挡油路分析图如图 1—3—10 所示。

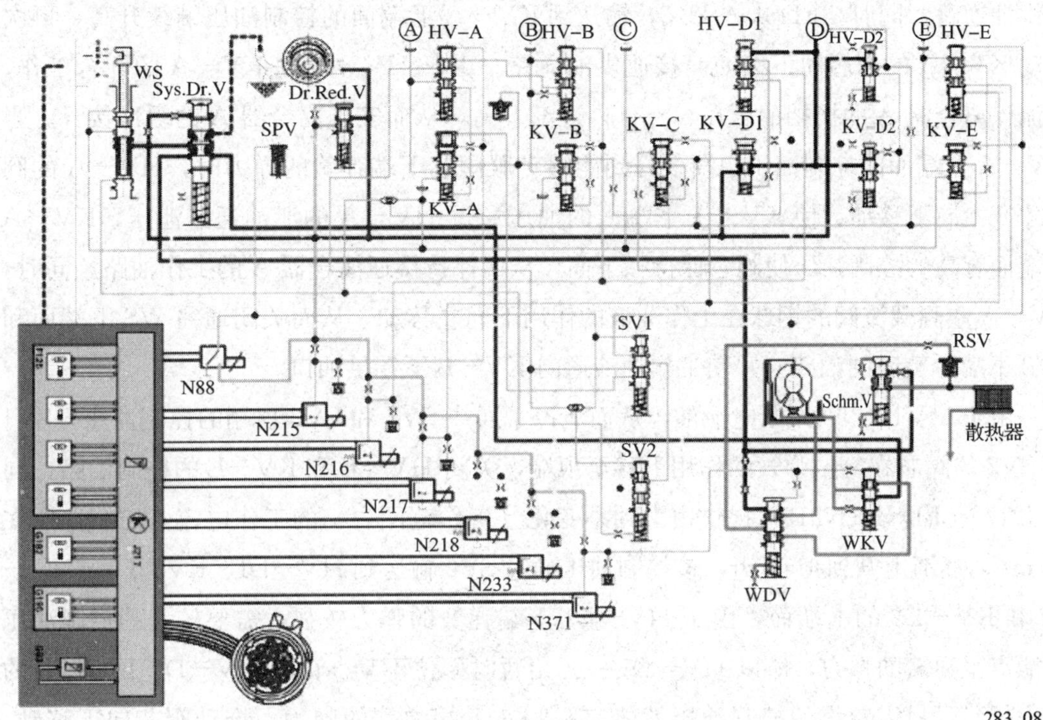

图 1—3—10　1 挡油路分析图

在图 1—3—10 中，Dr. Red. V 减压阀的作用是将主油压（系统油压）调节成控制油压，并分别输送到各个电磁阀。由于主油压随转速和负荷的变化而变化，因此控制油压也随着转速和负荷的变化而变化。当 J217 向 EDS5 (N233) 提供由小到大变化（工作范围内）的工作电流时，EDS5 (N233) 将会向 Sys. Dr. V 系统压力阀的下端弹簧腔内提供 4.6～0 bar 范围内变化的油压，从而调节出不同的系统油压来适应自动变速器各种复杂工况的需要，并通向各个控制阀。某个电磁阀（如 N216、N218、N233）通电并不代表起作用；反之，断电也并不代表不起作用，有时通电和断电都起作用（如 N88)，这必须根据电磁阀的工作特性而定。

当 J217 向 EDS1 (N215) 提供由小到大变化（工作范围内）的工作电流时，控制油压在 30 ms 内逐渐上升到 4.6 bar，该控制油压同时输送到 HV－A 和 KV－A 的上端面，由于 HV－A 下端弹簧的弹力较强，需要较大的控制油压才能克服弹簧的弹力，所以 HV－A 一开始时暂时原位不动。由于 KV－A 下端弹簧的弹力较弱，只需较小的控制油压就能克服阀芯下端弹簧的弹力，推动阀芯向下移动，使 KV－A 转换，关闭泄油通路，接通供油通路，从 WS 上端通路来的系统油压通过 KV－A 的阀芯向上输送到离合器 A 和 HV－A，该油压通过 HV－A 的阀芯向下输送到 KV－A 的下端面，作用于 KV－A 的下端面的油压克服上端面的油压推动阀芯向上移动，使 KV－A 转换，关闭供油通路。同时，EDS1（N215）输送到 KV－A 上端面的控制油压继续升高，再次推动 KV－A 的阀芯向下移动而接通供油通路。由于 HV－A 和 KV－A 的配合工作，使流入离合器 A 的换挡油压在 30 ms 内逐渐升高，从而实现离合器 A 的缓冲接合。当 HV－A 上端面的控制油压逐渐上升到能够克服阀芯下端弹簧的弹力时，HV－A 的阀芯才开始向下移动，使 KV－A 下端面的油压通过 HV－A 的泄油通路泄压，KV－A 上端面有高的控制油压使阀芯保持在下面，从而保持接通离合器 A 的工作油路。同时，KV－A 左侧截流阀的钢球在工作油液的作用下向左移动，从而关闭通往 WS 下端面和 SV2 下端弹簧腔的油路，并使工作油液通向 KV－B 下端供油口。

由于 MV1（N88）断电泄油，从而泄掉了通往 SV1 和 SV2 顶端的控制油压，SV1 和 SV2 的阀芯在复位弹簧的作用下移至顶端，关闭 HV－E 和 KV－E 的控制油路，同时 J217 向 EDS4（N218）提供由大到小变化（工作范围内）的工作电流，控制油压在 30 ms 内逐渐上升到 4.6 bar，该控制油压通过 SV2 输送到 HV－D1、KV－D1、HV－D2 和 KV－D2 的上端面，由于 HV－D1 下端弹簧的弹力较强，需要较大的控制油压才能克服弹簧的弹力，所以 HV－D1 一开始暂时原位不动。由于 KV－D1 下端弹簧的弹力较弱，只需较小的控制油压就能克服阀芯下端弹簧的弹力，推动阀芯向下移动，使 KV－D1 转换，关闭泄油通路，接通供油通路，从 Sys. Dr. V 来的系统油压通过 KV－D1 的阀芯向左输送到 KV－D2，向上输送到制动器 D 和 HV－D1，该油压通过 HV－D1 的阀芯向下输送到 KV－D1 的下端面，作用于 KV－D1 的下端面的油压克服上端面的油压推动阀芯向上移动，使 KV－D1 转换，关闭供油通路。同时，EDS4（N218）输送到 KV－D1 上端面的控制油压继续升高，再次推动 KV－D1 的阀芯向下移动而接通供油通路。由于 HV－D1 和 KV－D1 的配合工作，使流入制动器 D 的换挡油压在 30 ms 内逐渐升高，从而实现制动器 D 的缓冲接合。当 HV－D1 上端面的控制油压逐渐上升到能够克服阀芯下端弹簧的弹力时，HV－D1 的阀芯才开始向下移动，使 KV－D1 下端面的油压通过 HV－D1 的泄油通路泄压，KV－D1 上端面有高的控制油压使阀芯保持在下面，从而保持接通制动器 D 的工作油路。KV－D2 的作用是调节换挡阀回位油压，由于 KV－D2 下端弹簧的弹力较强，需要较大的控制油压才能克服弹簧的弹力，HV－D2 的作用是调节后润滑油压，由于 HV－D2 下端弹簧的弹力较弱，当 EDS4（N218）的控制油压作用于 HV－D2 和 KV－D2 的上端面时，HV－D2 先向下移动，接着 KV－D2 向下移动，HV－D2 和 KV－D2 配合完成辅助换挡阀杆的回位油压调节。

4．2挡油路分析

2挡油路分析图如图1—3—11所示。进入2挡时，离合器A和制动器C工作，通电的电磁阀有EDS1（N215）、EDS2（N216）、EDS3（N217）、EDS4（N218）、EDS5（N233）和EDS6（N371），断电的电磁阀有MV1（N88）。此外，Dr. Red. V、EDS1（N215）和EDS5（N233）的相关功能和工作过程与1挡油路分析时的讲述相同，而EDS6（N371）的相关功能和工作过程与变矩器油路分析时的讲述相同，这里不再赘述。

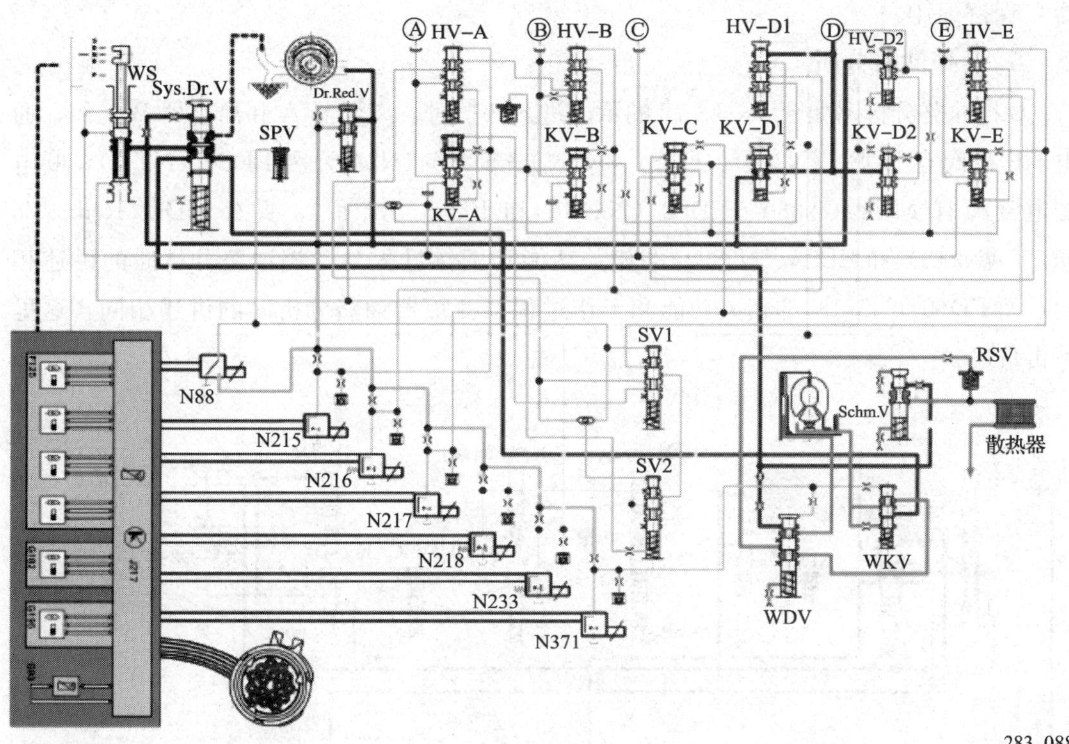

图1—3—11　2挡油路分析图

MV1（N88）继续断电泄油，从而泄掉了通往SV1和SV2顶端的控制油压，SV1和SV2的阀芯在复位弹簧的作用下移至顶部，关闭HV—E和KV—E的控制油路，此时EDS4（N218）也通电泄油，泄掉输送到HV—D1和KV—D1上端面的控制油压，从而使制动器D停止工作。

当J217向EDS3（N217）提供由小到大变化（工作范围内）的工作电流时，控制油压在30 ms内逐渐上升到4.6 bar，该控制油压同时输送到KV—C的上端面和HV—E的下端面。由于KV—C下端弹簧的弹力较弱，只需较小的控制油压就能克服阀芯下端弹簧的弹力，推动阀芯向下移动，使KV—C转换，接通供油通路，从WS上端通路来的系统油压通过 KV－C 的阀芯分成上下两路，向上输送到制动器 C，向下输送到 KV－C 的下端弹簧腔，作用于 KV－C 的下端面的油压克服上端面的油压推动阀芯向上移动，使 KV－C 关闭供油通路。同时，EDS3（N217）输送到 KV－C 上端面的控制油压继续升高，再次推动 KV－C 的阀芯向下移动而接通供油通路。由于 KV－C 上端面的控制油压与下端面的油压反复变化，KV－C 的阀芯就形成上下往复运动，使流入制动器 C 的换挡油压在 30 ms 内逐渐升高，从而实现制动器 C 的缓冲接合。当 KV－C 上端面的控制油压稳定在 4.6 bar 时，KV－C 将会调节出一个恒定的油压供给制动器 C 保持工作。

5．3 挡油路分析

3 挡油路分析图如图 1—3—12 的示。进入 3 挡时，离合器 A 和离合器 B 工作，通电的电磁阀有 EDS1（N215）、EDS4（N218）、EDS5（N233）和 EDS6（N371），断电的电磁阀有 MV1（N88）、EDS2（N216）和 EDS3（N217）。此外，Dr. Red. V、EDS1（N215）和 EDS5（N233）的相关功能和工作过程与 1 挡油路分析时的讲述相同，而 EDS6（N371）的相关功能和工作过程与变矩器油路分析时的讲述相同，这里不再赘述。

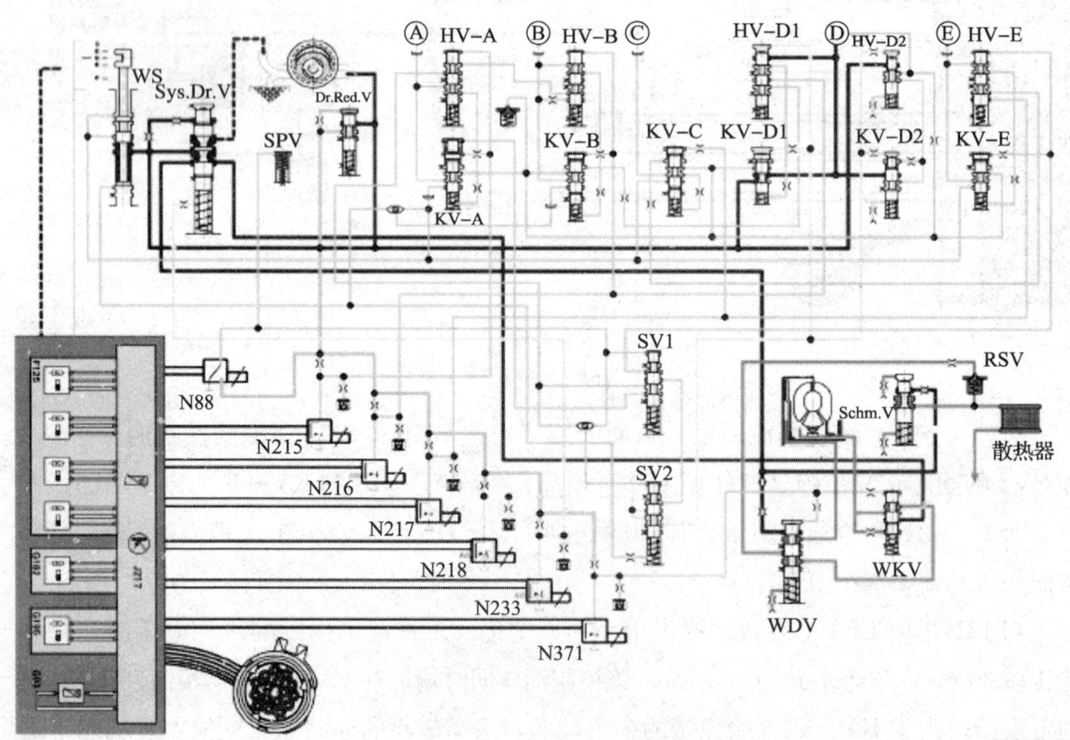

图 1—3—12　3 挡油路分析图

EDS3（N217）断电泄油，泄掉KV—C上端面的控制油压，KV—C的阀芯在复位弹簧的作用下向上移动，从而关闭制动器C的供油通路，同时接通从HV—D2输送来的换挡阀杆回位油压。

J217向EDS2（N216）提供由大到小变化（工作范围内）的工作电流时，控制油压在30 ms内逐渐上升到4.6 bar，该控制油压输送到HV—B和KV—B的上端面，由于HV—B下端弹簧的弹力较强，需要较大的控制油压才能克服弹簧的弹力，所以HV—B一开始暂时原位不动。由于KV—B下端弹簧的弹力较弱，只需较小的控制油压就能克服阀芯下端弹簧的弹力，推动阀芯向下移动，使KV—B转换，关闭泄油通路，接通供油通路，经KV—A来的系统油压通过KV—B的阀芯向上输送到离合器B和HV—B，该油压通过HV—B的阀芯向下输送到KV—B的下端面，作用于KV—B的下端面的油压克服上端面的油压推动阀芯向上移动，使KV—B转换，关闭供油通路。同时，EDS2（N216）输送到KV—B上端面的控制油压继续升高，再次推动KV—B的阀芯向下移动而接通供油通路。由于KV—B阀芯的上端油压与下端油压反复变化，导致KV—B阀芯上下往复移动，使流入离合器B的换挡油压在30 ms内逐渐升高，从而实现离合器B的缓冲接合。当HV—B上端面的控制油压逐渐上升到能够克服阀芯下端弹簧的弹力时，HV—B的阀芯才开始向下移动，使KV—B下端面的油压通过HV—B的泄油通路泄压，KV—B上端面有高的控制油压使阀芯保持在下面，从而保持接通离合器B的工作油路。

6．4挡油路分析

4挡油路分析图如图1—3—13所示。进入4挡时，离合器A和离合器E工作，通电的电磁阀有MV1（N88）、EDS1（N215）、EDS2（N216）、EDS5（N233）和EDS6（N371），断电的电磁阀有EDS3（N217）和EDS4（N218）。此外，Dr. Red. V、EDS1（N215）和EDS5（N233）的相关功能和工作过程与1挡油路分析时的讲述相同，而EDS6（N371）的相关功能和工作过程与变矩器油路分析时的讲述相同，这里不再赘述。

EDS2（N216）通电泄油，泄掉HV—B和KV—B上端面的控制油压，HV—B和KV—B的阀芯在复位弹簧的作用下向上移动，关闭离合器B的供油通路，致使离合器B停止工作。

J217向MV1（N88）发出控制电压，MV1（N88）通电供油，将具有一定压力的控制油液输送到SV1的上端面，同时推动左侧的截流阀钢球向左移动，使油液通过截流阀进入SV2的上端面，SV1和SV2的阀芯在上端面控制油压的作用下克服下端复位弹簧的弹力向下移动，从而关闭通往HV—D1、KV—D1、HV—D2和KV—D2上端面的控制油路，接通HV—E和KV—E上端面的控制油路。由于提供给MV1（N88）

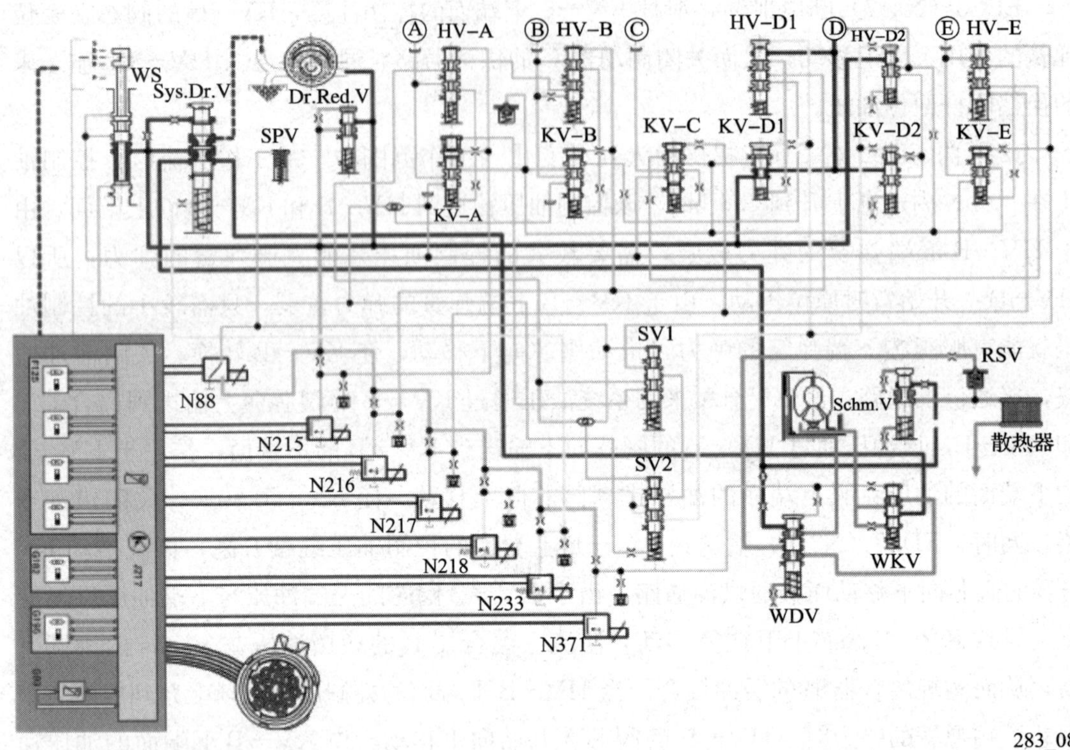

图 1—3—13　4 挡油路分析图

的控制油压随着转速和负荷的变化而变化，而 MV1（N88）又是一个开关型电磁阀，不起调节作用，因此在通往 SV1 和 SV2 的油路上并联一个 SPV，使作用在 SV1 和 SV2 上端面的控制油压保持基本稳定。

与此同时，J217 向 EDS4（N218）提供由大到小变化（工作范围内）的工作电流时，控制油压在 30 ms 内逐渐上升到 4.6 bar，该控制油压通过 SV2 输送到 HV－E 和 KV－E 的上端面，由于 HV－E 下端弹簧的弹力较强，需要较大的控制油压才能克服弹簧的弹力，所以 HV－E 一开始暂时原位不动。由于 KV－E 下端弹簧的弹力较弱，只需较小的控制油压就能克服阀芯下端弹簧的弹力，推动阀芯向下移动，使 KV－E 转换，关闭泄油通路，接通供油通路，从 WS 来的系统油压通过 KV－E 的阀芯向上输送到离合器 E 和 HV－E，该油压通过 HV－E 的阀芯向下输送到 KV－E 的下端面，作用于 KV－E 下端面的油压克服上端面的油压推动阀芯向上移动，使 KV－E 转换，关闭供油通路。同时，EDS4（N218）输送到 KV－E 上端面的控制油压继续升高，再次推动 KV－E 的阀芯向下移动而接通供油通路。由于 HV－E 和 KV－E 的配合工作，使流入离合器 E 的换挡油压在 30 ms 内逐渐升高，从而实现离合器 E 的缓冲接合。当 HV－E 上端面的控制油压逐渐上升到能够克服阀芯下端弹簧的弹力时，HV－E 的阀芯才开始向下移动，使KV－E下端面的油压通过HV－E的泄油通路泄压，KV－E上端面有高的控制油压使阀芯保持在下面，从而保持接通离合器E的工作油路。

7．5挡油路分析

进入5挡时，离合器B和离合器E工作，通电的电磁阀有MV1（N88）、EDS5（N233）和EDS6（N371），断电的电磁阀有EDS1（N215）、EDS2（N216）、EDS3（N217）和EDS4（N218）。此外，Dr. Red. V和EDS5（N233）的相关功能和工作过程与1挡油路分析时的讲述相同，EDS6（N371）的相关功能和工作过程与变矩器油路分析时的讲述相同，然而退出4挡进入5挡时，EDS2（N216）再次控制离合器B工作，其相关功能和工作过程与3挡油路分析时的讲述相同，并通过MV1（N88）和EDS4（N218）配合工作，使离合器E继续保持工作，其相关功能和工作过程与4挡油路分析时的讲述相同，这里不再赘述。

EDS1（N215）断电泄油，泄掉HV－A和KV－A上端面的控制油压，HV－A和KV－A的阀芯在复位弹簧的作用下向上移动，关闭离合器A的供油通路，致使离合器A停止工作。

8．6挡油路分析

进入6挡时，制动器C和离合器E工作，通电的电磁阀有MV1（N88）、EDS2（N216）、EDS3（N217）、EDS5（N233）和EDS6（N371），断电的电磁阀有EDS1（N215）和EDS4（N218）。此外，Dr. Red. V和EDS5（N233）的相关功能和工作过程与1挡油路分析时的讲述相同，EDS6（N371）的相关功能和工作过程与变矩器油路分析时的讲述相同，然而退出5挡进入6挡时，EDS3（N217）再次控制制动器C工作，其相关功能和工作过程与2挡油路分析时的讲述相同，并通过MV1（N88）和EDS4（N218）配合工作，使离合器E继续保持工作，其相关功能和工作过程与4挡油路分析时的讲述相同，这里不再赘述。

EDS2（N216）通电泄油，泄掉HV－B和KV－B上端面的控制油压，HV－B和KV－B的阀芯在复位弹簧的作用下向上移动，关闭离合器B的供油通路，致使离合器B停止工作。

9．倒挡油路分析

当换挡杆拨到倒挡位置而进入倒挡时，制动器D和离合器B工作，通电的电磁阀有EDS5（N233），断电的电磁阀有MV1（N88）、EDS1（N215）、EDS2（N216）、EDS3（N217）、EDS4（N218）和EDS6（N371）。此外，Dr. Red. V和EDS5（N233）的相关功能和工作过程与1挡油路分析时的讲述相同，EDS2（N216）通过断电供油的工作特性控制离合器B工作，其相关功能和工作过程与3挡油路分析时的讲述相同，而通过MV1

（N88）断电泄油和 EDS4（N218）断电供油的配合工作，使制动器 D 进入工作状态，其相关功能和工作过程与 1 挡油路分析时的讲述相同，这里不再赘述。

任务 2　自动变速器电控系统的故障自诊断

电控自动变速器控制 ECU 的内部有一个自诊断电路，它能在汽车行驶过程中不断地监测自动变速器控制系统各部分的工作情况，并能检测出控制系统中大部分故障，将故障以代码的形式记录在 ECU 中。维修人员可以按照特定的方法将故障代码从 ECU 中读出，从而对各种传感器及电磁阀线圈、自动变速器 ECU 及其控制电路是否存在问题做出判断，为自动变速器控制系统的检修和故障排除提供依据，以便直接对相关电路进行检查。

一、自动变速器电控系统的组成

自动变速器电控系统如图 1—3—14 所示，一般由传感器、电子控制单元（ECU）和执行器三部分组成。电子控制单元是电控系统的核心控制元件，它实际上是一个微型计算机，一方面接收来自传感器的信号，另一方面完成对这些信息的处理，并发出相应的指令来控制执行元件的正确动作。传感器是感知信息的部件，负责向电子控制单元提供系统的工作情况和运行状况，从而使电子控制单元正确管理系统的运转。执行元件负责执行电子控制单元发出的各项指令，是指令的完成者。

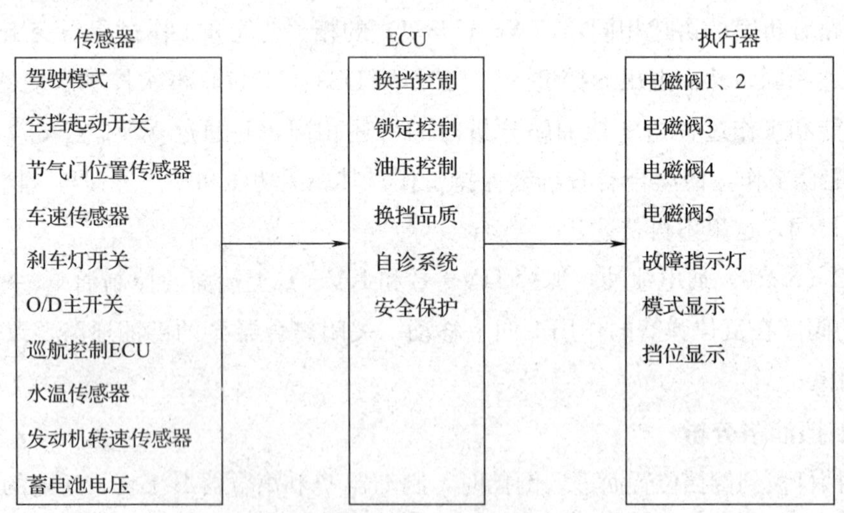

图 1—3—14　自动变速器电控系统

1．电子控制单元

电子控制单元简称 ECU，它的主要作用是接收各个传感器传来的反映车辆工作状况的信号，对信号进行处理和运算，发出控制指令，驱动相应的电磁阀或其他执行器工作，并监测执行机构的执行结果。当电控系统某些部件发生故障时，ECU 可以检测故障、记忆故障、处理故障，并启用相应保护程序，保持车辆的基本行驶功能。例如，如果部分或全部电子控制系统出现故障，则自动变速器进入紧急状态。在这种状态下，只有 1、3、R 挡可以使用。电子控制单元外形如图 1—3—15 所示。

ECU 根据加速踏板位置和车速，按照其内部存储的换挡特性曲线来进行换挡。换挡点的选择是相对固定的，在一定的加速踏板位置和车速下总是在相同的点进行换挡。换挡曲线如图 1—3—16 所示。

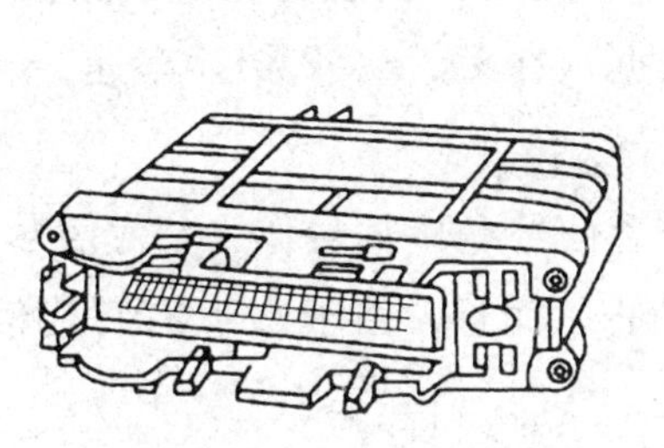

图 1—3—15　电子控制单元外形

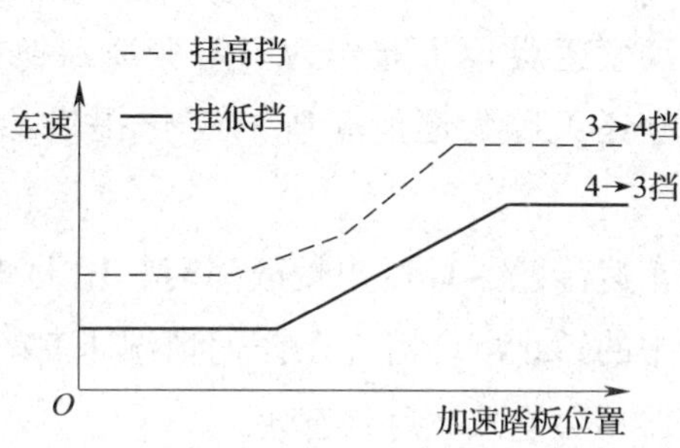

图 1—3—16　换挡曲线

在依据车速和负荷换挡的同时，换挡程序引入了不同模式下的换挡曲线，如以满足动力性为主和以满足燃油经济性为主的不同的换挡曲线。在此基础上又引入了依赖于行驶阻力的换挡程序，该换挡程序识别行驶阻力如上坡、下坡行驶，拖挂和逆风。控制单元根据车速、节气门开度、发动机转速和汽车加速度计算行驶阻力，并由此确定换挡点。因此，因工况不同，换挡曲线中可以有任意多的换挡点，从而可以对驾驶员的个性需求做出更灵敏的反应。

2. 传感器

在自动变速器的电控系统中用到的传感器主要有节气门位置传感器、变速器转速传感器、车速传感器、自动变速器油温传感器、发动机转速传感器、强制低速挡开关、多功能开关、制动灯开关等。

（1）节气门位置传感器（G69）

在电子控制自动变速器系统中，节气门位置传感器的功用是将节气门开启的角度和速度转换为电压信号经发动机 ECU 输入自动变速器 ECU，与车速传感器配合作为确定变速器换挡时机（换挡点）和变矩器锁止时机的主要信号。同时，为使换挡平顺，还将其作为油压控制的主要参考信号。

当 G69 出现故障时，J217 不进入应急状态，此时以中等负荷信号（50%）来进行工作，但此时停止逻辑控制。锁止离合器停止工作（变速器此时无刚性挡）。

（2）变速器转速传感器（G38）

G38 用来获取大太阳轮转速信号，根据此信号的变化可以检测换挡时机，进而在换挡时推迟发动机的点火提前角，以降低发动机输出转矩，使换挡过程平顺，同时，调节换挡油压，以进一步改善换挡平顺性。

如 G38 出现故障，变速箱进入紧急状态，并且可以用 V. A. G1551 的 02 功能进行查询。

（3）车速传感器（G68）

在自动变速器控制系统中，车速传感器的功用是产生频率与车速成正比的信号并输入自动变速器 ECU，作为确定变速器换挡时机和变矩器锁止时机的主要信号之一。同时，它还可以为巡航系统的工作提供参考依据（在 D、3、2 挡，车速＞30 km/h 时）。

当车速传感器 G68 出现故障时，用发动机转速信号 G28 信号作为替代信号，此时，变矩器中的锁止离合器将在任何情况下都不再锁止，而且，由于 G68 有替代信号，自动变速器不会进入应急状态。

（4）自动变速器油温传感器（G93）

自动变速器油温传感器用于监测自动变速器油的温度，以供 ECU 根据变速器油温度来决定换挡点和是否控制变矩器离合器锁止。

温度传感器多用负温度系数的热敏电阻制成，当温度发生变化时，温度传感器的电阻便产生相应的变化，温度高时，其电阻值低，输出的电压信号低；反之，则其电阻值高，输出的电压信号高。

如果油温超过 150℃，锁止离合器锁止，不让油液发生搅动以降低油温，如油温仍不下降，则自动变速器自动切换到下一挡。

当感温电阻发生故障时，如果故障反应为温度高，则无法进入高挡，如故障反应为温度低，则换挡缓慢，且不容易进入高挡。当电阻发生故障时，自动变速箱不进入应急状态，可用 V. A. G1551 对故障进行检测并且可用“08”功能阅读其温度反应值。

（5）发动机转速传感器（G28）

发动机转速传感器用来感知发动机的转速，并经发动机 ECU（J220）传递给变速器 ECU（J217）。此传感器可作为车速传感器（G68）的替代信号，同时，用来与车速传感器 G68 做比较，确定锁止离合器的打滑量。

如 G28 故障发生在 J220 前，则发动机熄火，如发生在 J220 与 J217 之间，则变速器进入应急状态。可用 V. A. G1551 对 G28 进行故障查询和数据读取。

（6）强制低速挡开关（F8）

F8 与节气门拉索制成一体，节气门在全开或超过 95％开度时，此开关应闭合。

当车速＞120 km/h 时，触动此开关，J217 不反应。当车速≤50 km/h 时，触动此开关，则向下换一挡。当车速约等于 80 km/h 时，触动此开关，切断空调机 8 s。

如此开关有故障，自动变速器不进入应急状态，可用 V. A. G1551 对其进行故障查询和数据读取。如更换拉索，要做基本设定。控制单元可根据加速踏板踏下速度强制降挡。

（7）多功能开关（F125）

F125 用来获得排挡操纵杆的位置信号，挂倒挡时，接通倒车灯开关，若排挡操纵杆位于行驶挡位，则控制起动机电路使其无法通电，在 D、3、2 位时控制巡航系统。

如信号中断则变速器进入应急状态，可用 V. A. G1551 对其进行故障查询和数据读取。

（8）制动灯开关（F）

用来获得驾驶员制动信号，从而解除排挡操纵杆锁定，并解除巡航系统工作。此开关无故障存储，但可用 V. A. G1551 的“08”功能进行查询。如此开关发生故障，自动变速器不进入应急状态。

3．执行器

自动变速器电控系统所用的执行器主要有开关式电磁阀（换挡电磁阀、锁止电磁阀），脉冲线性电磁阀（油压电磁阀）及相关继电器。

（1）开关式电磁阀

开关式电磁阀由电磁线圈、衔铁、球阀、弹簧和壳体等组成。这种电磁阀断电时，油道打开；通电时，油道关闭。在电控自动变速器中，ECU 根据各传感器和开关提供的信号，控制电磁阀的接通和断路。当线圈不通电时，柱塞在弹簧的作用下将泄油孔打开，信号油压通过泄油孔泄放；当线圈通电时，电磁力克服弹簧张力使铁芯柱塞移动，关闭进油孔，使信号油压与泄油孔隔离，换挡信号油压随即建立，以推动液压换挡阀动作，从而实现挡位的升降。开关式电磁阀工作原理如图 1—3—17 所示。

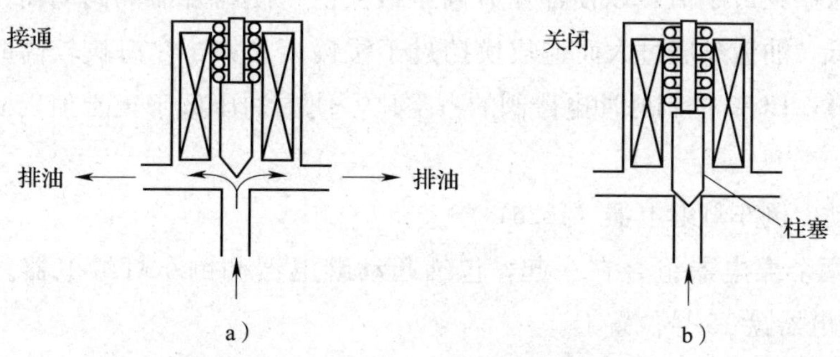

图 1—3—17　开关式电磁阀工作原理

a）接通　b）关闭

（2）脉冲线性电磁阀

脉冲线性电磁阀结构如图 1—3—18 所示，ECU 根据节气门位置传感器信号测得节气门开度，并根据不同节气门开度工况所对应的油压，计算出控制送往电磁阀脉冲信号的占空比，按相应的占空比控制三极管的基极，以使控制电磁线圈的三极管导通或截止，以改变电磁阀开启或关闭的占空比，控制油路中的泄油量，从而根据节气门不同开度，调整出相应的油压。

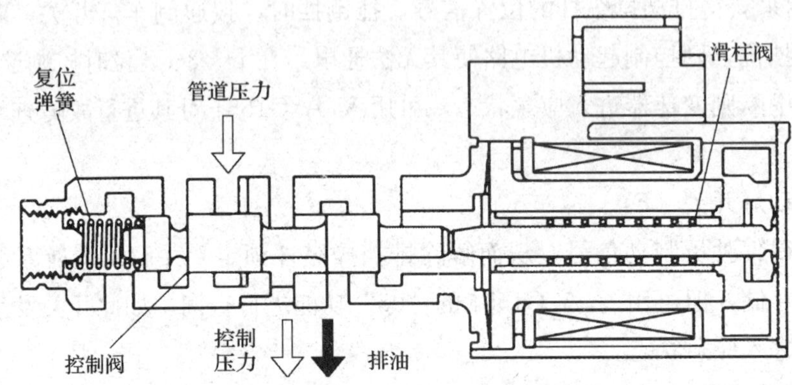

图 1—3—18 脉冲线性电磁阀结构

在一些特殊工况下，ECU 还可根据各有关传感器或操纵手柄位置，对主油路的压力通过线性脉冲电磁阀进行修正控制，使油路压力获得最佳值。例如，在换挡杆推入低挡时（如 L），由于汽车驱动力增大，ECU 根据挡位信号调整线性脉冲电磁阀的占空比，使主油路压力提高，以满足动力传递的要求。又如，为减小换挡冲击，ECU 还在自动变速器进行换挡过程中，根据节气门开度大小，适当增大占空比信号，以适当地减小主油路压力，改善换挡质量。又如，ECU 可根据液压油温度传感器信号，在油温没达到正常温度（60℃以上）时，将主油压调整为低于正常值，这样可防止液压油温度过低，黏度过大而引起的换挡冲击，当液压油温度低于－30℃时，ECU 使线性电磁阀的占空比减小到最小值，以使油压升高至最大值，使离合器和制动器尽快结合，防止因油温过低，油液黏度过大而造成换挡过于缓慢。又如，在海拔较高时，因发动机输出功率降低，ECU 控制脉冲电磁阀的占空比，使主油压低于正常值以防换挡时的冲击。

（3）起动、倒车灯继电器（J226）

J226 由两个继电器组合在一起，包括起动继电器和倒车灯继电器。继电器号为 175，装在继电器盘 15 号位置上。

当排杆挡位于行驶挡位时，起动继电器可以控制起动机电路，使起动机电路不通电，防止误起动。挂倒挡时倒车灯继电器接通倒车灯。

二、故障自诊断和失效保护功能

控制单元带有一个故障存储器，如果1个电气/电子部件损坏或者其电路断路或短路，系统能很快查出故障原因。

用电气信号来识别故障，如果受监控的传感器及部件有故障出现，则故障地点信息会存入故障存储器中。一个故障出现后，首先它会作为稳定故障存储，如果此故障不再出现，则此故障首先作为偶然故障存储。作为偶然故障存储的故障，当进行故障查询时显示“偶然出现故障”，同时在屏幕右侧显示“/SP”，连上打印机将打印出“偶然出现故障”。作为偶然故障存储的故障，当发动机冷起动40次后，故障存储器的故障代码将被自动清除。

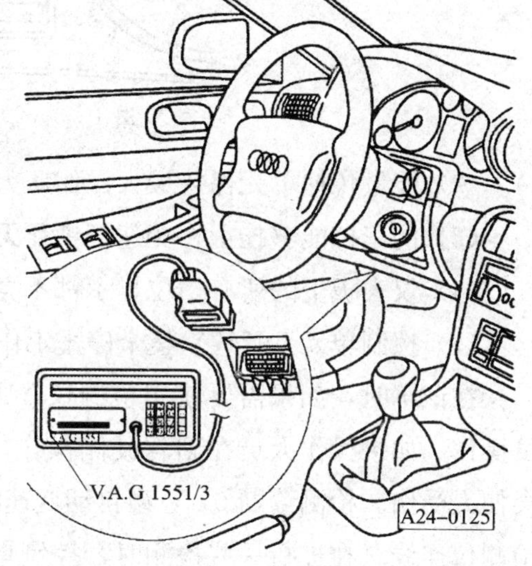

图1—3—19　解码仪与车辆的连接

只有使用车辆诊断、测量和信息系统V. A. S5051或者用故障诊断仪V. A. G1551，在工作方式1“快速数据传输”状态才能进行自诊断。如图1—3—19所示为解码仪与车辆的连接。

1．变速器控制单元的安全功能

如果出现个别或者多个零件或传感器损坏，则控制单元J217会起动替代功能及应急工作程序，这样就能保证自动变速器仍能正常工作。如果出现严重故障而且控制单元J217有效时，则变速器保持当前挡位，只要变速器和行驶安全性允许，控制单元J217就激活“控制单元有效的机械应急状态”。

2．控制单元有效的机械应急状态

（1）变速器从所有前进挡位中脱离，进入液压4挡，变矩器耦合器打开，所有电磁阀断电。

（2）能量传递单元保持最大操作压力。

（3）倒车挡能够挂上，变速杆锁死有效（在“P”和“N”位置）。

（4）仪表板上的所有挡位显示都亮，如图1—3—20所示。

（5）如果控制单元J217中断（如断电或者连接插头掉了），则变速器马上切换到“控制单元无效机械应急状态”工作。

3．控制单元无效机械应急状态

（1）变速器从所有前进挡中脱离，进入液压4挡，变矩器耦合器打开，所有电磁阀断电。

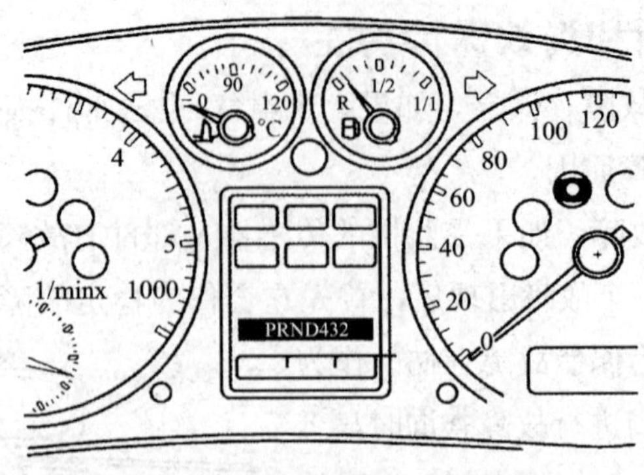

图 1—3—20 仪表板部分外形

（2）能量传递单元保持最大操作压力。

（3）倒车挡能够挂上，变速杆锁死无效（在“P”和“N”位置）。

（4）仪表板上的所有挡位显示都不亮。

（5）控制单元（J217）整个停止工作，即不能进行自诊断。

在试车时，如果需要使用检测仪，则检测仪要固定至后座上，并由第二个修理人员操作。如果操作人员在副驾驶侧操作，当出现意外事故时，副驾驶侧安全气囊弹开会使人受伤。检测诊断 01 V 型自动变速器电气故障时，只有在熄火后才能连接和拆卸检测仪连线。在进行一些检测时，控制单元会识别出故障并把它存储下来。因此，在进行完所有检查和维修后，要查询故障代码，必要时清除故障代码。只有熄火后，才允许对蓄电池线进行拆装，否则会损坏变速器控制单元。

三、自动变速器电控系统的检测诊断

1. 连接故障诊断仪 V. A. G1551 并进行功能选择

在连接故障诊断仪 V. A. G1551 和进行功能选择时，应保证变速杆位于驻车位置并拉紧驻车制动器，车辆电源正常，相应系统的电压及熔丝正常，车身地线连接和有可能损坏的连接正常；蓄电池地线和电源以及变速器之间的地线连接正常。连接故障诊断仪 V. A. G1551 和进行功能选择的操作步骤如下：

（1）关闭点火开关。在位于驾驶员侧护膝板内的检测接口处连接故障诊断仪 V. A. G1551。此时故障诊断仪 V. A. G1551 的屏幕上出现如下内容：

V. A. G 自诊断	帮助
1—快速数据传输 *	
2—闪光代码输出 *	

注：* 交替显示。

（2）打开点火开关，按“1”键选择“快速数据传输”。此时故障诊断仪 V. A. G1551 屏幕上显示如下内容：

快速数据传输	帮助
输入地址码××	

（3）输入“02”选择“自动变速器电子系统”。此时故障诊断仪 V. A. G1551 屏幕上显示如下内容：

快速数据传输	Q
02—自动变速器电子系统	

（4）按“Q”键予以确认。控制单元可根据程序版本来显示控制单元的识别代码，此时故障诊断仪 V. A. G1551 的屏幕上显示自动变速器控制单元的识别代码，如：

4B0927156BT AG5 01V 2. 8L 5V RDW 1416	
编码 00001	WSC00000

其中：“4B0927156BT”为备件号；“AG5 01V”为自动变速器代号；“2. 8L5V”为发动机型号；“RDW”为市场地区代号；“1416”中的“14”为程序版本，“16”为数据版本；“00001”为编码序号；“WSC00000”为服务站代码，代表 V. A. G1551 厂家代码，用它可进行解答。

（5）观察代码是否正确。然后可以进入诊断功能，诊断功能的代码见表 1—3—1。

表 1—3—1　　诊断功能一览表

代码	功能	代码	功能
01	控制单元版本查询并进行自诊断	05	清除故障代码
02	查询故障代码	06	结束输出
03	调节机构诊断	07	控制单元编码
04	空缺	08	读取测量数据块

（6）ECU 无应答，此时故障诊断仪 V. A. G1551 的屏幕上显示如下内容：

控制单元无应答

按“HELP”键可打印出可能故障原因清单。检查控制单元电压及自诊断接口的电缆接线。必要时更换自动变速器控制单元。

2. 查询故障代码（读取故障代码）

（1）关闭点火开关，连接故障诊断仪 V. A. G1551，打开点火开关。按照屏幕上的提示操作，直到屏幕上显示“功能选择××”。屏幕显示：

快速数据传输	帮助
功能选择××	

(2) 输入“02”，选择“查询故障代码”功能，并按“Q”键予以确认。屏幕显示：

识别到×个故障

(3) 按“Q”键确认，屏幕显示存储的故障数量或者显示“没有发现故障”。如果有多个故障被识别，按“→”键可以逐一显示所有的故障代码。当所有的故障代码显示完成后，按“→”键则回到初始状态。

3. 调节机构的诊断

带E17液压控制的变速器和带E18/2液压控制的变速器有所不同。带E17液压控制的变速器的输入转速传感器固定到滑阀箱的下部（电感传感器）。带E18/2液压控制的变速器的输入转速传感器（霍尔传感器）固定到滑阀箱后部的变速器壳体上。

(1) 带E17液压控制变速器的调节机构诊断

当变速器位于“P”位置，发动机没有工作且车辆处于停止状态时才能进行调节机构诊断。一旦发动机起动，调节机构诊断自行中断。在进行调节机构诊断时要检查电磁阀的功能噪声。在检查噪声的同时，要避免环境噪声，因为调节机构的挂挡噪声很轻（咔嚓声）。通过调节机构可以诊断电磁阀4～7，但对这些部件不能进行直接的功能检查，在调节电磁阀时有可能出现电气故障，这些故障会通过故障诊断存入故障存储器。带E17液压控制变速器的调节机构诊断步骤方法如下：

1) 连接故障诊断仪V. A. G1551，输入地址码，同时打开点火开关。屏幕显示：

快速数据传输	帮助
功能选择××	

2) 按“0”和“3”键，选择“执行元件诊断”，按“Q”键确认输入。屏幕显示：

执行元件	Q
诊断	

3) 按“Q”键确认。屏幕显示：

执行元件诊断
电磁阀1—N88

4) 电磁阀N88动作（咔嚓声），进行完一个元件的诊断时，按“→”键进入下一个元件的诊断。如果电磁阀不动作，进行相应的电气检查。其故障代码存储到故障存

储器中。接通点火开关后，只能进行完整的调节机构诊断，要想重复进行，必须要熄火后重新接通点火开关。带 E17 液压控制变速器的调节机构诊断顺序见表 1—3—2。使用故障诊断仪 V. A. G1551 按照表 1—3—2 中顺序依次对每个元件进行检测。

表 1—3—2　　带 E17 液压控制变速器的调节机构诊断顺序

序号	元件	序号	元件
1	电磁阀 1－N88	6	电磁阀 5－N92
2	电磁阀 2－N89	7	电磁阀 6－N93
3	电磁阀 3－N90	8	电磁阀 7－N94
4	变速杆锁死电磁铁－N110	9	强制减挡开关 F8（空调强制减挡）
5	电磁阀 4－N91	10	电磁阀继电器

（2）带 E18/2 液压控制变速器的调节机构诊断

当打开点火开关、变速器位于“P”位置，发动机没有工作且车辆处于停止状态时才能进行调节机构诊断。当发动机起动，调节机构诊断自动中断。在进行调节机构诊断时要检查电磁阀的功能噪声，在检查噪声的同时，要避免环境噪声，因为调节机构的挂挡噪声很轻（咔嚓声）。通过调节机构诊断电磁阀 4～7，但对这些部件不能进行直接的功能检查，在调节电磁阀时有可能出现电气故障，这些故障会通过故障诊断存入故障存储器。带 E18/2 液压控制变速器的调节机构诊断步骤方法如下：

1）连接故障诊断仪 V. A. G1551，输入地址码，同时打开点火开关。屏幕显示：

快速数据传输	帮助
功能选择××	

2）按“0”和“3”键，选择“执行元件诊断”，按“Q”键确认输入。屏幕显示：

执行元件	Q
诊断	

3）按“Q”键确认。屏幕显示：

执行元件诊断
换挡电磁阀 1—N88

4）换挡电磁阀 N88 动作（咔嚓声），进行完一个元件的诊断时，按“→”键进入下一个元件的诊断。如果电磁阀不动作，进行相应的电气检查。其故障代码存储到故障存储器中。接通点火开关后，只能进行完整的调节机构诊断，要想重复进行，必须要熄火后重新接通点火开关。带 E18/2 液压控制变速器的调节机构诊断顺序见表

1—3—3。使用故障诊断仪 V. A. G1551 按照表 1—3—3 中的顺序依次对每个元件进行检测。

表 1—3—3　　带 E18/2 液压控制变速器的调节机构诊断顺序

序号	元件	序号	元件
1	电磁阀 1—N88	6	压力调节阀 2—N216
2	电磁阀 2—N89	7	压力调节阀 3—N217
3	电磁阀 3—N90	8	压力调节阀 4—N218
4	变速杆锁死电磁铁—N110	9	电磁阀电压
5	压力调节阀 1—N215		

4．清除故障代码

（1）清除故障代码前应先查询故障代码，此时屏幕显示：

快速数据传输　　　　　　帮助
功能选择××

（2）按“05”键，选择“清除故障代码”功能。屏幕显示：

快速数据传输　　　　　　帮助
05—清除故障代码

（3）按“Q”键确认。屏幕显示：

快速数据传输　　　　　　帮助
故障代码已清除

（4）大约过 5 s 后，故障代码即被清除。如果在查询故障代码和清除故障代码中间点火开关断开，则不能清除故障代码。此时屏幕显示：

注意！
没有查询过故障代码

（5）要等大约 1 min 才能重新查询故障代码。否则屏幕显示：

系统查询未准备好

在进行故障代码的查询和清除后，要进行汽车试运行并且重新查询故障代码，必要时排除对应的故障。

5．控制单元的编码

01 V 自动变速器是可以编码的，其编码的方法步骤如下：

（1）连接故障诊断仪 V. A. G1551，打开点火开关，输入地址码“02”，选择“自动变速器电子控制系统”，屏幕显示：

快速数据传输	帮助
功能选择××	

（2）按“0”和“1”键，选定“读取控制单元的编码”功能，按“Q”键确认输入。此时故障诊断仪 V. A. G1551 的屏幕上将显示控制单元的编码：

4B0927156BT　AG5 01V 2.8L 5V RDW 1416	
编码：00001	WSC0000

由于软件版本不同，控制单元显示的识别代码可能不同。

（3）按“→”键，回到故障诊断仪 V. A. G1551 的基本功能。

（4）输入地址码“07”选择“控制单元编码”功能，编码时必须保证打开点火开关，但发动机并不起动，并且变速杆位于“P”或“N”位，车辆停车，加速踏板处于怠速位置。此时屏幕显示：

快速数据传输	帮助
07一控制单元编码	

（5）按“Q”键确认输入。屏幕显示：

控制单元编码	帮助
输入控制单元编码×××××	

（6）根据编码表（见表 1—3—4）输入相应代码。此时动力换挡程序（DSP）也应一直处于接通状态。按“Q”键确认输入。编码结束后，控制单元自动清除故障存储器的故障代码。按“→”键，显示屏显示：

快速数据传输	帮助
功能选择××	

（7）按“0”和“1”键，选择“查询控制单元版本”功能，按“Q”键确认输入并检查编码是否正确。如果输入的编码无效或者 ECU 不识别。

（8）如果编码错误，则控制单元保留原来的编码。屏幕显示：

4B0927156BT　AG5 01V 2.8L 5V RDW 1416	
编码：00001	WSC0000

（9）如果在不允许进行编码的状态，如在汽车行驶时进行编码，此时屏幕显示：

功能不识别或者此时不能进行此项功能

表 1—3—4　　车辆控制单元编码表

编码	发动机	Tiptronic 策略（手自一体变速策略）	动力换挡程序（DSP）	市场
00010	适用于所有无电子节气门的发动机和变速器组合	老策略或者无 Tiptronic	DSP 有效	
			DSP 无效②	
00000	不允许的编码			
00001	所有带电子油门的有效的发动机和变速器匹配	新①	DSP 有效	
00011		新①	DSP 无效②	
00021		老①	DSP 有效	
00031		老①	DSP 无效②	
00002		新①	DSP 有效	
00012		新①	DSP 无效②	
00022		老①	DSP 有效	
00032		老①	DSP 无效②	
00003		新①	DSP 有效	
00013		新①	DSP 无效②	
00023		老①	DSP 有效	
00033		老①	DSP 无效②	
00004		新①	DSP 有效	
00014		新①	DSP 无效②	
00024		老①	DSP 有效	
00034		老①	DSP 无效②	

注：①Tiptronic 策略“新”表示：如果变速杆在 Tiptronic 通道时，变速器在达到转速极限之前自动加速或者减速，这样发动机一直处于怠速和下调转速之间工作，同样，如果加速踏板踩到强制降挡起作用时，也会自动下调转速。Tiptronic 策略“老”表示：如果变速杆在 Tiptronic 通道时，只有当变速杆向前（+）才能加速，变速杆向后（—）减速，如果车辆刹车到静止状态后，变速器自动切换到起动的第一挡位。

②可能的话，DSP 应一直处于接通状态。

6．读取测量数据块

（1）读取带 E17 液压控制变速器的测量数据块

1）连接故障诊断仪 V. A. G1551。输入地址码“02”，选定“变速器电子系统”。打开点火开关。此时屏幕显示：

快速数据传输	帮助
功能选择××	

2）输入地址码“08”，选择“读取测量数据块”，按“Q”键确认。屏幕显示：

测量数据块	Q
输入显示组号×××	

3）带E17液压控制变速器的显示组见表1—3—5。参照表1—3—5输入相应的显示组号。按“Q”键确认输入。以显示组001为例，此时屏幕显示：

读取测量数据块			→
1	2	3	4

4）对于V. A. G1551按“3”或“1”键可向前或向后显示相应的显示组，对于V. A. S5051则应按“▲”或“▼”键。按“→”键可调出所有的显示区的额定值。

5）所有显示组显示结束后，V. A. G1551回到初始状态。

表1—3—5　　带E17液压控制变速器的显示组一览表

屏幕显示				显示组号	显示区	含义
1	2	3	4			
测量数据块读数　1			→	001	1	发动机转速
0 r/min	0 r/min	0 r/min	4		2	变速器输入转速传感器G182
					3	变速器转速传感器G38
					4	所挂挡位
测量数据块读数　2			→	002	1	动力代号
0	0%	0 r/min	4		2	节气门值
					3	变速器转速传感器G38
					4	所挂挡位
测量数据块读数　3			→	003	1	刹车
PN	acitive	0 km/h	12.8 V		2	“P”“N”锁死
					3	速度
					4	54、55脚电压
测量数据块读数　4			→	004	1	ATF温度
21.0℃	P	1 000			2	变速杆位置
					3	组合开关位置
					4	车上诊断信息（带CAN总线车辆） 发动机配合要求（不带CAN总线车辆）

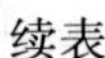
续表

屏幕显示				显示组号	显示区	含义
1	2	3	4			
测量数据块读数 5			→	005	1	1—N88 电磁阀
0	0	0	4		2	2—N89 电磁阀
					3	3—N90 电磁阀
					4	所挂挡位
测量数据块读数 6			→	006	1	4—N91 电磁阀额定电流
0.747 A	0.747 A	0.747 A	4		2	5—N92 电磁阀额定电流
					3	6—N93 电磁阀额定电流
					4	所挂挡位
测量数据块读数 7			→	007	1	ATF 温度
21.0℃	0.747 A	WK auf	0 r/min		2	N94 电磁阀额定电流
					3	液力变矩器离合器
					4	液力变矩器离合器转速
测量数据块读数 8			→	008	1	强制减挡开关
0%	5%				2	节气门值
					3	发动机转矩单位 N·m（节气门工作比）（带 CAN 总线车辆）
					4	滑移/拖车状态
测量数据块读数 9			→	009（带 CAN 总线车辆）	1	发动机实际转矩
					2	最大转矩
100 N·m	350 N·m	0 r/min	0%		3	发动机转速
					4	节气门值
测量数据块读数 9			→	009（带 CAN 总线车辆）	1	发动机实际转矩
100 N·m	0 r/min	0%	0.00 ms		2	发动机转速
					3	节气门值
					4	油耗信号
测量数据块读数 10			→	010	1	液力变矩器转矩上升
0.00	0 r/min	4			2	发动机转速
					3	所挂挡位
					4	传动轴滑差调节

续表

屏幕显示				显示组号	显示区	含义
1	2	3	4			
测量数据块读数 11			→	011	1	换挡杆位置
0	M—开关	加速键	压缩机接通		2	Tiptronic 识别
					3	Tiptronic 加减挡开关 F189
					4	空调强制减挡

（2）读取带 E18/2 液压控制变速器测量数据块

1）接上 V. A. S5051 或 V. A. G1551，输入地址码“02”，选择变速器电气系统。同时接通点火开关。屏幕显示：

快速数据传输	帮助
功能选择××	

2）按“Print”键可以接通故障诊断仪打印机，键上控制灯必须亮。输入“08”，选择“读取测量数据”，并按“Q”键确认。屏幕显示：

读取测量数据块	Q
输入显示组号××	

3）带 E18/2 液压控制变速器显示组见表 1—3—6。参照表 1—3—6 输入相应的显示组号。按“Q”键确认输入。以显示组 001 为例，此时屏幕显示：

读取测量数据块 1			→
1	2	3	4

4）当所有显示区额定值达到，按“→”键。屏幕显示（功能选择）：

快速数据传输	帮助
功能选择××	

表 1—3—6　　带 E18/2 液压控制变速器显示组一览表

屏幕显示				显示组号	显示区	名　称
1	2	3	4			
读取测量数据块 1			→	001	1	发动机转速
0 r/min	0 r/min	0 r/min	4		2	变速器输入转速传感器 G182
					3	变速器输出转速传感器 G195
					4	所挂挡位

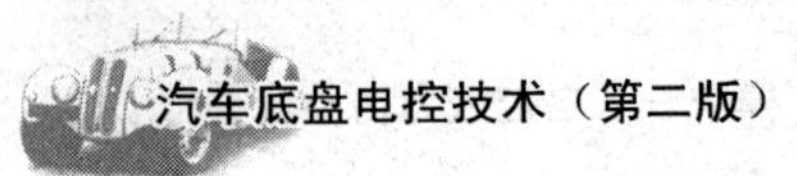

续表

屏幕显示				显示组号	显示区	名称
1	2	3	4			
读取测量数据块	2		→	002	1	当前程序
DS	0%	0 r/min	4		2	节气门值或加速踏板位置
					3	变速器输出转速传感器 G195
					4	所挂挡位
读取测量数据块	3		→	003	1	刹车灯开关
PN	active	0 km/h	12.8 V		2	“P”“N”锁死
					3	速度
					4	供给电压
读取测量数据块	4		→	004	1	ATF 温度
21.0℃	P	1 000	0101		2	变速杆位置
					3	多功能开关位置
					4	随车诊断信息
读取测量数据块	5		→	005	1	电磁阀 1N88
0	0	0	4		2	电磁阀 2N89
					3	电磁阀 3N90
					4	所挂挡位
读取测量数据块	6		→	006	1	压力调节阀 1N215 额定电流
0.747 A	0.747 A	0.747 A	0		2	压力调节阀 2N216 额定电流
					3	压力调节阀 3N217 额定电流
					4	不需要考虑
读取测量数据块	7		→	007	1	ATF 温度
21.0℃	0.747 A	Wkauf	0 r/min		2	压力调节阀 4N218 额定电流
					3	液力耦合器
					4	液力耦合转速
读取测量数据块	8		→	008	1	强制减挡开关
	0%	Schub			2	节气门值或加速踏板位置
					3	超速切断/拖车状态
					4	
读取测量数据块	9		→	009	1	发动机实际转矩
100 N·m	0 r/min	0%			2	发动机转速
					3	节气门值或加速踏板位置
					4	

续表

屏幕显示				显示组号	显示区	名　　称
1	2	3	4			
读取测量数据块		10	→	010	1	变矩器转矩升高
0.00	0 r/min	4			2	发动机转速
					3	所挂挡位
					4	
读取测量数据块		11	→	011	1	变速杆位置
D	M—Schalter	Hochtaster			2	Tiptronic 识别
					3	Tiptronic 加/减挡开关 F189
					4	
读取测量数据块		12	→	012	1	行驶方式，带负载
E	56	80	45		2	动态特性
					3	风阻指标
					4	发动机转速
读取测量数据块		13	→	013	1	
	1	0			2	通过 CAN 总线接收发动机信息
					3	通过 CAN 总线接收变速器信息
					4	通过 CAN 总线接收软件版本号

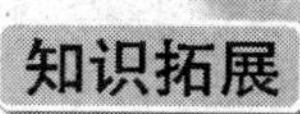

自动变速器电控系统自诊断流程

自动变速器电控系统自诊断流程见图 1—3—21。

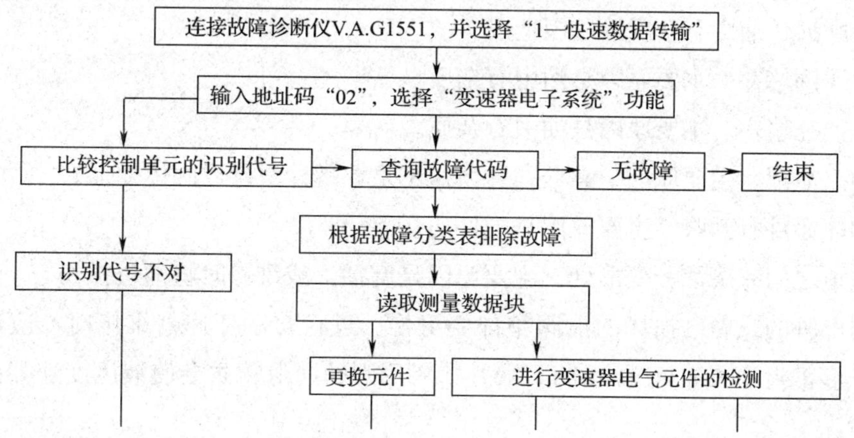

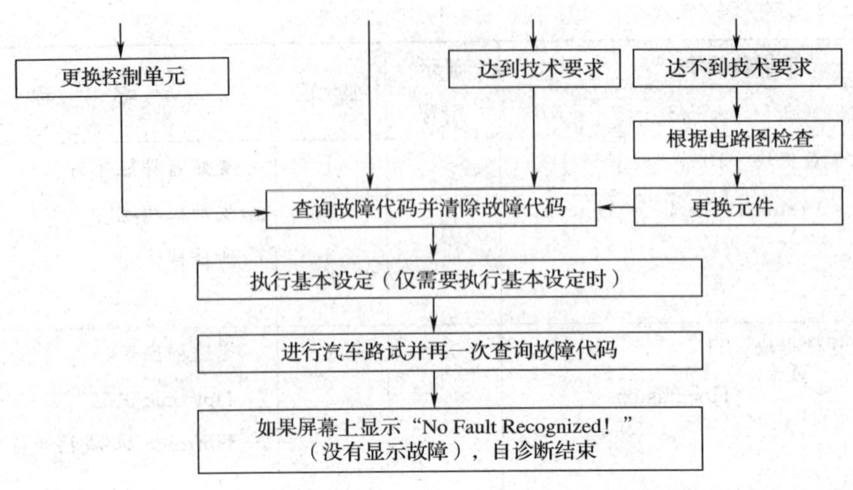

图 1—3—21　自动变速器电控系统自诊断流程

任务 3　自动变速器液控滑阀箱的拆卸与安装

某辆自动变速系统出现故障的奥迪轿车送至维修站，经过对车辆进行一系列的测试之后，确定故障部位在液控滑阀箱，现须拆卸并更换滑阀箱。

滑阀箱是自动变速器的控制中心。滑阀箱一旦出现故障能引起各种各样的故障现象，如车辆不能行驶、打滑、驱动无力、换挡冲击、频繁跳挡等。

滑阀箱常见损坏形式及原因有以下几种：

①阀体柱塞卡滞或拉伤。常见原因是油中有杂质。

②弹簧长度变化或折断。主要原因是弹簧疲劳或受伤等。

③阀体内的单向球阀滚珠与阀座密封不严。其主要原因是滚珠和阀座磨损。可将滚珠放在阀座上，用手电筒从阀座的另一面照射，检查滚珠与阀座的透光性。这种情况主要是磨损、油中有杂质等原因造成。

④小滤网堵塞。主要原因是油中有杂质。

⑤泄油孔堵塞。主要原因是油中有杂质。

⑥油路泄漏。主要原因是螺栓拧紧力矩不足，螺栓滑丝或阀体变形。

⑦阀体铸件有砂眼。主要原因是配件质量差。

⑧油道之间有腐蚀、变形处。主要原因是腐蚀，或维修时将油道损伤。

原则上脏的或者已损坏的滑阀箱都要更换。进行自动变速器维修时，应遵循清洁规定。O 形密封圈和油封要涂 ATF 液，如果用别的润滑物质会使液压变速器控制出现功能故障。

一、自动变速器液控系统的基本原理

自动变速器液控系统如图 1—3—22 所示，一般包括油泵、自动变速器油和集成有手动阀、换挡阀、调压阀等液压控制阀的滑阀箱等。自动变速器油是液压控制系统的工作介质，油泵为液压控制系统提供油压，油压调节阀将油泵产生的油压依工况不同调至合适值，手动阀和换挡阀则通过改变自身位置去改变油道的连通情况，进而改变了压力油的走向，从而控制执行器（离合器、制动器）动作，最终实现换挡及工作的平稳性。

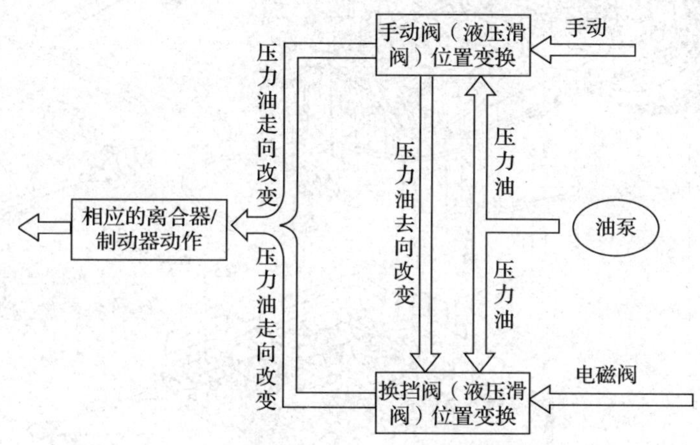

图 1—3—22　自动变速器液控系统

二、液压控制滑阀箱

液控滑阀箱的外观如图 1—3—23 所示。其在自动变速器中的安装位置及装配关系如图 1—3—24 所示。

集成有多个液压控制阀并附带有多个电磁阀的滑阀箱是自动变速器控制系统的执行中心。其内部包含的液压控制阀有手动换挡阀、液压换挡阀和各种调压阀，自动变速器用到的各种控制电磁阀如换挡电磁阀、油压电磁阀等也都固定在滑阀箱的四周。

1. 手动控制阀

手动控制阀通过连杆与换挡杆相连，通过换挡杆可以把控制阀（滑阀）拉动至 P、R、N、D、2、L 等挡位，滑阀位置的改变会将主油路油压导入相应管路，从而实现油路转换，实现自动变速器不同的驱动范围。手动阀因变速器型号及自动变速器挡数的不同而异，但因它们都是开关滑阀，因此结构原理是一致的，只是油道的通路数量不同而已。

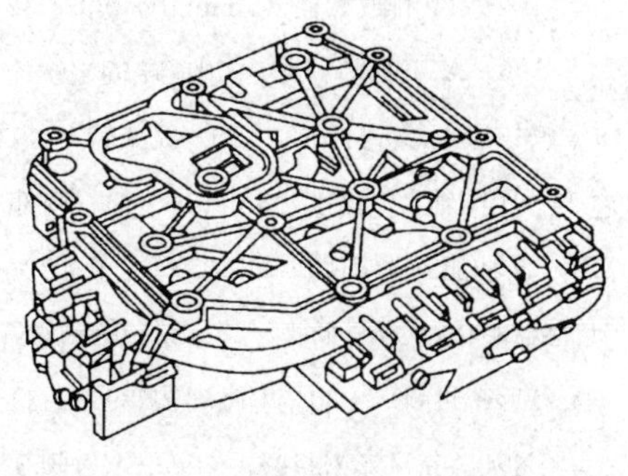

图 1—3—23　液压控制滑阀箱的外观

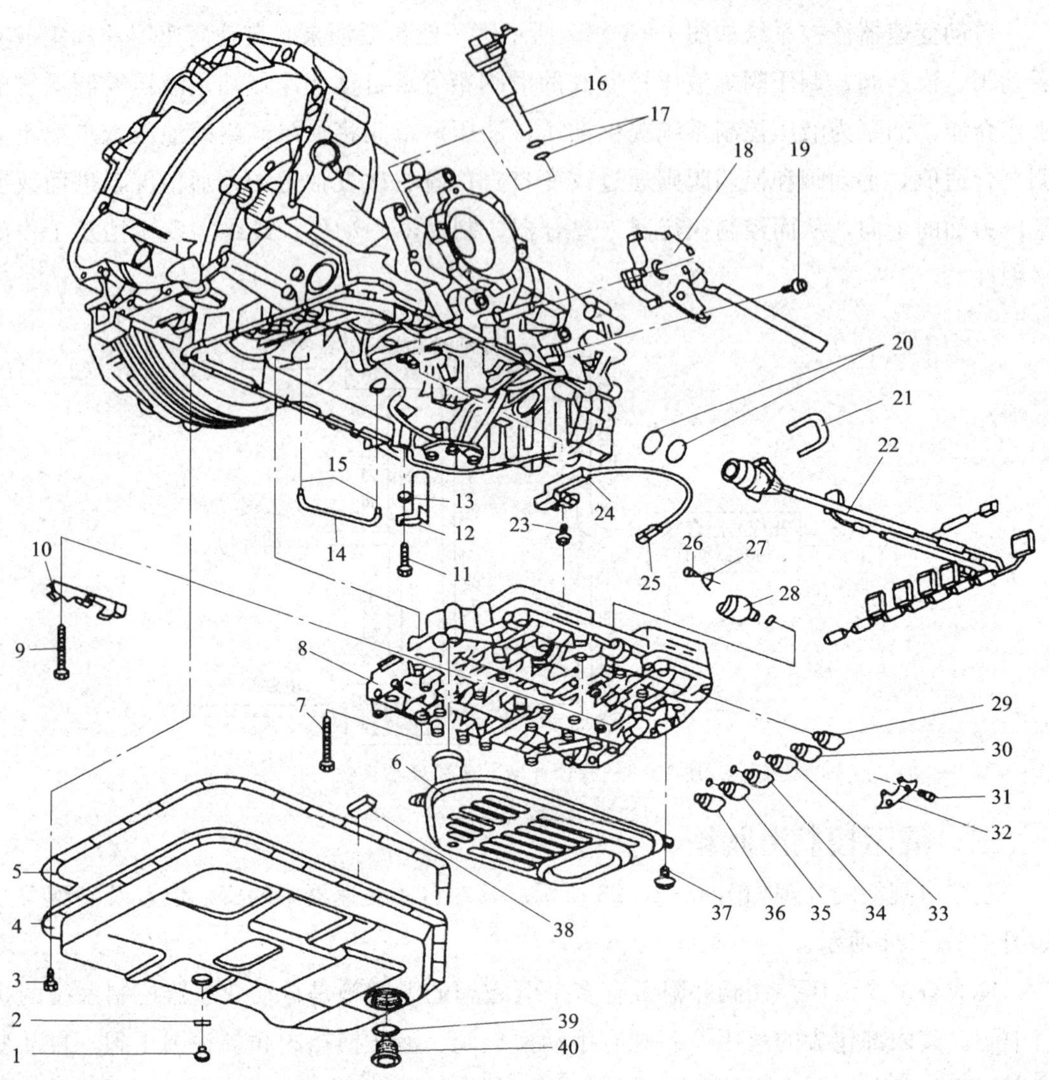

图 1—3—24　液压控制滑阀箱的位置及装配关系

1—ATF 排放螺栓（5 mm 内六角）　2—密封环　3—螺栓（10 N·m）　4—油底壳　5—密封垫　6—ATF 滤清器　7—滑阀箱固定螺栓（8 N·m，1 个 M6×30 及 16 个 M6×60）　8—滑阀箱　9、19—螺栓（8 N·m）　10—线束管夹　11、26、31、37—螺栓（6 N·m）　12—变速器转速传感器 G38　13—距离轴套（高度：8 mm）　14—内部油管　15、17、20、39—O 形密封圈　16—速度表传感器 G22　18—多功能开关 F125　21—熔丝夹子　22—变速器内线束　23—螺栓（19 N·m）　24—变速器输入转速传感器 G182　25—插头　27、32—电磁阀管夹　28—电磁阀 4N91（带 O 形密封圈）　29—电磁阀 3N90（无 O 形密封圈）　30—电磁阀 2N89（无 O 形密封圈）　33—电磁阀 6N93（带 O 形密封圈）　34—电磁阀 7N94（带 O 形密封圈）　35—电磁阀 5N92（带 O 形密封圈）　36—电磁阀 1N88（无 O 形密封圈）　38—磁铁（4 块）　40—ATF 检查螺栓（80 N·m，17 mm 内六角）

一个5油道的手控阀结构与工作原理（D位1挡）如图1—3—25所示。

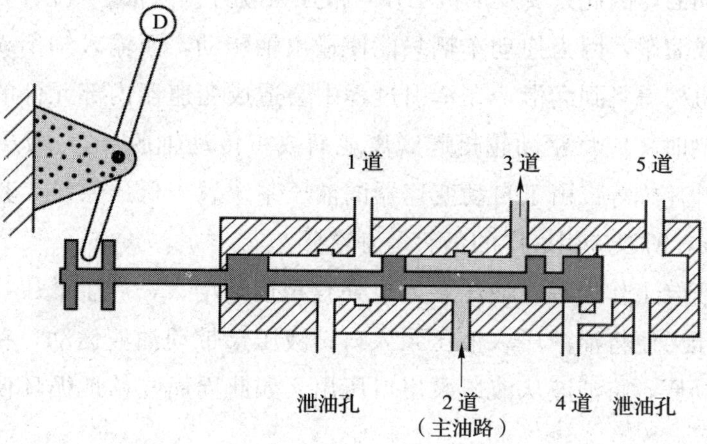

图1—3—25　5油道手控阀结构与工作原理（D位1挡）

2．液压换挡阀

液压换挡阀也是一种开关滑阀，由上下两端面所承受的压力（油压、弹簧压力）决定其所处的位置，进而决定相关管路的连接情况，即决定了压力油走向，实现不同挡位。

3．液压调节阀

因自动变速器的油泵由发动机直接驱动，故油泵的理论泵油量和发动机的转速成正比（定量泵）。为了保证自动变速器的正常工作，油泵的泵油量应在发动机处于最低转速工况时也能满足自动变速器各部分的需要，其中包括为驱动换挡执行元件活塞所需的液压油、为防止液力变矩器内液压油过热而不断循环的液压油、齿轮机构润滑所需的润滑油、各处油封泄漏所消耗的液压油、控制系统工作所需的液压油等，并保证油路中有足够高的油压，以防止油压过低，使离合器、制动器打滑，影响自动变速器的动力传递。由于发动机的怠速转速和发动机的最高转速之间相差很大，因此当发动机高速运转时，油泵的泵油量将大大超过自动变速器所需的油量，导致油压过高，增加发动机的负荷，并造成换挡冲击。并且在不同的工况下不同的部位所需的油压不同，为此，必须在油路中设置一些油压调节阀。

油压调节阀也是液压滑阀，通过改变滑阀体两端的压力差使阀体停在不同位置，从而实现泄油量的不同，进而输出不同的油压。

三、油泵（液压泵）

液压泵一般位于液力变矩器和行星齿轮系统之间，由液力变矩器驱动。

自动变速器靠液压泵推动变速器油循环，并且提供施力装置需要的油压。液压泵是通过变速器所有油流的动力源，阀体则是用作调节和引导换挡油流的。液压泵是由变矩器轮毂驱动的，因此只要发动机工作，液压泵就开始泵油。（注：自动变速器的车辆不允许拖车或溜车，因为拖动车辆只能使输出轴转动，而输入轴不动，即油泵不工作，行星齿轮机构得不到润滑，在牵引过程中会造成变速器内部元件的剧烈磨损。当长时间牵引车辆时，应将驱动轮提起脱离地面或将传动轴脱开。）液压泵一般有齿轮式、转子式和叶片式等。由于自动变速器的液压系统属于低压系统，其工作压力通常不超过 200 kPa，所以应用最广的仍然是齿轮泵。

常见的液压泵工作原理：液压泵入口处容积逐渐增大，产生低压，而储液缸与大气相通，大气压力便将油液压入液压泵入口；液压泵带动油液运动，在出口处容积逐渐减小，产生高压，将油液从液压泵出口压出。如此周而复始地循环便为液压泵的工作过程。

几种常见的油泵的结构发图 1—3—26 所示。

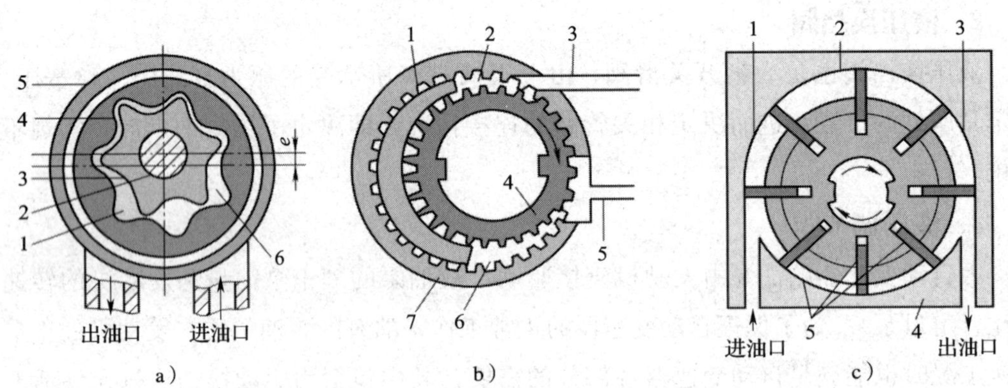

图 1—3—26　几种常见的液压泵的结构

a）摆线转子泵

1—出油腔　2—驱动轴　3—内转子　4—外转子　5—泵壳　6—进油腔　e—偏心距

b）内啮合齿轮泵

1—月牙形隔板　2—压油腔　3—出油道　4—小齿轮　5—进油道　6—吸油腔　7—内齿轮

c）叶片泵

1—吸油腔　2—转子　3—压油腔　4—定子　5—叶片

四、液控滑阀箱的拆卸

1．油底壳的拆卸

（1）拆下隔音罩。

（2）把接油槽放到变速器下。拧下排放螺栓，放掉 ATF 油，如图 1—3—27 所示。

（3）交叉松开油底壳螺栓，拆下油底壳。

2. 机油滤清器的拆卸

如图 1—3—28 所示，拆下机油滤清器螺栓。从滑阀箱上拔下机油滤清器。

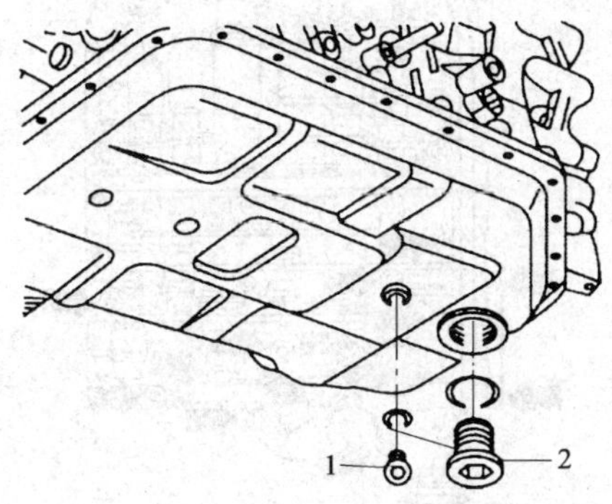

图 1—3—27　排放 ATF 油

1—排放螺栓　2—检查螺栓

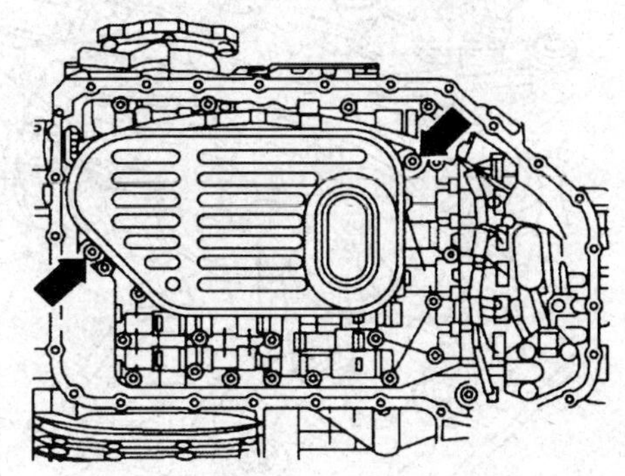

图 1—3—28　拆卸机油滤清器

3. 滑阀箱的拆卸

(1) 拆下油底壳和机油滤清器。

(2) 如图 1—3—29 所示，拆下线束插头锁卡。

(3) 对于带 E17 液压控制变速器，拔下变速器转速传感器 G38 上（箭头）的插头连接，如图 1—3—30 所示。

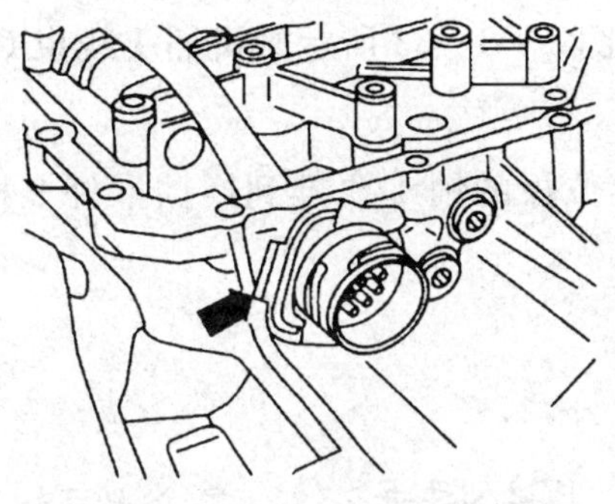

图 1—3—29　拆下线束插头锁卡

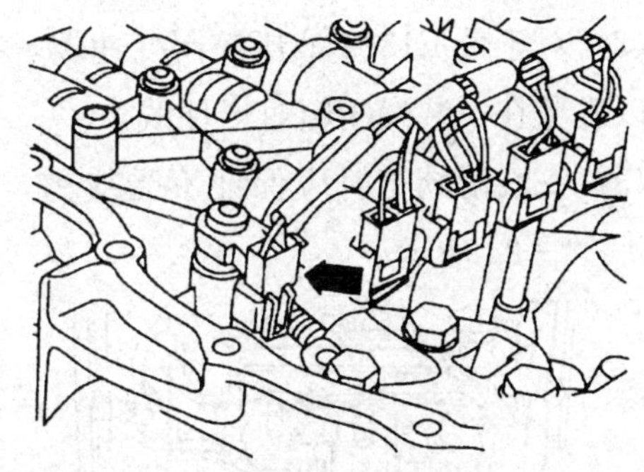

图 1—3—30　拔下变速器转速传感器插头

对于带 E18/2 液压控制变速器，拔下变速器转速传感器 G38 上（A）的插头连接，如图 1—3—31 所示。拔下到变速器输入转速霍尔传感器 G182 的插头连接。

(4) 如图 1—3—32 所示，松开滑阀箱固定螺栓（箭头），取下带线束的滑阀箱。注意：只允许松开（箭头）标明的固定螺栓，松开别的螺栓会影响滑阀箱的功能或者整个滑阀箱会散开。对于带 E17 液压控制变速器，箭头 A 螺栓比别的短且细，要注意其安装位置。对于带 E18/2 液压控制变速器，不要装如图 1—3—32 所示箭头 A 螺栓。从变速器上取下滑阀箱，同时要跟踪线束插头。对于带 E17 液压控制变速器，拆下的滑阀箱不能放到滑阀箱后侧的变速器输入转速传感器上，否则会损坏变速器输入转速传感器。

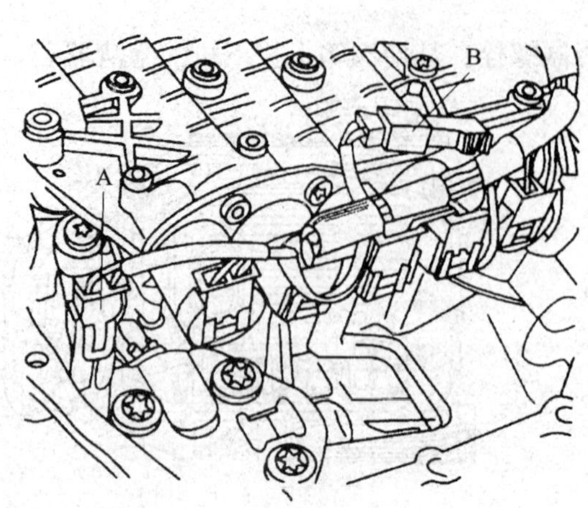

图 1—3—31　拔下变速器转速传感器插头

A—G38 的连接插头　B—G182 的连接插头

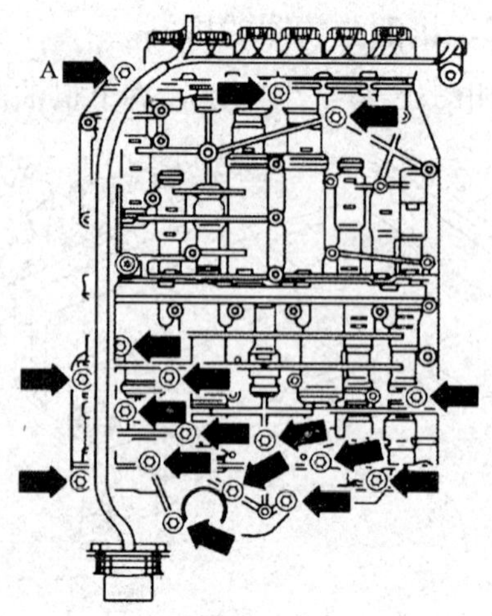

图 1—3—32　拆卸滑阀箱

五、液控滑阀箱的安装

1. 滑阀箱的安装

(1) 在线束插头的 O 形密封圈上轻涂 ATF。把线束插头装到变速器壳体内，保证线束后部平面向下，线束鼻子水平。

(2) 对于带 E18/2 液压控制变速器，根据如图 1—3—33 所示敷设插头线束 C，这样可以避免在安装滑阀箱时卡住线束。

(3) 安装滑阀箱时应保证不受应力，并且定位板的销 1 要推到换挡推杆 2 槽内，如图 1—3—34 所示。

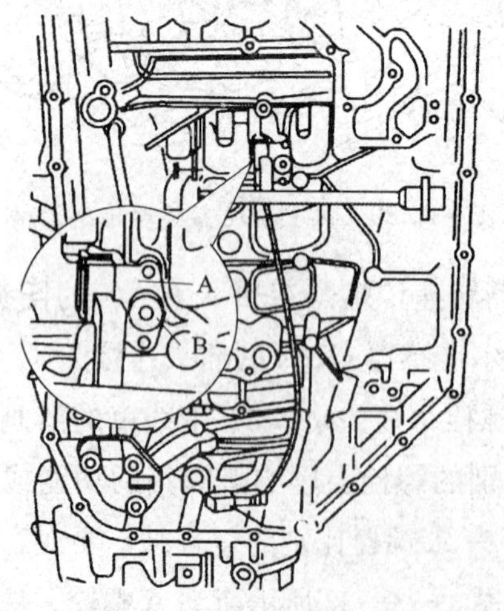

图 1—3—33　敷设插头线束

A—输入转速传感器　B—螺栓　C—插头

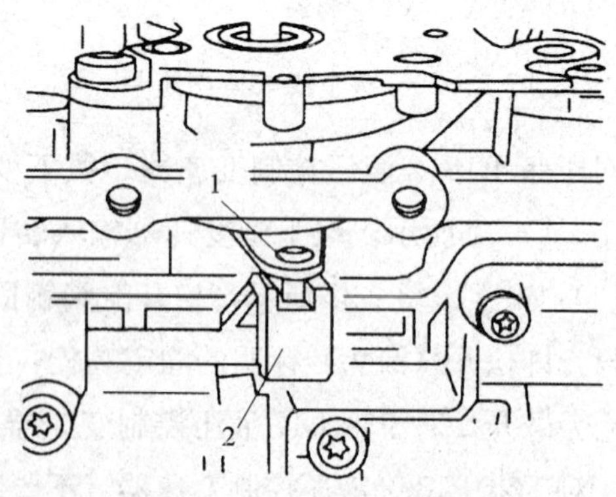

图 1—3—34　安装滑阀箱

1—销　2—换挡推杆

（4）先用手带紧滑阀箱螺栓（见图 1—3—32 中箭头），随后从内向外拧紧滑阀箱螺栓。螺栓的拧紧力矩为 8 N·m。

（5）对于带 E18/2 液压控制变速器，从滑阀箱和线束之间向上拉出变速器输入转速传感器 G182 插头的电缆。如图 1—3—35 所示，把线束上两个插头 A 和 B 插接到一起，把插头 C 插到变速器转速传感器 G38 上。对于带 E17 液压控制的变速器，把插头插到变速器转速传感器 G38 上（见图 1—3—30 中箭头）。

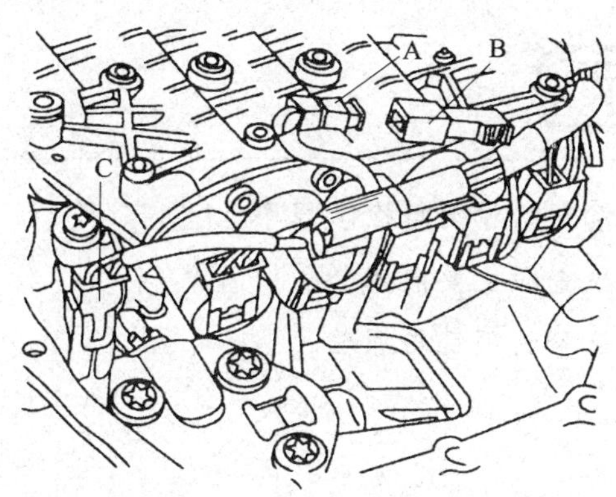

图 1—3—35　连接插头

A、B、C—插头

（6）把卡夹夹到线束插头上（见图1—3—29 中箭头）。

2．机油滤清器的安装

在机油滤清器的进油轴环油封涂上一点 ATF 油。慢慢地把机油滤清器进油轴环压入滑阀箱内。拧上机油滤清器螺栓，螺栓的拧紧力矩为 6 N·m。装上油底壳，加注 ATF 油。

3．油底壳的安装

油底壳的安装顺序与油底壳的拆卸步骤相反，此外还要注意下面几点：

（1）清洁 4 个磁铁并检查放置磁铁的位置。

（2）更换所有油封。

（3）油底壳螺栓应分 2～3 步并按规定力矩（10 N·m）交叉拧紧。

（4）排放螺栓及油封必须更换。排放螺栓的拧紧力矩为 40 N·m。

（5）安装油壳后应加注 ATF 油。

课题四　电控液力自动变速器的基础检查及性能试验

学习目标

◆ 了解自动变速器故障诊断的原则与检修程序。

◆ 熟悉自动变速器基础检查的主要内容。

◆ 掌握自动变速器性能试验的项目与原理。

想一想

自动变速器分为液力传动、机械部分、电控部分、液控部分，相互之间联系紧密且复杂难懂。当出现起步困难、行驶无力、加速不良、油耗过大、换挡冲击、换挡困难等症状时，或故障灯已点亮，检查、诊断、检测、试验应该如何进行？又有哪些步骤？

一、自动变速器故障诊断的原则

电控自动变速器在工作中出现的故障类型、表现形式各不相同，但只要熟悉自动变速器的工作原理，正确地使用自动变速器的相关检测仪和检测步骤，就能做到快速排除故障，总的原则是视情修理、换件为主、清洗彻底、密封当头、全面覆盖、力争一次成功。

1. 分清故障性质与原因

首先分清引发故障的根源是在发动机、液压自动操纵系统、电子控制系统还是在自动变速器的机械部分。只有正确区别变速器故障的性质是机械的、液压的，还是电子的，才能有针对性地查找故障根源，少走弯路。

2. 由简单到复杂

检查时应根据故障特点由简单到复杂、由外及内，从最易于接近、易于被忽视的部位和影响因素开始，如 ATF 油液状况、自动变速器油压、电气连接等。不要先将问题想得过于复杂。

3．多种检验项目相结合

要充分利用自动变速器其他检验项目（基础检验、失速试验、时滞试验、道路试验、电控自动变速器的手动换挡试验、液压试验）的检验结果，综合各项检测结论，将线索汇集，使其指向最大嫌疑。因为一个故障在不同的检测项目中会有不同的表现形式，通过这些检验项目的试验，一般可以发现自动变速器的故障所在。

4．充分利用电控自动变速器的自诊断功能

电控自动变速器控制ECU的内部有一个自诊断电路，它能在汽车行驶过程中不断地监测自动变速器控制系统各部分的工作情况，并能检验出控制系统中大部分故障，将故障以代码的形式记录在ECU中。维修人员可以按照特定的方法将故障代码从ECU中读出，为自动变速器控制系统的检修和故障排除提供依据。

5．不要轻易进行拆卸解体

为了确诊必须进行的拆检，应是故障诊断的最后手段。不要轻易分解电控自动变速器，因为在故障原因不明的情况下盲目解体，不但不能确诊故障原因和部位，还可能在拆检过程中出现新的故障现象。

6．充分利用维修信息和资料

在进行故障诊断与排除前，最好先阅读有关故障指南、使用说明书和该车型的《自动变速器维修手册》，掌握必要的结构原理图、油路图、电子控制系统电路图等有关技术资料，否则进行的检测和诊断带有相当的盲目性。

二、自动变速器故障诊断与检修程序

为了提高自动变速器的维修质量，应使诊断程序规范化。基本程序如下：初始检验→基础检验→性能检验→确定维修内容和维修方式→维修后性能检验→道路试验→竣工交车。

以下简要介绍自动变速器故障诊断与检修程序。

1．首先登记车主及车辆情况

登记的主要内容应包括车型、底盘号、车主姓名、地址及电话。

2．认真听取并记录驾驶员或车主所反映的情况

主要听取并记录车主、驾驶员反映的与故障相关的重要信息。如故障现象，故障发生时的发动机转速、温度、排放以及故障发生前的征兆等。要提醒车主尽可能多地提供相关信息。

3．故障验证

在车主提供故障情况的基础上，应由有经验的技师来实际操作。即在相同故障发生条件下模拟故障发生情况，使故障再现，以判断是发动机的故障还是自动变速器内部某机件的问题。必要时可由车主或驾驶员陪同进行路试。

4．进行初步检查

初步检查主要是指自动变速器外部连接与调整、自动变速器的油液检查和路试检查。其中，外部连接与调整主要检查节气门开度与节气门阀拉线（或真空软管）、自动变速器手柄位置、空挡开关位置等外部连接部件。油液的检查包括漏油、油的品质及油面高度。路试检查包括起动发动机前的检查、怠速时的检查及巡航试验。通过初步检查可以初步了解故障发生原因。例如，通过对外部连接件的检查，可以确定和排除是否因长时间的操作转动磨损而导致自动变速器发生故障。另外，油液呈深色并伴有烧焦味说明摩擦材料磨损；油液呈乳状粉红色说明有水进入；油液液面有漆膜呈深棕色且发黏说明变速器过热等。

5．利用故障自诊断系统进行检查

通过故障自诊断功能读取故障代码，可以对各种传感器及电磁阀线圈、自动变速器 ECU 及其控制电路是否存在问题作出判断，以便直接对相关电路进行检查，从而缩短维修时间。

6．进行测试

由于故障自诊断系统不能对机械故障进行诊断，所以只能通过失速试验、压力试验、道路试验等相关试验，进一步判断问题出处。

在综合上述各项测试结果、分析和判定故障原因及部位后，确定是否对自动变速器进行分解修理。

7．检修

检查电子控制系统和各离合器或制动器及油泵、变矩器、单向离合器，验证以上测试结果是否与实际吻合，并实施相关的检修措施。

8．装复后的检验

自动变速器修复装车后还应该进行失速试验、油压试验及路试，以确认故障是否完全消除。

9．做好记录和跟踪调查

做好维修记录是检查维修质量、总结维修经验、提高维修服务水平的重要环节，维修记录应包括故障现象、原因、更换部件及维修效果等内容。

三、自动变速器的基础检查

基础检查主要包括发动机怠速检查、节气门性能检查、节气门拉索的检查、换挡机构的检查、空挡起动开关的检查、强制降挡开关检查、制动器间隙检查、自动变速器油油面的检查、自动变速器油油质的检查等。

1. 发动机怠速检查

发动机怠速转速不符合标准引起的现象可能与变速器内部故障所引起的现象有相似之处。发动机怠速转速低和变速器内部阻力大都可能引起挂挡后车辆抖动、发动机熄火等现象；发动机怠速转速高和变速器故障也都可以引起挂挡后闯车的现象。由于进口车发动机和变速器的不同配置方案较多，同一型号的发动机与不同的变速器配合，其技术参数可能不同，因此，必须按维修手册的技术数据检查和调整发动机的怠速转速。

2. 节气门全开试验

驾驶员将加速踏板踩到底时，节气门的开度应该达到 100%，否则车辆的最高车速下降就可能与变速器的技术状况无关，而是发动机最大输出功率不足所致，因此必须检查加速踏板与节气门轴的联动情况并进行适当的调整，使两者的动作协调一致。

3. 节气门拉索的检查

（1）直观检查

主要观察拉索有无破损，拉索的固定是否良好，与车上的固定部分有无弯折；拉索根部与自动变速器壳体间的连接是否固定良好；拉索外皮是否有脱节现象；拉索的金属丝是否有折断等。

（2）手感试验

加速踏板完全放松，节气门处于怠速触点闭合位置时，用手指按动拉索，检查节气门摇臂处的露出部分，正常情况下，拉索不能被拉得太紧，也不能太松。如果太松将导致节气门油压低，导致升挡过早；反之将导致升挡过迟。一般情况下应参阅修理手册调整松紧度。

（3）记号检查

在一些自动变速器（如丰田自动变速器）的节气门拉索靠近节气门端某处有一金属挡块或油漆记号，这种记号往往表示节气门处于怠速状态或全开状态时拉线的正确位置，通过检查这些记号位置是否正确可以判断拉索调节是否得当。

（4）断开连接检查

为更好地检查节气门拉索能否在拉索套内灵活运动以及节气门阀能否带动拉索良好回位，须将拉索的节气门端从节气门摇臂上拆下，观察拉索末端的挡块与节气门摇臂上的定位孔之间的距离，此距离不可过大，多为 0.5～1 mm。再用手拉动拉索看其是否能在拉索套内灵活运动。

4. 换挡机构的检查

可以用以下方法检查换挡机构调整状态：

（1）手柄试验

将换挡手柄按正常操作顺序挂入每一个挡位，感觉换挡过程中是否有清晰的手感，手柄进入各挡位时是否灵活自如，手柄阻力是否合适。检查进入挡位后手柄是否有锁止功能，仪表指针指示是否正确等，从而判断换挡机构工作是否正常。

（2）断开连接检查

如感觉换挡机构存在问题，可以断开自动变速器手动阀转轴上的摇臂与传动拉杆的连接处。用手扳动转轴上的摇臂，直接操纵手动阀，检查操纵过程中是否每个挡位都能自由进入，进入后是否能够明显感觉到弹簧片锁止的手感。这些检查可判断出故障是发生在自动变速器内部还是发生在外部。

5．ATF 油面的检查

ATF 油面检查操作步骤如下：

（1）在检查 ATF 的液面之前，将车辆停放在平直路面上。

（2）将车起动后热车，冷却液温达到 90℃以上，发动机保持运转状态。

（3）踩住制动踏板，将换挡手柄从 P 挡依次挂入每一个挡位后回到 P 挡，使油液进入阀体和变速器壳体。

（4）取出油尺，把油尺护盘和尺身擦拭干净，检查油面高度。

大多数汽车都可以在变速器处于工作温度和发动机运转时精确测出 ATF 液面高度。拔出油尺后，用棉纱或纸巾把油尺擦拭干净。重新插入油尺，再拔出，注意读出数值。有些油尺上标有“ADD”（添加）的字样，有些油尺上刻有分别针对“COOL”（冷态）、“WARM”（温态）和“HOT”（热态）的液面高度的适合标记。

在检查 ATF 液面时，变速器或变速驱动桥的温度是一个重要因素。在一些装有双金属片的变速器上，双金属片会在变速器到达预定温度之前阻止油液流入变速器冷却器，能够很快使变速器达到正常的状态。因此，双金属片可能使油液液面的检查受到影响，因此应该注意热车时对油面高度的检查。

6．ATF 油质的检查

在检查油液液面高度的同时，还应该进行油液状况的检查。油质是分析自动变速器内部问题的重要依据。正常情况下的自动变速器油液（ATF）是红色或粉红色透明液体。如果油液的颜色、状态、气味、黏度发生了变化，说明自动变速器油已经变质。

四、自动变速器的性能试验

自动变速器的性能试验主要有失速试验、油压试验、时滞试验、道路试验、手动换挡试验等几个项目。

下面以失速试验为例讲述自动变速器的性能试验方法，其他试验项目的操作方法请参阅相关参考书。

在前进挡或倒挡同时踩住制动踏板和加速踏板时，发动机处于最大转矩工况，此时自动变速器输入轴及输出轴均静止不动，因此液力变矩器的涡轮也静止不动，只有液力变矩器壳及泵轮随发动机一起转动，这种工况称为失速工况，此时发动机最高转速为失速转速。自动变速器的失速试验就是在车速为零的状态下测试发动机转速的试验。失速试验因其操作简单、对变速器功能检查面广，而在故障诊断中被广泛采用。

1．失速试验的作用

（1）检查液力变矩器各部件性能的好坏。例如，泵轮与涡轮之间的液流传动性能，导轮的液流传导性能，导轮单向离合器能否良好可靠地锁止导轮及释放导轮。

（2）检查自动变速器内部行星齿轮机构、换挡执行传动机构是否工作正常。例如，齿轮传动机构是否完好，检测离合器和制动器摩擦元件间承受大转矩而不打滑的能力。

（3）检查执行元件油路油压是否过低，如果相应换挡执行元件的油路油压过低，将会导致自动变速器的执行元件在工作过程中打滑。

（4）发动机的输出功率是否正常。

（5）辅助其他试验或结合其他试验进行故障诊断。

2．失速试验操作

（1）试验准备工作

因为在进行失速试验时，变速器内部会受到一个极大的转矩负荷，因此要事先做好以下几方面工作：

1）检查确认发动机性能良好，如果发动机性能下降会造成测试结果失真，或不能准确反映问题。

2）变速器内的油面高度、油温以及油质都必须正常，否则将影响测试结果的准确性，还可能对自动变速器造成损害。

3）汽车须有良好的安全条件，行车制动器与驻车制动器的性能须良好，保证试验时汽车能可靠制动。将车轮用三角木块等塞住，以保证安全。

4）汽车周围不应有影响安全的人或障碍物。

5）如果车上无发动机转速表，须另外加装发动机转速表。

6）试验操作者应该具备一定的反应能力。

（2）试验方法及注意事项

1）将汽车停放在宽阔的水平地面上，前后车轮用三角木块塞住（见图 1—4—1）。

2）用驻车制动器或行车制动器把车轮彻底制动。

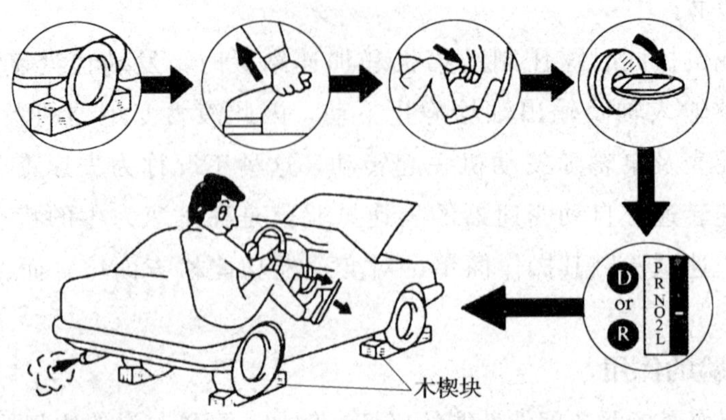

图 1—4—1　失速试验操作步骤

3）检查自动变速器的油温，应在 75～90℃，冷车应在试验前使其升温，并保证油面高度及油质正常。

4）起动发动机，将换挡操纵手柄换到前进挡（D 挡）。

5）左脚踩下制动踏板的同时，右脚将加速踏板踩到底，在发动机转速不再升高时，迅速读取此时的发动机转速，然后立即松开加速踏板，此时的发动机转速即为失速转速。由于在试验时发动机功率全部在变矩器内损耗掉了，因此会产生大量的热，所以失速时间不要过长，一般都在 5 s 之内，即读完数据后立即放松加速踏板。

6）将换挡手柄拨入停车挡（P 挡）或空挡（N 挡）位置，让发动机怠速运转至少 1 min 以上，以防止因油温过高而使油液变质。

7）将换挡手柄移动至 R 挡做同样的试验。

此试验的操作动作比较简单，但因为变速器内部承受的转矩很大，一定要注意做试验时的连续时间不要过长，要及时冷却。另外，在试验时要注意监听发动机及自动变速器内声音的变化。在试验时，随着加速踏板的踏下，发动机和变矩器应有很大、很沉闷的轰鸣声，但决不可听到任何金属撞击声和尖锐的杂音。

3．失速转速数值分析

失速转速的非正常情况有两种：高于规定值与低于规定值。失速转速表给出的失速转速值都是个范围，而并非某一确定的值。通常情况下，在失速转速超出一定范围后才判断为失常。

（1）失速转速过低。由于变速器的零件在不运转（被强行固定）时，运转阻力没有变化，如果失速转速低于标准范围，只能是发动机工作不良与液力变矩器传递不良两方面的原因。为进一步区分发动机与变矩器的故障，可将选挡手柄置于 P 挡或 N 挡，让变矩器涡轮不带负荷，对发动机进行急加速，如果发动机转速能在急加速时很顺畅地上升，则说明发动机是正常的。如果汽车在行驶中也出现加速不良，而高速时却很正常，则可判断为变矩器导轮单向离合器工作不良，造成功率损失。如果失速转速低于规定值 600 r/min 以上，说明液力变矩器可能严重失效。

（2）失速转速过高。出现失速转速过高时，发动机与液力变矩器故障的可能性较小，故障一般都发生在自动变速器部分，主要是换挡执行元件打滑引起。因此，可以通过失速试验与变速器内对应挡位的执行元件进行分析，从而判断是因哪些元件损坏所致。但无论失速试验时挂挡杆处于何位置，因自动变速器的结构原因，失速试验只可检查到前进 1 挡和倒挡的执行元件，对前进 2 挡及 2 挡以上的挡位执行元件一般不能检测，因为换挡正常的变速器在失速时不可能进行挡位变化。

利用失速转速值分析故障，影响失速转速的因素较多，不同发动机、不同的液力变矩器的失速转速不同，但大部分汽车自动变速器的失速转速都在 2 000～3 000 r/min 范围内。

4．自动变速器常见的故障现象及其所对应的故障原因

自动变速器常见的故障现象及其所对应的故障原因见表 1—4—1。

表 1—4—1　　自动变速器常见的故障现象及其原因一览表

故障现象	主要原因及分析
换挡冲击	（1）节气门拉线调整不当，升挡点过高，使各挡冲击 （2）蓄压器活塞卡滞或背压失调过高，造成蓄压器起作用的挡位换挡冲击 （3）发动机怠速调整过高，造成起步挂挡冲击 （4）离合器或制动器间隙过大，造成相应挡位换挡冲击 （5）单向阀错位或丢失，或单向阀卡滞，使换挡延迟造成相应挡位冲击 （6）单向节流阀错位或丢失，使单向阀失去节流作用，导致相应挡位冲击 （7）换挡阀卡住，或电磁阀卡住，使换挡阀延迟造成相应挡位冲击 （8）主油压过高，导致各挡位换挡冲击 （9）制动带间隙调整过小，造成相应挡位换挡冲击 （10）电控系统有问题，导致换挡时机不当。如节气门位置传感器、车速传感器不良，信号不对导致控制系统指挥换挡时机延迟等 （11）节气门油压过高，主调压阀失调 （12）真空调节器膜片或真空管泄漏，提前换挡，发动机制动作用造成换挡冲击 （13）带调速器阀的变速器离心滑阀卡在油压较低处，速控油压低，换挡延迟，引起换挡冲击 （14）单向离合器打滑或卡滞

续表

故障现象	主要原因及分析
有前进挡无倒挡	所有前进挡，包括D挡、L挡位均正常，但无R挡，主要原因有： (1) 倒挡离合器或制动器打滑，在所有前进挡工作的离合器和制动器均正常，只在倒挡工作的离合器或制动器有故障，如离合器、制动器摩擦片烧蚀，间隙过大等 (2) 倒挡时，倒挡离合器和制动器油路漏油，如制动带伺服缸油封泄漏，离合器或制动器油封泄漏 (3) 倒挡时主油压过低，离合器或制动器打滑，使变速器无倒挡
有R挡和L挡，无D挡	(1) 制动器或离合器有故障 (2) 内部泄漏 (3) 相关的阀体黏住或积炭卡滞 (4) 相关蓄压器或伺服缸严重漏油 (5) 单向离合器损坏 (6) 相关电控系统控制不良
发动机转速上升，但车速上升缓慢	(1) 自动变速器油面过低，使油压下降而导致离合器或制动器打滑 (2) 节气门拉索过松或节气门开度调整不当，使节气门油压过低，主油压过低 (3) 主调压阀或电磁阀调压阀不良，调整压力过低 (4) 油压控制电磁阀失控 (5) 油泵磨损，泵油量不足，泵油压力过低 (6) 前轮驱动型低挡离合器或后轮驱动前进挡离合器磨损，间隙过大，烧蚀，或相关的蓄压器泄漏 (7) 有制动带的变速器，低、倒挡制动带间隙过大，伺服缸泄漏 (8) 主油压调整电磁阀密封不良，泄压 (9) 液力变矩器单向离合器工作不良 (10) 蓄压器密封圈泄漏
汽车在各挡均不能行驶	换挡杆在D位、R位、L位均不能行驶，其主要原因有： (1) 液力变矩器涡轮花键毂严重损坏，使变速器输入轴无动力输入，发动机动力无法通过涡轮传递或传动效率低 (2) 油泵失效或主调压阀或油压调节电磁阀等失效，主油路压力过低 (3) 带有超速挡的变速器，超速挡离合器 C_0 失效 (4) 油面过低或滤网堵塞，使油泵泵油量不足，主油压过低 (5) 驻车棘轮没有松开，卡在锁止位置 (6) 手控阀卡滞在空挡或停车挡位置 (7) 电控系统失控，如车速传感器不良

续表

故障现象	主要原因及分析
仅有低挡，不升挡	节气门近全开时，汽车仍只有1挡或2挡，无3挡或4挡，其主要原因有： (1) 自动变速器油面高度不当，造成油压不正常，使高挡离合器或制动器高速挡时打滑，自动变速器无法升挡 (2) 自动变速器因滤网堵塞，油路不畅，造成升挡油压低，无法升入高速挡 (3) 由节气门拉索控制节气门阀的变速器，离心飞锤卡在速控油压低的位置上，或节气门拉索调整不当，均使变速器无法升挡 (4) 换挡电磁阀或其控制部分损坏，使换挡阀不动作 (5) 相关挡的制动器或离合器不良 (6) 油泵不良，泵油量不足，高挡时离合器或制动器打滑
无超速挡	汽车车速升至80～100 km/h时，仍不升入D4挡，其原因如下： (1) 3—4挡阀卡住或控制3—4换挡阀的电磁阀失控 (2) 电磁感应式2号车速传感器失效 (3) 带调速器的变速器，调速器阀卡住，使速控油压低，无力推动3—4换挡阀动作 (4) 发动机冷却液温度传感器失效，或其控制部分工作不良，电控装置没有D4挡指令 (5) 自动变速器油温传感器信号不良，电脑得到油温低于60℃时，不发D4挡指令 (6) 超速挡开关线路及信号不良 (7) 自动变速器油面低，油泵泵油量不足，油压不足，负责高挡的制动器或离合器在高挡时需要更高的油压才能避免离合器或制动器打滑 (8) 挡位开关内过载保护装置不良 (9) 液力变矩器内的导轮单向离合器卡住 (10) 节气门拉索调整不当 (11) 车速传感器信号不良 (12) 超速挡制动器、离合器摩擦片打滑，或制动器，离合器活塞缸漏油
变矩器锁止离合器失控	(1) 车速传感器不良，车速传感器不传递车速信号，自动变速器不升挡，因此锁止离合器不工作 (2) 电脑自我保护功能起动。当电脑查知自动变速器有油液泄漏，油压不足，或控制线路有故障，便起动自我保护功能，自动退出升降挡控制，使自动变速器在D位仅有D2挡，无超速挡，无锁止

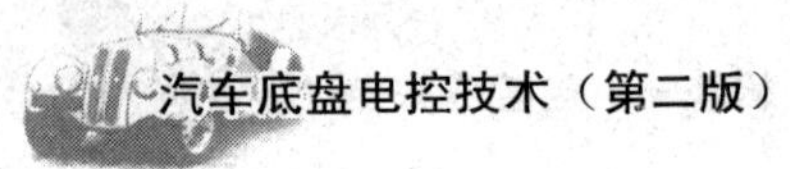

续表

<table>
<tr><th>故障现象</th><th>主要原因及分析</th></tr>
<tr><td>变矩器锁止离合器失控</td><td>（3）发动机冷却液温度传感器或其线路不良，或冷却液温度过低，电脑会控制变速器无超速挡，锁止系统不工作
（4）O/D开关不良，O/D开关没接通
（5）锁止电磁阀不良或复位弹簧过软，力矩不足
（6）自动变速器油严重污染，使锁止时压盘摩擦环带间有杂质，接触不良，打滑
（7）变矩器壳体与曲轴飞轮组装后，端面跳动大于0.2 mm，使压盘与壳体接触不良，打滑
（8）锁止电磁阀不工作
（9）锁止继动阀卡在不工作位置</td></tr>
<tr><td>自动变速器油温高（始终大于80℃）</td><td>（1）自动变速器油面过高或过低
（2）离合器和制动器摩擦片打滑
（3）油冷却器堵塞，散热不良
（4）变矩器锁止离合器打滑</td></tr>
</table>

思考与练习

1. 液力变矩器主要由哪几部分构成？各部分的作用是什么？
2. 行星齿轮变速机构的变速原理是什么？
3. 叙述自动变速器换挡杆各个位置的功能及使用场合。
4. 简述变速器产生打滑和异响的故障现象及原因。
5. 简述 ZF—9HP 自动变速器的结构特点。
6. 对 09E 自动变速器电液控制系统各挡位油路进行分析。
7. 自动变速器电控系统所用的传感器中哪些有替代信号？
8. 自动变速器故障诊断与检修的程序是什么？
9. 失速试验的作用是什么？操作的过程中有什么注意事项？

模块二

电控无级变速器

学习目标

- 了解本田飞度轿车 CVT 无级变速器的结构与组成。
- 了解本田飞度轿车 CVT 无级变速器电控系统的组成及功能。
- 熟悉本田飞度轿车 CVT 无级变速器动力传递路线。
- 掌握本田飞度轿车 CVT 无级变速器电控系统部件的检修方法。

想一想

前述自动变速器无论 4、6、8、9 挡都是有级的，具有明显的缺陷：传动比不连续，换挡有顿挫感，增加前进挡挡位数来扩大速比范围，结构复杂且成本过高，这些问题如何解决呢？

若使带传动的一个带轮直径增大，同时另一个带轮直径相应地减小，并维持中心距不变，那么传动比就是连续可变的，带轮之间的传动比有无数个（级）。这就是汽车无级变速器——CVT（Continuously Variable Transmission）。电控无级变速器的出现很好地解决了上述技术难题。

一、无级变速器的工作原理

无级变速器主要的传动部分为钢带式无级变速器。在钢带式无级变速器上，使用钢带传递两个钢质带轮的动力。两个带轮的结构相同，主、从动带轮都是由两个盘组成，分为可动盘和固定盘。可动盘与固定盘都是锥面结构，两个盘对装起来就形成一个 V 形带轮结构。可动盘可以沿着它的固定旋转轴线轴向移动，从而改变两个带轮盘之间的轮槽宽度。可动盘的轴向移动靠液压缸中油压大小的改变来实现。油压的大小由变速器控制单元根据驾驶员的操纵意图（挡位、车速、节气门开度等各个传感器的信号）来对变速器液压控制单元发出指令调节。通过钢带轮带槽宽度的变化，改变钢带和钢带轮的接触位置，从而改变了钢带轮的工作半径。CVT 的结构原理如图 2—1—1 所示。

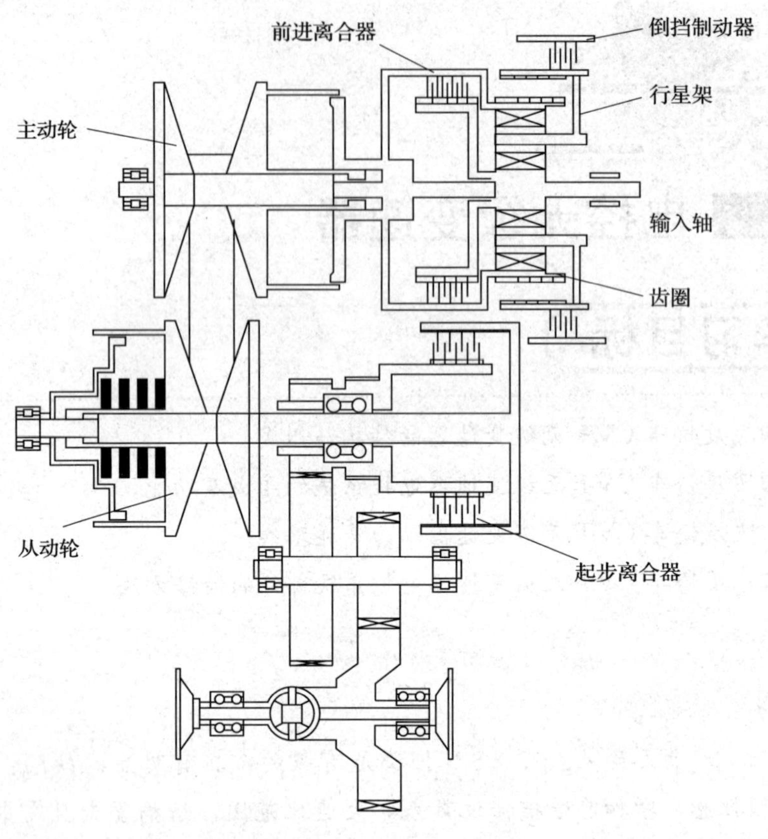

图 2—1—1 CVT 的结构原理

1. 传动路线

无级变速器工作原理如图 2—1—2 所示。前进挡的传动路线：发动机的动力经过飞轮减振装置→变速器的输入轴→太阳轮→前进离合器→主动链轮（带轮）→从动链轮（带轮）→前进挡离合器→主减速器→输出轴。倒挡的传动路线：变速器的输入轴→太阳轮→倒挡制动器（制动行星架）→齿圈→主动链轮（带轮）→从动链轮（带轮）→前进挡离合器→主减速器→输出轴。

2. 钢带的结构

钢带的结构如图 2—1—3 所示，钢带由两组钢质环形带和无数个构件构成。每组钢质环形带由 12 层构成，构件则有 400 多个（依据其中心距的大小而不等）。钢带传递动力时，两个侧面起传动作用。由于钢带是一种选配件，所以钢制构件/连接件的实际数量可能会有所变化。钢带构件因主动带轮和从动带轮的运动载荷而被压缩在一起。由于压缩，这种钢带结构将产生相互挤压作用，而不像其他车用传动带那样产生拉伸作用，增加了钢带对带轮两侧面的摩擦力，从而减少了打滑。传动带磨损过度将引起打滑，并最终导致发动机高转速时的加速性不良或丧失。

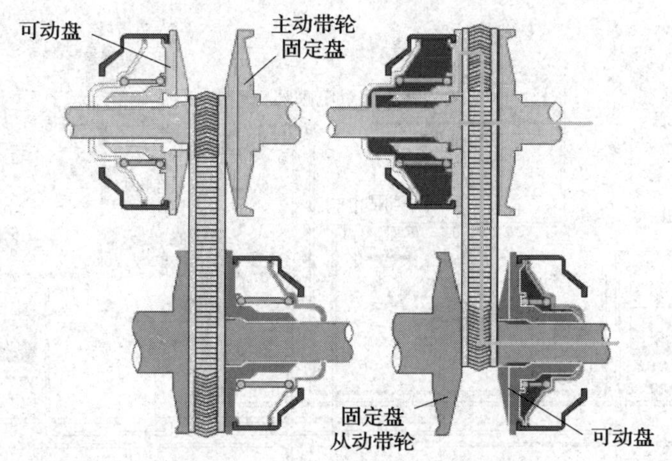

图 2—1—2　无级变速器工作原理

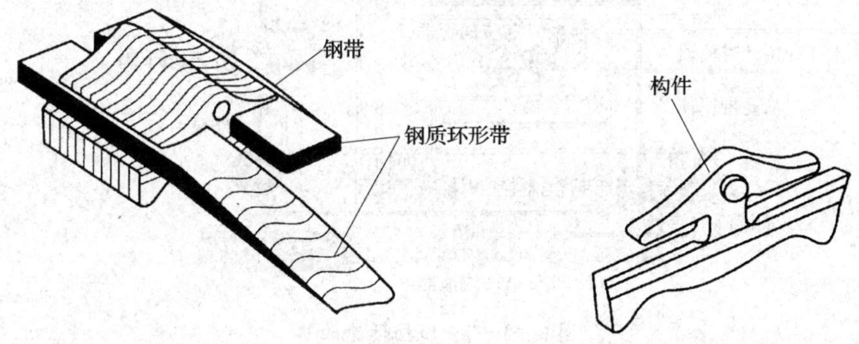

图 2—1—3　钢带的结构

3．倒挡的实现

一组单行星轮行星排，太阳轮输入，行星架被制动，齿圈输出实现倒挡。

4．起步离合器起液力变矩器作用

起步离合器可以调节液压力，实现怠速蠕动；起步加速时允许有一定程度的打滑，正常行驶时锁止。

二、各控制阀原理作用分析

D 挡低速油路如图 2—1—4 所示。

1．PH 调节阀（见图 2—1—5）

组成：阀体、弹簧。

作用：PH 换挡阀用于调节油泵输出的油压。

PH 主油压的作用如下：

（1）PH 主油压送入离合器减压阀。

（2）PH 主油压送入主动带轮控制阀和从动带轮控制阀。

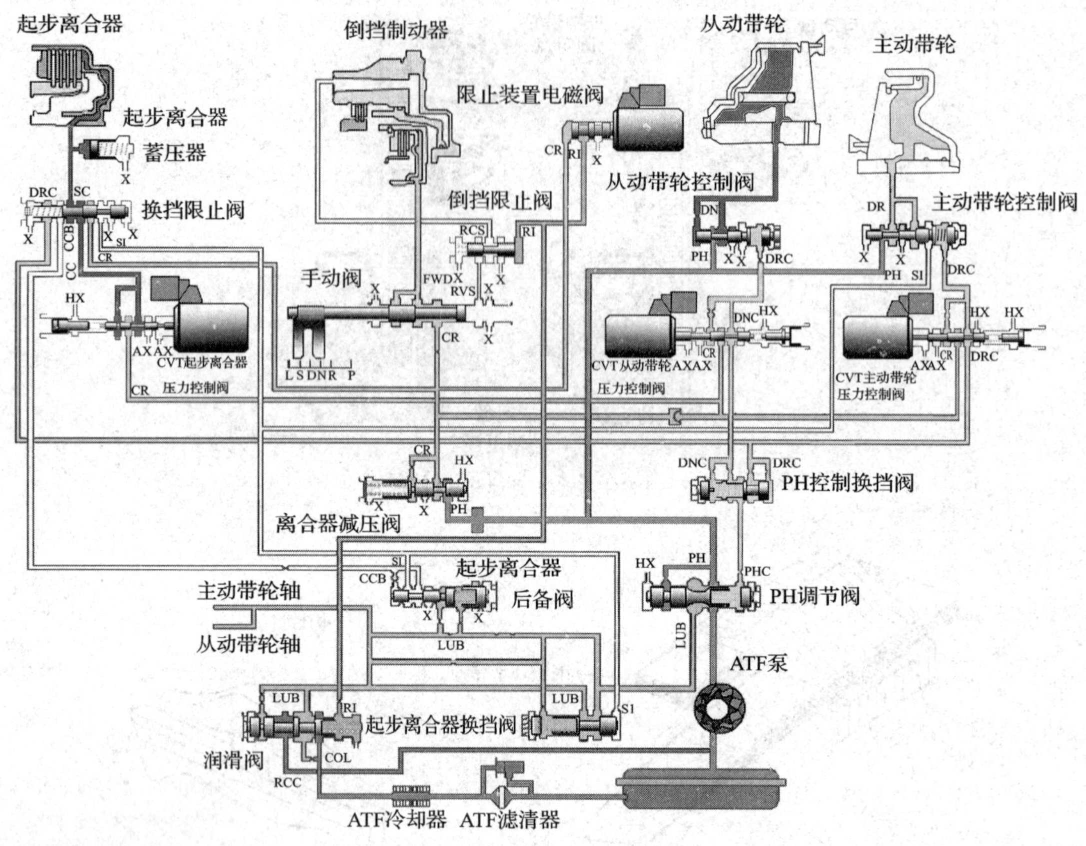

图 2—1—4　D 挡低速油路

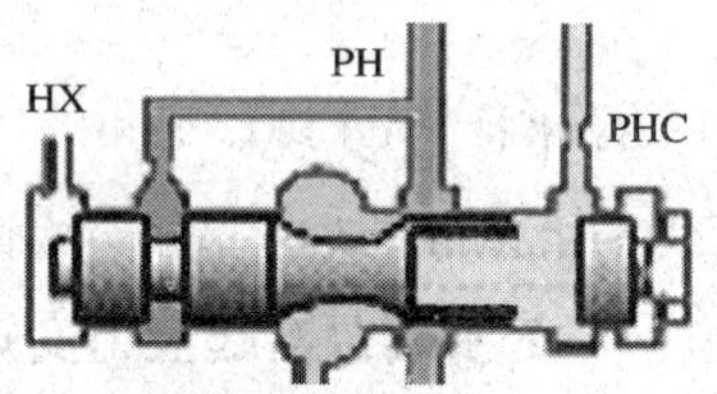

图 2—1—5　PH 调节阀

工作原理：根据 PH 控制换挡阀提供的控制压力（PHC）进行调节。从图 2—1—4 可知，油泵将油液泵入该阀的 PH 油口后，该阀右端承受着弹簧弹力和由 PH 控制换挡阀送入的控制油压，该油压作用在 PH 换挡阀的右端 PHC 油口，形成一个向左推阀的力，该阀的左端承受着油泵经主调压阀调出的主油压，经节流口反馈作用在该阀的左端，左右两端压力的抗衡，决定了 PH 换挡阀的开度，从而决定了主油压 PH 的大小。而 PH 控制换挡阀受控于电脑控制的主动带轮与从动带轮调压电磁阀调整出的控制油压。因此 PH 主油压随发动机转速、节气门开度的变化而变化。

2. 换挡锁定阀（即换挡限止阀，见图 2—1—6）

组成：阀体（带空心帽），弹簧（装入空心帽）。

作用：

（1）起步离合器压力控制电磁阀调节油压 CC 进入 SC 口到起步离合器。

（2）倒挡时主动带轮压力控制电磁阀 DRC 油压升高，使换挡限止阀左移，CCB 油进入 SC 口到起步离合器。

（3）在电气系统发生故障时，电磁阀静止不动，DRC 油压最高，使换挡限止阀左移最大，换挡限止阀的 CR 口与 SI 口油道通，换挡限止阀 SI 口油经起步离合器后备阀 SI 口到 CCB 口，再进入换挡限止阀 CCB 口到 SC 口，到起步离合器，将起步离合器从电子控制切换到液压控制。

工作原理：弹簧力与 DRC 油压平衡，弹簧使阀右移，DRC 油压使阀左移。

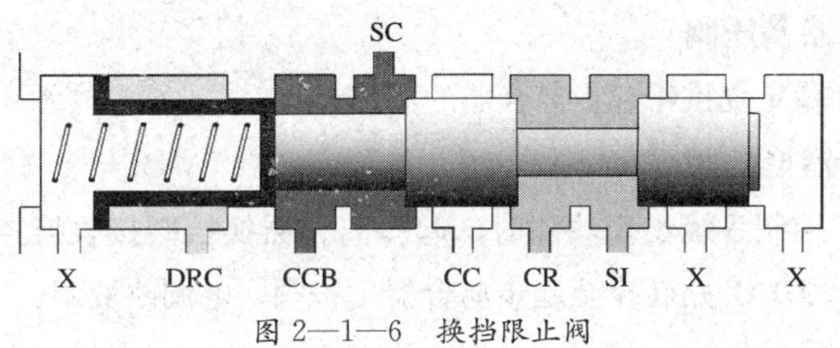

图 2—1—6　换挡限止阀

3．PH 控制换挡阀（见图 2—1—7）

组成：阀体、弹簧。

作用：随发动机转速和节气门开度变化，电脑控制的主动带轮与从动轮调压电磁阀调整出的控制油压配合调节主油压 PH。

工作原理：根据主动带轮控制压力（DRC）和从动带轮控制压力（DNC）＋弹簧力平衡产生 PH 控制换挡阀压力（PHC），PH 调节阀据此来调节 PH 主油压。

4．离合器减压阀（见图 2—1—8）

组成：阀体、弹簧。

作用：接收 PH 压力产生离合器减压阀压力（CR）。

CR 油压作用如下：

（1）CR 油压一方面向手动阀送油，以供前进挡或倒挡离合器工作。

（2）CR 油压还分别送入主、从动带轮油压控制电磁阀，通过电磁阀调压后供给主、从动带轮。

（3）CR 油压还向限止电磁阀送油，以便限止电磁阀在电脑控制下开闭，驱动倒挡限止阀动作，决定是倒挡离合器工作还是前进挡工作。

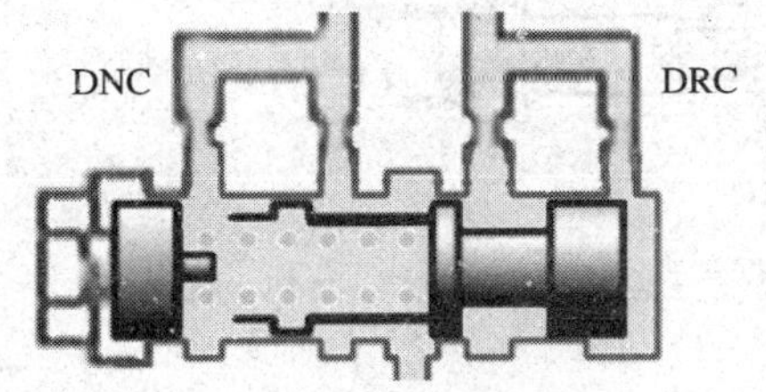

图 2—1—7　PH 控制换挡阀

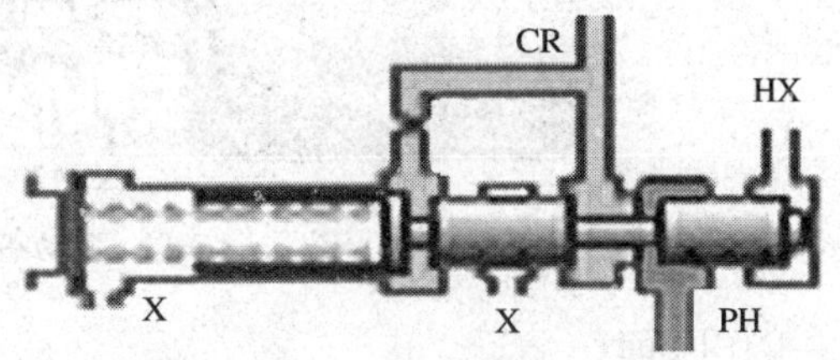

图 2—1—8　离合器减压阀

（4）CR 油压送入起步离合器压力控制阀，保证了自动变速器停车怠速运转、起步、加速各种工况的换挡质量。

（5）CR 油压进入换挡限止阀。

原理：该阀是把主油压 PH 调节成离合器减压阀油压 CR。该压力的调节是靠弹簧弹力和 CR 油压经节流口反馈作用在该阀左侧，左右两力的平衡将 PH 油压调节成 CR 油压。

5．起步离合器蓄压阀

作用：缓冲、稳定提供给起步离合器的油压。

6．起步离合器换挡阀

作用：在电子控制系统出现故障时，起步离合器换挡阀接收换挡锁定压力（SI），并将润滑油液（LUB）旁路转换至起步离合器后备阀，电调改液调。

7．起步离合器后备阀

作用：在电子控制系统出现故障的情况下，起步离合器后备阀提供离合器控制压力 B（CCB），以对起步离合器进行控制。

8．润滑阀

作用：稳定内部润滑液压回路的压力。

9．主动带轮压力控制电磁阀（见图 2—1—9）

组成：阀体、弹簧、电磁阀。

作用：主动带轮压力控制阀由线性电磁阀和滑阀组成，由动力系统控制模块（PCM）控制，离合器减压阀油压 CR 送入主动带轮压力调节阀的 CR 口后，经电磁阀调压，输出一个随行驶状况变化的 DRC 压力。

DRC 压力的作用如下：

（1）送入主动带轮压力控制阀以调整主动带轮工作半径，线性地改变车速。

（2）送入 PH 控制换挡阀调节主油压。

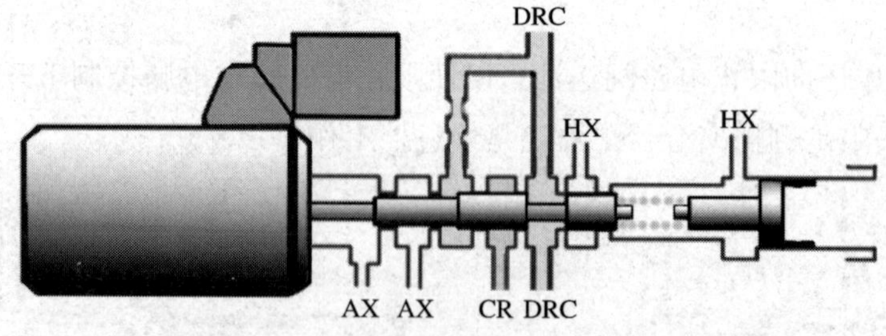

图 2—1—9　主动带轮压力控制电磁阀

工作原理：

（1）由动力系统控制模块（PCM）控制，离合器减压阀油压 CR 送入主动带轮压力调节阀的 CR 口后，经电磁阀调压，输出一个随行驶状况而变化的 DRC 压力。

（2）电磁阀损坏不动作时 DRC 油压最高，能把换挡限止阀推至左端，使 CR 口与 SI 口相通，因此主动带轮控制阀 SI 通油使其左移，主动带轮油压降低，工作半径变小，保证汽车回家功能。

10．主动带轮控制阀（见图 2—1—10）

组成：阀体、弹簧。

作用：

（1）DRC 压力进入主动带轮压力控制阀，调节进入该阀右端的 PH 压力调出的 DR 压力，DRC 压力加弹簧力与 PH 压力的抗衡决定调压阀的位置，从而将 PH 压力调整成线性变化的主动带轮油压 DR，控制带轮工作半径变化。压力升高使主动带轮工作半径变大。

（2）在电脑失控、电磁阀不动作时，DRC 油压增高至限定压力时，换挡限止阀打开，将油压送入主动带轮压力调节阀的 SI 油口，向右推主动带轮控制阀，以减小主动带轮压力，减小主动带轮工作半径，使汽车行驶速度降低，此功能为变速器反馈功能。

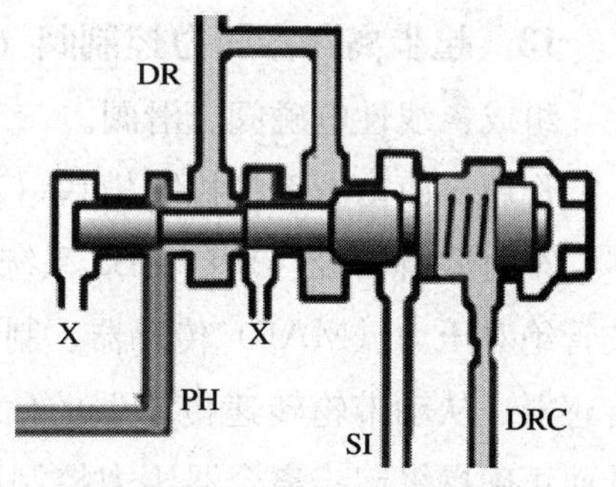

图 2—1—10　主动带轮控制阀

工作原理：DRC 压力＋弹簧力与 PH 压力的抗衡决定调压阀的位置，从而将 PH 压力调整成线性变化的主动带轮油压 DR。

11．从动带轮压力控制电磁阀（见图 2—1—11）

组成：线性电磁阀、滑阀。

作用：由动力系统控制模块（PCM）控制，用于向从动带轮控制阀提供从动带轮控制压力（DNC）。

工作原理：由动力系统控制模块（PCM）控制，离合器减压阀油压 CR 送入从动带轮压力控制电磁阀的 CR 口后，经电磁阀调压，输出一个随行驶状况而变化的 DNC 压力。

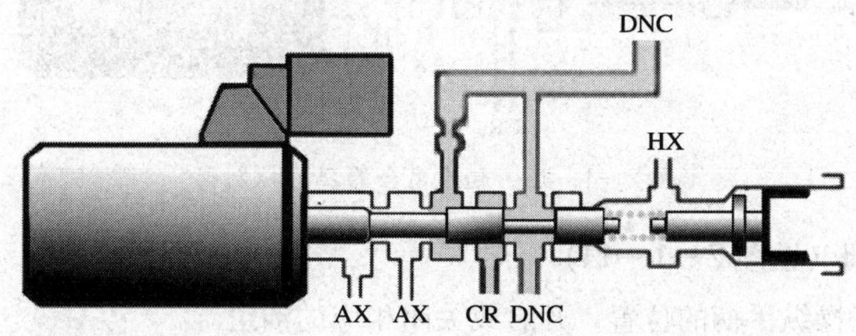

图 2—1—11　从动带轮压力控制电磁阀

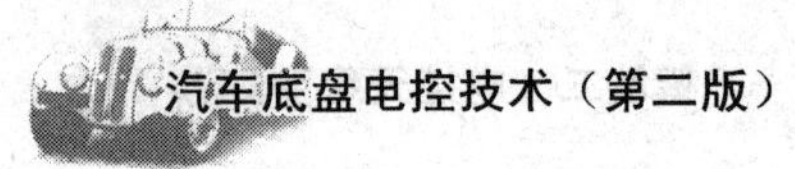

12．从动带轮控制阀（见图2—1—12）

作用：调整出从动带轮油压DN。改变带轮的工作半径，调整变速器输出转速。压力升高使从动带轮工作半径变大。

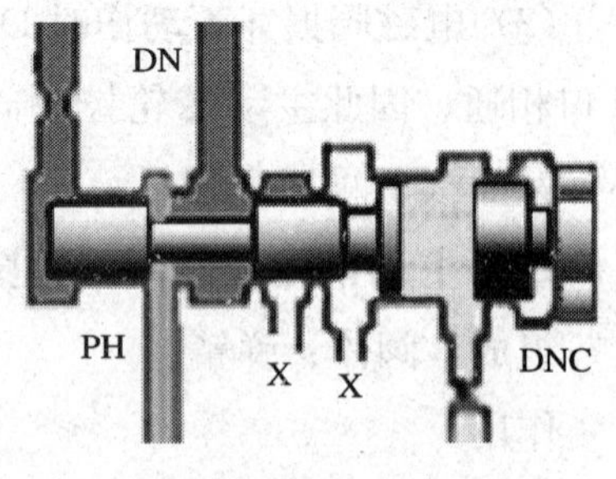

图2—1—12　从动带轮控制阀

工作原理：该阀右端承受着从动带轮压力控制电磁阀送过来的控制压力DNC和自身弹簧弹力，而阀的左端则承受着从动带轮调压阀调整出的从动带轮压力DN，DN油压经节流口反馈作用在阀的左端，左右两端压力的平衡决定了该阀打开油口的大小，从而调整出从动带轮油压DN。可见，DN油压随从动带轮油压控制电磁阀的通断占空比而线性变化，改变带轮的工作半径，调整变速器输出转速。

13．起步离合器压力控制阀（见图2—1—13）

组成：线性电磁阀、滑阀。

作用：由动力系统控制模块（PCM）控制，PCM接收来自无级变速器转速传感器、车速后备信号（来自ABS系统）、挡位传感器、节气门位置传感器（TPS）、进气歧管绝对压力（MAP）传感器、制动开关、曲轴位置（CKP）传感器、主动带轮转速传感器、从动带轮转速传感器的信号输入，以确定施加于起步离合器的正确压力值，从而正确操纵起步离合器压力控制电磁阀，为起步离合器提供合适的油压，保证了无级变速器停车怠速运转、起步、加速各种工况的换挡质量。

工作原理：起步离合器压力控制电磁阀CR油口的压力由离合器减压阀调出，该油压送入起步离合器控制电磁阀的CR油口。电脑通过多种传感器信号，控制电磁阀开闭的占空比，从而控制送往换挡限止阀CC的压力大小，也就改变了起步离合器压力。

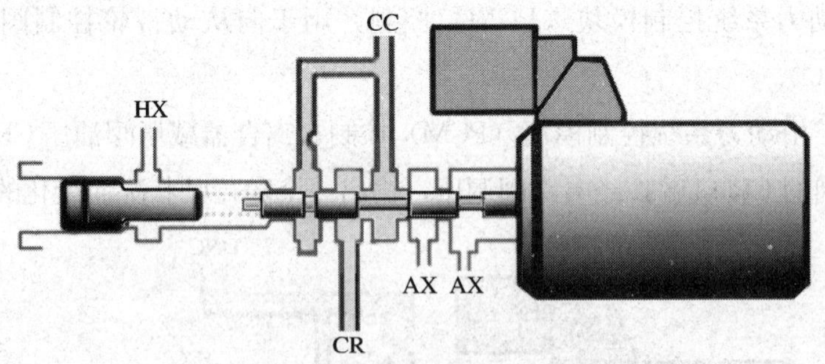

图2—1—13　起步离合器压力控制阀

14．手动阀（见图2—1—14）

作用：根据操纵手柄的位置，开启或关闭相应的油道。

具体控制过程如下：

当手动阀拨入 D 挡时，手动阀将油压送入前进离合器。

当手动阀拨入 R 挡时，倒挡离合器工作。

当汽车以大于 10 km/h 的车速向前行驶时，电脑控制限止装置电磁阀泄油，把倒挡限止阀右侧的 R 油压泄掉，使倒挡限止阀右移，堵塞通往倒挡离合器的油路，使倒挡离合器不工作，限止切入倒挡。

工作原理：手动阀输入的油压是 CR 油压，即由离合器减压阀调出的油压，CR 油压送入手动阀后的流向取决于手动阀的位置。

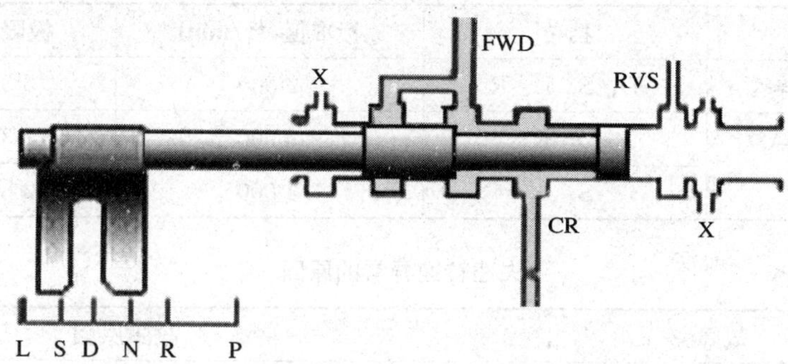

图 2—1—14　手动阀

15．倒挡限止阀

作用：倒挡限止阀由限止装置电磁阀提供的倒挡锁定压力进行控制。当车辆速度大于 10 km/h 时，电脑控制电磁阀送入 RI 压力，当 RI 压力泄掉时，阀处于右侧，此时倒挡离合器压力油道被关闭，不能切入倒挡。若 RI 油压将阀推至左侧，则倒挡离合器油道被打开，于是手动阀 CR 油压便可通过倒挡限止阀 RVS 进入倒挡离合器，使倒挡离合器工作。

工作原理：倒挡限止阀是一个开关阀，限止装置电磁阀的左右移动可关闭或打开倒挡离合器油道。

三、失速试验

1．失速试验的注意事项

(1) 失速试验只应用于诊断目的。

(2) 每次失速试验的时间不得超过 10 s，两次试验应间隔 2 min 以上。

(3) 安装油压表后，不要进行失速试验。

2．失速试验的步骤

(1) 使用驻车制动器，塞住车轮。

(2) 将转速表连接到发动机上（仪表板上无转速表时），起动发动机。

(3) 确认 A/C 开关置于 OFF 位置。

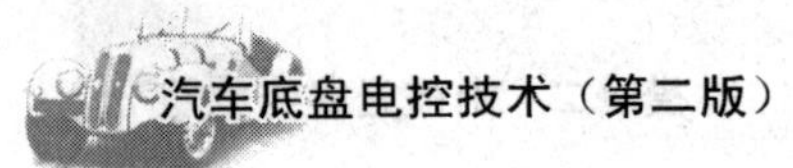

（4）在发动机达到正常工作温度（散热器风扇转动）后，将换挡杆移至D挡位置。

（5）将制动踏板和加速踏板完全踏下，持续6～8 s，记录发动机转速。在踏下加速踏板后不要移动换挡杆。

使发动机怠速运转2 min，让变速器冷却，然后在S、L和R挡位下重复进行试验。标准失速转速见表2—1—1。

失速转速与标准值不符的故障原因见表2—1—2。

表2—1—1　　标准失速转速

车型	挡位	标准值（r/min）	极限值（r/min）
L15A2发动机车型	D、S、L、R	2 500	2 350～2 650
L13A3和L12A3发动机车型	D、R	2 500	2 350～2 650
	S、L	3 000	2 800～3 100

表2—1—2　　失速转速异常的原因

故障	故障原因
在D、S、L、R挡位置失速转速过高	ATF油位过低或ATF输出流量过低 ATF滤清器堵塞 PH调节阀卡滞 前进挡离合器打滑 起动离合器故障
在R挡位置失速转速过高	倒挡离合器打滑 起步离合器打滑
在D、S、L、R挡位置失速转速过低	发动机输出功率过低 起步离合器故障 带轮控制阀卡滞

四、压力试验

1. 确认变速器ATF油位合适，若不合适，则调整。
2. 将车辆前部举起，使前轮离开地面。
3. 使用驻车制动器，可靠地塞住后轮。
4. 拆下挡泥板。
5. 起动发动机，达到正常温度（散热器风扇转动）后熄火，连接发动机转速表（仪表板上无转速表时）。
6. 将专用工具连接到前进挡离合器压力检测孔A上。

7. 将专用工具连接到倒挡制动器压力检测孔 B 上。

8. 使用专用工具，将量程为 4 900 kPa 或更大的油压表连接到主动带轮压力检测孔 C 和从动带轮压力检测孔 D 上。当变速器有故障导致 PCM 进入失效保护状态时，主动带轮压力和从动带轮压力可能大于 4 900 kPa。

9. 将专用工具连接到润滑压力检测孔 E 上。

10. 起动发动机。

11. 将换挡杆移至 D 位置，测量在发动机转速为 1 700 r/min 时前进挡离合器的压力。

12. 将换挡杆移至 R 位置，测量在发动机转速为 1 700 r/min 时倒挡制动器的压力。

13. 将换挡杆移至 N 位置，测量在发动机转速为 1 700 r/min 时主动带轮和从动带轮的压力。

14. 测量在发动机转速为 2 500 r/min 时的润滑压力。各种压力的极限值见表 2—1—3。

表 2—1—3　　变速器压力极限值

项目	极限值（kPa）
前进挡离合器压力	1 440～1 710
倒挡制动器压力	1 440～1 710
主动带轮压力	310～580
从动带轮压力	430～910
润滑压力	270～400

15. 压力测试完成后，将专用工具和油压表拆下。

16. 使用新的密封圈安装油压测试孔螺栓，以 18 N・m 的力矩拧紧螺栓。

17. 压力异常的原因见表 2—1—4。

表 2—1—4　　压力异常的原因

故障现象	故障原因
无前进挡离合器压力或压力太低	前进挡离合器故障
无倒挡制动器压力或压力太低	倒挡制动器故障
无主动带轮压力或压力太低	ATF 泵故障 PH 调节阀故障 主动带轮控制阀故障 从动带轮控制阀故障

续表

故障现象	故障原因
主动带轮压力太高	pH 调节阀故障 主动带轮控制阀故障 从动带轮控制阀故障 CVT 从动带轮压力控制阀故障
无从动带轮压力或压力太低	ATF 泵故障 pH 调节阀故障 主动带轮控制阀故障 从动带轮控制阀故障 CVT 从动带轮压力控制阀故障
从动带轮压力太高	pH 调节阀故障 主动带轮控制阀故障 从动带轮控制阀故障 CVT 从动带轮压力控制阀故障
无润滑压力或压力太低	ATF 泵故障 润滑阀故障

五、本田飞度 CVT 无级变速器电路分析与检测

1．电液控制系统的各种控制

自动变速器的输入信号与输出控制如图 2—1—15 所示。七速自动变速器电路如图 2—1—16 所示。PCM 插接器端子位置如图 2—1—17 所示。

2．传动比控制（换挡控制）

动力系统控制模块（PCM）将实际行驶条件与存储的行驶条件进行比较，以进行传动比（换挡）控制，通过连续地变化主、从动带轮的传动比，满足发动机目标转速的要求。发动机目标转速是一个变化的数值，随节气门开度升高而提高，且在不同的挡位下（D、S、L），目标转速不同。操纵手柄位于 D 挡位时，无级变速器的传动比变化范围是 0.407～2.36；在 R 挡位时，如果踩下加速踏板，传动比被设定为 1.326，松开加速踏板则为 2.367。如果节气门开度较大时，发动机的目标转速较高，会有较好的加速性；在部分节气门开度下，发动机的目标转速较低，以实现较好的燃油经济性。PCM 在各个挡位采用了不同的发动机目标转速，同时，无级变速器有不同的换挡曲

线，包括正常特性曲线、节气门全开特性曲线、低速特性曲线、市区特性曲线、运动特性曲线、弯道特性曲线。

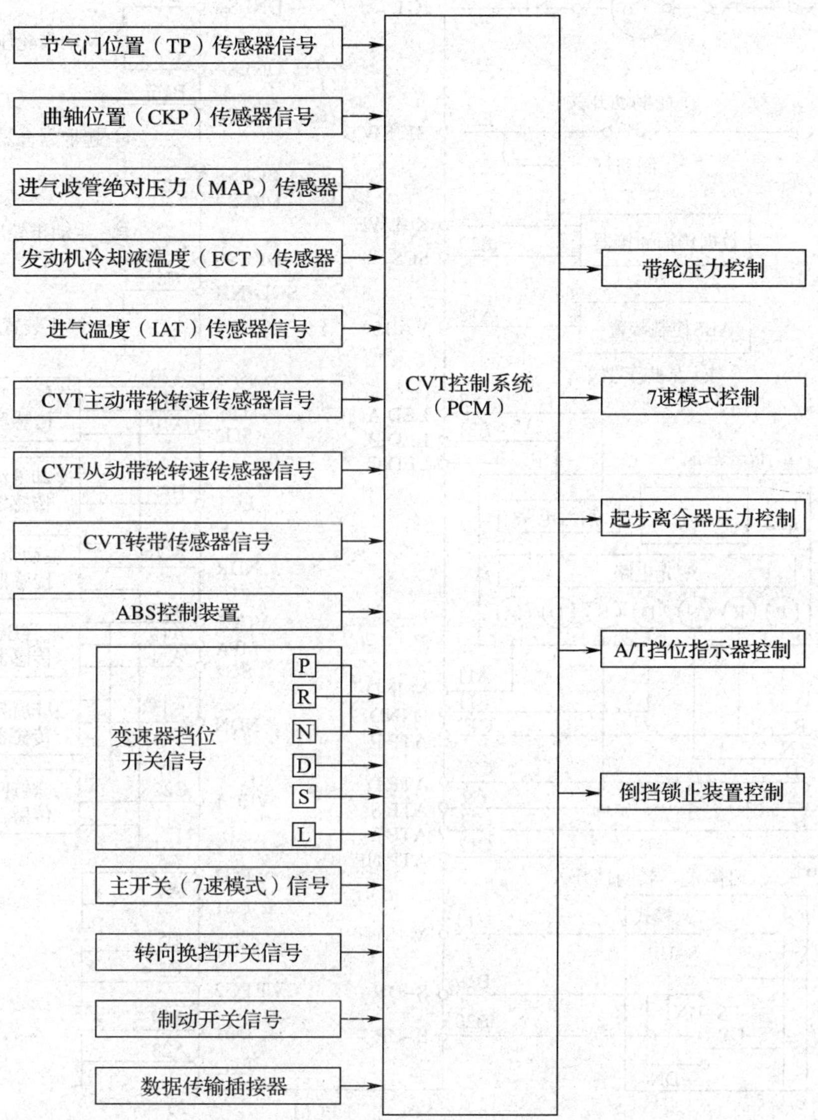

图 2—1—15　自动变速器的输入信号与输出控制

（1）当操纵手柄处于D挡位时，无级变速器会在正常特性曲线和市区特性曲线间切换；如果节气门全开，则会切换至节气门全开特性曲线。

（2）在S挡位时，无级变速器会在运动特性曲线和弯道曲线间切换。

（3）在发动机温度较低时，带轮被设置为高传动比，以便迅速暖机。

（4）在持续运转时，无级变速器的油液温度可能升高至预期限值以上，PCM将对发动机高转速运转时间进行监测。必要时，改变带轮的传动比，直至油温回到正常。

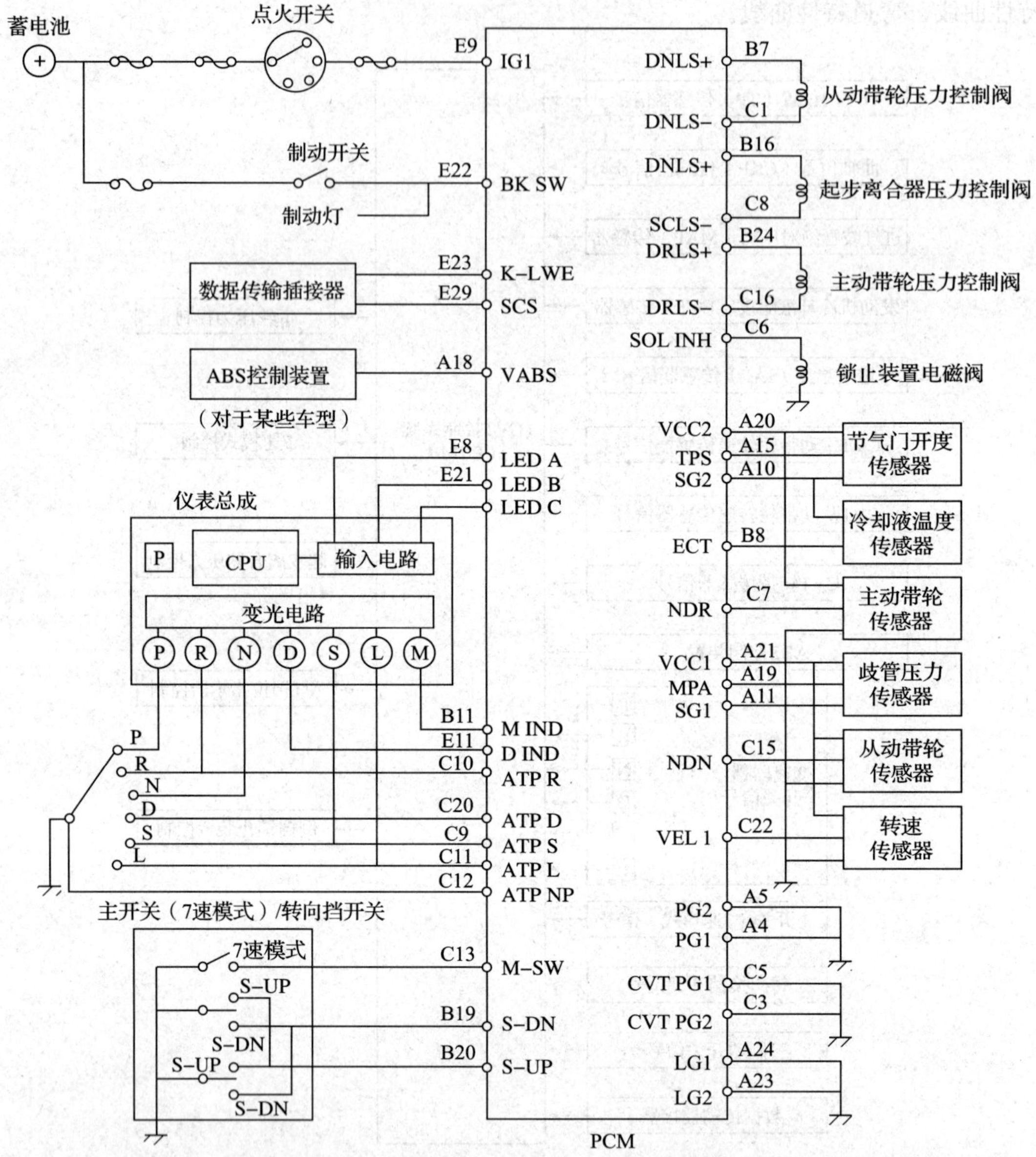

图 2—1—16　七速自动变速器电路

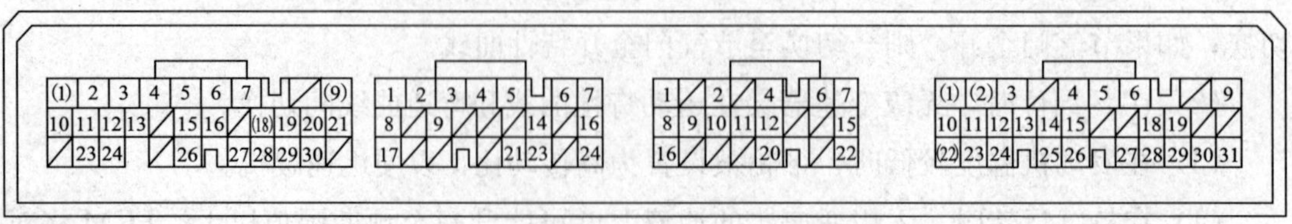

图 2—1—17　PCM 插接器端子位置

3．带轮侧压力控制

CVT 无级变速器的带轮压力由动力系统控制模块（PCM）控制，控制部件包括压力控制电磁阀和滑阀。PCM 从进气歧管绝对压力传感器（MAP）、节气门位置传感器（TPS）等信号获得发动机负荷，进而确定合适的带侧压力（DRC）（DNC）。在爬坡或加速等高负荷条件下，PCM 会检测到高的节气门开度和进气歧管绝对压力，从而向带轮提供较高的侧压力，以防止钢带打滑。在中速行驶等低负荷条件下，PCM 会检测到低的节气门开度和进气歧管绝对压力，从而向带轮提供较低的侧压力，以减少钢带摩擦并改善燃油经济性。

4．起步离合器控制

动力系统控制模块（PCM）通过起步离合器控制电磁阀，来控制起步离合器的工作油压，从而保证起步、加速平稳，并在 D、S、L 和 R 挡位下，产生与变矩器相同的“蠕动”效果。

（1）起步离合器控制。PCM 接收来自无级变速器转速传感器、车速后备信号（来自 ABS 系统）、挡位传感器、节气门位置传感器（TPS）、进气歧管绝对压力（MAP）传感器、制动开关、曲轴位置（CKP）传感器、主动带轮转速传感器、从动带轮转速传感器的信号输入，以确定施加于起步离合器的正确压力值，从而正确操纵起步离合器压力控制电磁阀，为起步离合器提供合适的油压。

（2）当节气门关闭且车辆处于停止或处于前进挡下非常低的车速时，PCM 操纵起步离合器控制电磁阀，向起步离合器施加少许的压力，从而产生“蠕动”效果，以允许驾驶员通过制动踏板以非常低的车速行进。

（3）动力系统控制模块（PCM）对进气歧管绝对压力传感器（MAP）进行监测，以便使发动机保持预定负荷。PCM 存储了既保持预期“蠕动”效果，又不会造成发动机失速所需的压力值，并根据情况对该值进行监视和修正。

（4）如果行驶过程中失去 MAP 信号，PCM 会监视其他传感器的信号，并按预先存储的数据控制起步离合器压力。

（5）如果 PCM 断电，必须执行起步离合器校正程序，使 PCM 记忆正确的数值，实现正确的“蠕动”控制。

（6）在行驶过程中，当节气门关闭且车速降至 60 km/h 以下时，PCM 将慢慢降低起步离合器压力，同时监视起步离合器打滑，然后存储起步离合器所需的正确压力值。当节气门关闭且车辆停车时，PCM 将监视 MAP 传感器，并存储起步离合器所需的正确压力值。这只是校正原理，详细步骤见维修部分的说明。

5．倒挡控制

动力系统控制模块（PCM）根据无级变速器转速传感器和车速信号，通过控制限止电磁阀的通/断（ON/OFF）来控制倒挡是否接合。

在较高速下行驶时，如果选择了倒挡，则 PCM 控制限止电磁阀接通（ON），电磁阀泄压，则倒挡限止滑阀在弹簧力的作用下移至停靠位置。在此位置下，由手动阀来的作用于倒挡制动器的油压被阻断，倒挡不能接合。

当车速降至 10 km/h 以下时，PCM 断开（OFF）倒挡限止阀，允许液压作用于倒挡限止滑阀，液压力使滑阀克服弹簧力的作用移动，从而接通由手动阀来的作用于倒挡制动器的油压，使倒挡接合。

6．七速模式控制

广州本田飞度 CVT 无级自动变速器在 D 或 S 挡位下具备七速模式，在七速模式下又可分为七速自动模式和七速手动模式。如图 2—1—16 所示，按下主开关，变速器切换至七速自动模式，在此模式下，变速器可在七级速比范围内上下变化。在七速自动模式，转向换挡开关随时可被激活，如果此开关被激活，则七速自动模式被取消，进入七速手动模式。在七速手动模式下，可通过转向换挡开关以手动方式控制自动变速器在七级速比范围内上下变换，这与手动变速器相似。再按下主开关或将操纵手柄移至其他挡位，七速手动模式取消。在仪表盘上有挡位和模式的显示。在七速自动模式下，换挡指示器显示当前的速度等级，且“M”指示灯不亮；在七速手动模式下，“M”指示灯亮，换挡指示器显示所选的速度等级。

7．失效保护控制

（1）转速传感器损坏——用 ABS 传感器信号。

（2）进气压力传感器损坏——用预存值。

（3）PCM 断电——减小传动比，前进 1～1.8，倒挡 1～2.37。

六、飞度 CVT 无级自动变速器电控系统的检修

1．故障码诊断

如果动力系统控制模块（PCM）检测到输入信号或输出控制部件有故障时，会记忆相应的故障码，同时控制仪表上的挡位 D 闪烁，如图 2—1—18 所示。如果仪表板上的“D”或故障指示灯（MIL）启亮，可用本田专用故障诊断工具 PGM 对电控系统进行诊断。广州本田飞度轿车诊断插座位于仪表板转向盘的下方，如图 2—1—19 所示。本田 CVT 自动变速器故障码见表 2—1—5。

2．PCM 的升级及更换

在故障检修过程中，如果更换 PCM 或 PCM 没有下载最新的软件版本，则应对 PCM 进行升级。

（1）PCM 升级应注意的问题

1）为确保 PCM 程序的版本最新，无论何时更换 PCM，都要对 PCM 进行升级。

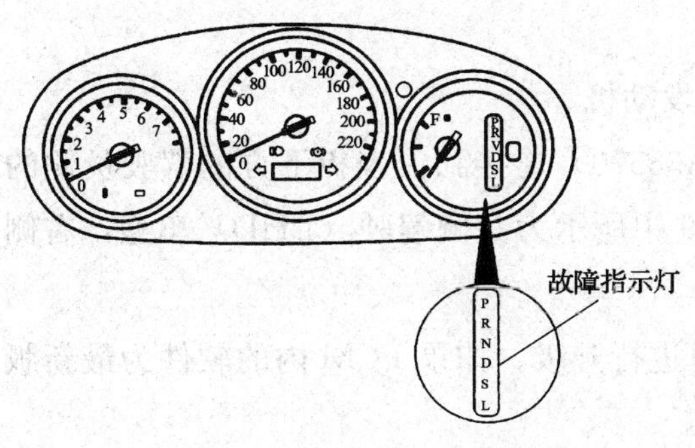

图 2—1—18　自动变速器故障指示灯

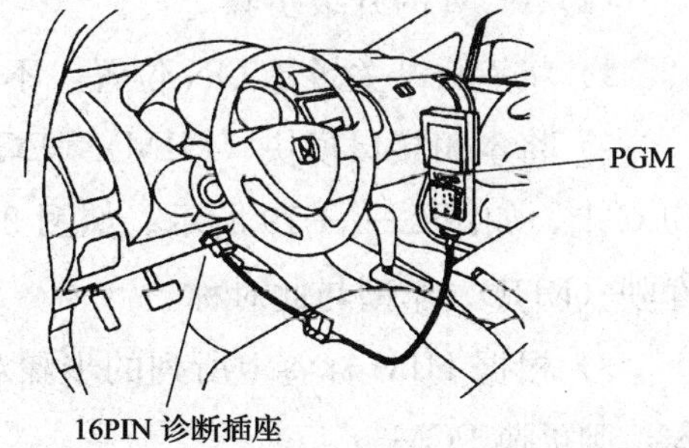

图 2—1—19　连接故障诊断仪 PGM

表 2—1—5　　本田 CVT 自动变速器故障码

故障码	变速器故障灯“D”	故障指示灯（MIL）	故障说明
P1705	闪烁	ON	变速器挡位开关（对地短路）
P1706	闪烁	ON	变速器挡位开关（断路）
P1879	闪烁	ON	起步离合器压力控制阀
P1882	闪烁	OFF	限止电磁阀
P1885	闪烁	OFF	主动带轮转速传感器
P1886	闪烁	OFF	从动带轮转速传感器
P1887	闪烁	ON	VABS 电路（带 ABS 车辆）
P1888	闪烁	ON	CVT 转速传感器
P1890	闪烁	ON	换挡控制系统
P1891	闪烁	ON	起步离合器控制系统
P1894	闪烁	ON	主动带轮控制电磁阀电路
P11895	闪烁	OFF	从动带轮控制电磁阀电路

2）使用已有的程序无法对 PCM 进行升级，PCM 仅接受新版本程序。

3）升级 PCM 之前，确认车上的蓄电池已充分充电。

4）为避免 PCM 损坏，在升级过程中不要操作车上的任何电气系统、音响系统、制动器、空调、电动车窗、天窗和门锁。

5）在升级过程中，如果本田接口模块（HIM）的红灯（＃3）点亮或闪烁，则需要对 HIM 进行故障诊断，在断开 HIM 与 DCL 的连接时，应使点火开关保持在 ON（Ⅱ）位置，这样可以避免损坏 PCM。

（2）PCM 的升级步骤

1）将点火开关置于 ON 位置，不要起动发动机。

2）将本田接口模块（HIM）（EQSOS5A35570）连接到仪表板下方的驾驶员侧的 DLC 上，如图 2—1—19 所示。如图 2—1—19 中所示为左侧驾驶（LHD）车型，右侧驾驶（RHD）车型与此对称。

3）根据 HIM 标签上所列的步骤对 PCM 进行升级。如果 PCM 内的软件为最新版本，则更换 PCM。

3．起步离合器的校正

（1）起步离合器校正的目的

起步离合器校正的目的是使无级变速器与控制系统相匹配。当进行起步离合器校正时，动力控制模块（PCM）存储一个基准的进气歧管绝对压力传感器信号，该信号用于确定起步离合器合适的工作压力，使车辆具有正确的蠕动量，保证汽车具有良好的起步加速性能。

起步离合器在下列情况下需要校正：

1）拆下蓄电池电缆。

2）拆下仪表板下的熔断器/继电器盒内的 20 号 ECU 熔断器（15 A）。

3）拆下、更换或大修变速器。

4）更换起步离合器总成。

5）更换无级变速器下部阀体总成。

6）拆卸、更换或大修发动机总成。

7）动力控制模块（PCM）拆卸、更换或复位过。

8）无级变速器故障指示灯闪烁。

如果出现上述情况后没有进行起步离合器校正，则可能出现某些功能不正常的现象，如在任何挡位下发动机转速下降甚至熄火，在任何挡位下发动机转速波动，汽车起步时抖动等。

（2）起步离合器校正程序

起步离合器校正方法有两种，一种是在车辆停止时校正，另一种是在车辆行驶时校正。通常情况下选择两种方法中的任意一种即可，但在雨中进行校正时，如果采用车辆行驶方法，则可能由于刮水器等电气负载的增加影响校正结果，因此，下雨时应采用车辆停止的校正方法。

（3）车辆停止时的校正步骤

1）使用驻车制动器，用三角木块塞住 4 个车轮。

2）起动发动机，运转至正常工作温度（散热器风扇转动）。

3）确认故障指示灯（MIL）没有点亮，D 指示灯没有闪烁。

4）如果故障指示灯（MIL）点亮或 D 指示灯闪烁，则检查燃油和排放系统或 CVT 控制系统，然后重新检查。

5）将点火开关置于 ON 位置。

6）将本田 PGM 诊断仪或 HDS 连接到 DLC 上。

7）使用本田 PGM 诊断仪跨接 SCS 线路。

8）踏下制动踏板，使制动踏板保持在踏下位置，直至校正结束。

9）在无负荷条件下起动发动机，然后打开前照灯，在校正过程中使前照灯一直点亮。

10）将换挡杆换至 N 挡位置，再换至 D、S 和 L 挡位置，发动机起动后，在 20 s 内换回到 S、D 和 N 位置，换挡杆应在每个挡位上短暂停留，重复换挡两次。

11）检查换挡杆在 N 挡位置时 D 指示灯是否点亮 1 min，然后熄灭。

12）如果 D 指示灯闪烁，或者 D 指示灯常亮（点亮 1 min 后没有熄灭），则将点火开关置于 OFF 位置，然后从上述第 6）步开始重复上述步骤。

13）换至 D 挡位置，检查 D 指示灯是否点亮 2 min，然后熄灭。

14）如果 D 指示灯闪烁，或者 D 指示灯常亮（点亮 1 min 后没有熄灭），则将点火开关置于 OFF 位置，然后从上述第 6）步开始重复上述步骤。

15）将点火开关置于 OFF 位置。

16）进行试车，确认起步离合器控制系统没有故障。

（4）车辆行驶时的校正步骤

1）起动发动机，运转至正常工作温度（散热器风扇转动），然后熄火。

2）在无负荷条件下起动发动机，然后打开前照灯。

3）在 D 挡位置使汽车起步，加速到 60 km/h，然后踏下制动踏板使汽车减速超过 5 s，直至校正结束。

（5）进行试车，确认起步离合器控制系统没有故障。

4．控制阀体的检修

（1）起步离合器压力控制阀的检修

1）拆下空气滤清器壳体和进气导管。

2）拔下 CVT 起步离合器压力控制阀插接器 A。

3）测量 CVT 起步离合器压力控制阀插接器端子之间的电阻，电阻值应为 3.8～6.8 Ω。

4）如果阻值不符合标准，则更换控制阀体。

5）如果电阻值符合标准，则将蓄电池正极与 CVT 起步离合器压力控制阀插接器的 1 号端子相连，将蓄电池负极与 2 号端子相连，应听到“咔嗒”声。

6）如果没有听到任何响声，则拆卸控制阀体，并用清洁剂清洗有关零件，然后重新检查。

（2）CVT 主动带轮压力控制阀的检测

1）拆下空气滤清器壳体和进气导管。

2）拔下 CVT 主动带轮压力控制阀插接器 A。

3）测量 CVT 主动带轮压力控制阀插接器端子之间的电阻，电阻值应为 3.8～6.8 Ω。

4）如果电阻值不符合标准，则更换控制阀体。

5）如果符合标准，则将蓄电池正极与 CVT 主动带轮压力控制阀插接器的 1 号端子相连，将蓄电池负极与 2 号端子相连，应听到“咔嗒”声。

6）如果没有任何响声，则拆卸控制阀体，并用清洁剂清洗有关零件，然后重新检查。

（3）CVT 从动带轮压力控制阀的检测

1）拆下空气滤清器壳体和进气导管。

2）拔下 CVT 从动带轮压力控制阀插接器 A。

3）测量 CVT 从动带轮压力控制阀插接器端子之间的电阻，电阻值应为 3.8～6.8 Ω。

4）如果电阻值不符合标准，则更换控制阀体。

5）如果电阻值符合标准，则将蓄电池正极与 CVT 从动带轮压力控制阀插接器的 1 号端子相连，将蓄电池负极与 2 号端子相连，应听到“咔嗒”声。

6）如果没有任何响声，则拆卸控制阀体，并用清洁剂清洗有关零件，然后重新检查。

（4）控制阀体的更换

1）拆下空气滤清器壳体和进气导管。

2）拔下限止装置电磁阀插接器和 CVT 从动带轮压力控制阀插接器。

3）拔下 CVT 起步离合器压力控制阀插接器、CVT 从动带轮压力控制阀插接器和 CVT 主动带轮压力控制阀插接器。

4）拆下固定线束盖的螺栓，将线束盖拉出，并将其从支架上拆下。

5）将蓄电池电缆夹从其支架上拆下，从散热器软管夹上拆下散热器软管，并拆下散热器软管夹。

6）拆下控制阀体，并将其更换。

7）将新的 O 形圈安装到 ATF 管上，并将它们安装到变速器壳体上，使用新密封垫的定位销将新控制阀体安装到 ATF 管上。

8）按照与拆卸相反的顺序安装拆卸下的其他部件。

5．限止装置电磁阀的检修

（1）限止装置电磁阀的检测

1）拔下限止装置电磁阀插接器。

2）测量电磁阀插接器端子之间的电阻，电阻值应为 11.7～21.0 Ω。

3）如果电阻值不符合标准，则更换限止装置电磁阀。

4）如果电阻值符合标准，则将蓄电池正极与限止装置电磁阀插接器的 2 号端子相连，将蓄电池负极与 1 号端子相连，应能听到“咔嗒”声。如果没有听到声音，则清洗或更换限止装置电磁阀。

（2）限止装置电磁阀的更换

1）拔下限止装置电磁阀插接器，拆下限止装置电磁阀。

2）使用新的 O 形圈安装新的限止装置电磁阀，安装电磁阀时，不得让灰尘或任何异物进入变速器内。

3）检查插接器是否锈蚀或有油污，然后可靠地连接插接器。

6．CVT 主动带轮转速传感器的更换

（1）拔下 CVT 主动带轮转速传感器插接器。

（2）拆下 CVT 主动带轮转速传感器。

（3）使用新的 O 形圈安装新的主动带轮转速传感器，安装时，不得让灰尘和任何异物进入变速器内。

（4）检查插接器是否锈蚀或有油污，然后可靠地连接插接器。

7．CVT 从动带轮转速传感器的更换

（1）拆下空气滤清器壳体和进气导管。

（2）拔下 CVT 从动带轮转速传感器插接器。

（3）拆下 CVT 从动带轮转速传感器。

（4）使用新的 O 形圈安装新的从动带轮转速传感器，安装时，不得让灰尘和任何异物进入变速器内。

（5）检查插接器是否锈蚀或有油污，然后可靠地连接插接器。

（6）安装空气滤清器壳体和进气导管。

8．CVT 转速传感器的更换

（1）拆下空气滤清器壳体和进气导管。

（2）拔下 CVT 转速传感器插接器。

（3）拆下 CVT 转速传感器。

（4）将新的 O 形圈安装在 CVT 转速传感器上。

（5）将 CVT 转速传感器安装在变速器壳体上，对于 L12A3 发动机车型，安装 CVT 转速传感器时应安装传感器垫圈。

（6）检查插接器是否锈蚀或有油污，然后可靠地连接插接器。

（7）安装空气滤清器壳体和进气导管。

9．变速器挡位开关的检修

（1）变速器挡位开关的检测

1）拆下空气滤清器壳体和进气导管。

2）拔下变速器挡位开关插接器。变速器挡位开关插接器端子功能见表 2—1—6。

表 2—1—6　　变速器挡位开关插接器端子功能

插接器端子	端子信号	插接器端子	端子信号
1	—	6	P
2	N	7	R
3	S	8	D
4	ST	9	L
5	—	10	GND

3）检查插接器端子之间的导通性。变速器挡位开关导通性检查见表 2—1—7。

表 2—1—7　　变速器挡位开关导通性检查

挡位	插接器端子									
	1	2	3	4	5	6	7	8	9	10
P				●		●				●
R							●			●
N		●		●						●
D								●		●
S			●							●
L									●	●

4）如果有的端子之间不导通，则调整变速器挡位开关的安装位置。如果变速器挡位开关安装正常，则更换变速器挡位开关。

（2）变速器挡位开关的更换

1）拆下空气滤清器壳体和进气导管。

2）将换挡杆置于 N 挡位置。

3）拔下变速器挡位开关插接器。

4）拆下原有的变速器挡位开关，更换一个新的变速器挡位开关。

5）确认换挡杆在 N 挡位置，当将换挡杆移至 N 挡位置时，注意不要挤压带有扁槽的控制轴端。如果控制轴端被挤压，则将影响挡位开关的安装。

6）使新安装的变速器挡位开关上的转速套的切口与空挡开关切口对准，然后在切口内放置 2.0 mm 厚的塞尺。

7）使塞尺保持在切口内，将变速器挡位开关固定在 N 挡位置，轻轻地将变速器挡位开关插入控制轴。

8）继续使开关保持在 N 挡位置，旋紧变速器挡位开关上的固定螺母。旋紧螺母时，不要移动变速器挡位开关的位置。

9）取下塞尺，安装转动套罩。

10）连接变速器挡位开关插接器。

11）接通点火开关，将换挡杆依次移至各位置，检查变速器挡位开关与 CVT 挡位指示灯的指示是否一致。

12）确认换挡杆在 P 和 N 挡位置时发动机能起动，在其他位置不能起动。

13）检查换挡杆在 R 挡位置时，倒车灯是否点亮。

14）举起汽车前桥，使前轮能够自由转动，起动发动机，检查换挡操作是否正常。

15）安装空气滤清器壳体和进气导管。

10．变速器油（ATF）油位检查、添加和更换

（1）ATF 油位检查和添加

1）起动发动机运转至正常工作温度（散热器风扇转动）。

2）将车停在水平场地上，关闭发动机。

3）从变速器上将油尺拔下，用干净的抹布擦拭油尺。

4）将油尺装回变速器。

5）在发动机熄火 60～90 s 后，拔下油尺并检查 ATF 油位，油位应位于油尺的上标记 A 处。

6）如果油位低于下标记 C，应检查变速器、软管、管路接头和冷却器管路是否泄漏。

7）如果油位超出上标记，则应将 ATF 放出一部分使油位正常。

8）如果油位过低，则添加本田 ATF—Z1 自动变速器油，使油位达到上标记。不要添加除本田 ATF－Z1 自动变速器油以外的其他油。

9）将油尺插入油尺导管内。

（2）ATF 的更换

1）将车辆停在水平场地上。

2）拆下放油螺栓，将 ATF 放净。

3）使用新的密封圈重新安装放油螺栓。

4）将变速器油加入变速器内。ATF 的加入量：换新油时应加入 3.2 L，大修时应加入 5.4 L。

5）检查 ATF 油位，应位于油尺中间标记 B 和下标记 C 之间。

6）起动发动机运转至正常工作温度（散热器风扇转动），然后检查 ATF 油位，应位于油尺上标记 A 与中间标记 B 之间。

7）如果油位不正确，则进行调整，然后装回油尺。

飞度轿车无级自动变速器的具体故障及分析机理

1. 发动机运转，但换挡杆在任何位置时，车辆不能行驶。可能的故障原因见表 2—1—8。

表 2—1—8　发动机运转，但换挡杆在任何位置时，车辆不能行驶故障原因

<table>
<tr><th>可能的故障原因</th><th>备　注</th></tr>
<tr><td>中间壳体总成磨损或损坏</td><td rowspan="13">1. 检查故障指示灯是否亮起，电控系统是否有故障码，检查各电气部件插头是否松动
2. 检查手动阀及其拉索是否正常
3. 检查主、从动带轮和润滑压力，如果压力过低，检查 ATF 油位、ATF 滤清器和 ATF 油泵
4. 检查 ATF 油位是否过低，冷却管路是否泄漏或堵塞，连接是否松动，如果有必要，冲洗 ATF 冷却管路</td></tr>
<tr><td>带轮压力输油管损坏或泄漏</td></tr>
<tr><td>起步离合器故障，起步离合器输油管损坏或泄漏</td></tr>
<tr><td>输入轴磨损或损坏</td></tr>
<tr><td>行星齿轮机构磨损或损坏</td></tr>
<tr><td>ATF 油位过低、滤清器堵塞、ATF 油泵磨损或损坏</td></tr>
<tr><td>控制阀体总成故障</td></tr>
<tr><td>手动阀故障</td></tr>
<tr><td>ATF 接头管路磨损或损坏</td></tr>
<tr><td>PCM、挡位开关等电气故障</td></tr>
<tr><td>飞轮故障</td></tr>
<tr><td>发动机动力输出不足</td></tr>
</table>

2. 换挡杆在D、S、L挡位时，车辆不能行驶。可能的故障原因见表2—1—9。

表2—1—9　　换挡杆在D、S、L挡位时，车辆不能行驶的故障原因

<table>
<tr><th>可能的故障原因</th><th>备　注</th></tr>
<tr><td>前进离合器故障</td><td rowspan="7">1. 检查前进离合器压力
2. 检查前进离合器、倒挡制动器间隙是否正常，盘、片是否磨损或损坏
3. 检查手动阀及其拉索是否正常
4. 检查故障指示灯是否亮起，电控系统是否有故障码，检查各电气部件插头是否松动</td></tr>
<tr><td>倒挡制动器活塞卡滞、磨损或损坏</td></tr>
<tr><td>行星齿轮机构磨损或损坏</td></tr>
<tr><td>手动阀拉杆和销子磨损或损坏</td></tr>
<tr><td>手动阀体故障</td></tr>
<tr><td>PCM、挡位开关等电气故障</td></tr>
<tr><td>发动机动力输出不足</td></tr>
</table>

3. 换挡杆在R挡位时，车辆不能行驶。可能的故障原因见表2—1—10。

表2—1—10　　换挡杆在R挡位时，车辆不能行驶的故障原因

<table>
<tr><th>可能的故障原因</th><th>备　注</th></tr>
<tr><td>前进离合器故障</td><td rowspan="11">1. 检查倒挡制动器压力
2. 检查倒挡制动器、起步离合器间隙是否正常，盘、片是否磨损或损坏
3. 检查故障指示灯是否亮起，电控系统是否有故障码，检查各电气部件插头是否松动
4. 执行起步离合器校准程序</td></tr>
<tr><td>倒挡制动器故障，倒挡制动器活塞卡滞、磨损或损坏</td></tr>
<tr><td>行星齿轮机构磨损或损坏，推力滚针轴承卡死、磨损或损坏</td></tr>
<tr><td>输入滚针轴承磨损或损坏</td></tr>
<tr><td>手动阀拉杆和销子磨损或损坏</td></tr>
<tr><td>阀体总成故障</td></tr>
<tr><td>手动阀体故障</td></tr>
<tr><td>ATF管路接头磨损或损坏</td></tr>
<tr><td>倒挡限止电磁阀故障</td></tr>
<tr><td>挡位开关故障</td></tr>
</table>

4. 换挡杆从N移至D挡位时，发动机熄火。可能的故障原因见表2—1—11。

5. 换挡比过高或过低时，不换挡。可能的故障原因见表2—1—12。

表 2—1—11　　换挡杆从 N 移至 D 挡位时，发动机熄火的故障原因

<table>
<tr><th>可能的故障原因</th><th>备　注</th></tr>
<tr><td>中间壳体总成磨损或损坏</td><td rowspan="9">1. 检查倒挡制动器压力
2. 检查倒挡制动器、起步离合器间隙是否正常，盘、片是否磨损或损坏
3. 检查故障指示灯是否亮起，电控系统是否有故障码，检查各电气部件插头是否松动
4. 执行起步离合器校准程序</td></tr>
<tr><td>倒挡制动器故障，倒挡制动器活塞卡滞、磨损或损坏</td></tr>
<tr><td>起步离合器故障</td></tr>
<tr><td>ATF 粗滤器或 ATF 滤清器堵塞</td></tr>
<tr><td>控制阀体总成故障</td></tr>
<tr><td>手动阀体故障</td></tr>
<tr><td>PCM 故障或 PCM 存储起步离合器控制数据有问题</td></tr>
<tr><td>发动机动力输出不足</td></tr>
</table>

表 2—1—12　　换挡比过高或过低时，不换挡的故障原因

<table>
<tr><th>可能的故障原因</th><th>备　注</th></tr>
<tr><td>中间壳体总成磨损或损坏</td><td rowspan="14">1. 检查主、从动带轮和润滑压力，如果压力过低，检查 ATF 油位、ATF 滤清器、油泵
2. 检查 ATF 冷却器管路是否泄漏，连接处是否松动，必要时冲洗管路
3. 检查故障指示灯是否亮起，电控系统是否有故障码，检查各电气部件插头是否松动</td></tr>
<tr><td>带轮压力输油管损坏、泄漏</td></tr>
<tr><td>ATF 油位过低、ATF 滤清器堵塞、油泵磨损或损坏</td></tr>
<tr><td>阀体总成故障</td></tr>
<tr><td>控制阀体总成故障</td></tr>
<tr><td>主、从动带轮转速传感器故障</td></tr>
<tr><td>CVT 转速传感器故障</td></tr>
<tr><td>PCM 故障</td></tr>
<tr><td>ATF 接头管路磨损或损坏</td></tr>
<tr><td>主、从带轮转速传感器故障</td></tr>
<tr><td>CVT 转速传感器故障</td></tr>
<tr><td>PCM 故障或 PCM 存储起步离合器控制数据有问题</td></tr>
<tr><td>带轮压力输油管损坏或泄漏</td></tr>
</table>

6. 换挡杆在 D、S、L 位时，车辆不能在平路上缓慢前进。可能的故障原因见表 2—1—13。

表 2—1—13　换挡杆在 D、S、L 位时，车辆不能在平路上缓慢前进的故障原因

可能的故障原因	备　注
中间壳体总成磨损或损坏	1. 检查主、从动带轮和润滑压力，如果压力过低，检查 ATF 油位、ATF 滤清器、油泵 2. 检查 ATF 冷却器管路是否泄漏，连接处是否松动，必要时冲洗管路 3. 检查故障指示灯是否亮起，电控系统是否有故障码，检查各电气部件插头是否松动 4. 执行起步离合器校准程序
带轮压力输油管损坏或泄漏	
起步离合器故障	
ATF 油位太低或变质	
阀体总成故障	
控制阀体总成故障	
手动阀体故障	
ATF 接头管路磨损或损坏	
主、从动带轮转速传感器故障	
PCM 故障或 PCM 存储起步离合器控制数据有问题	
CVT 转速传感器故障	
飞轮总成故障	

7. 车辆起步时，振动过大或剧烈振动。可能的故障原因见表 2—1—14。

表 2—1—14　车辆起步时，振动过大或剧烈振动的故障原因

可能的故障原因	备　注
前进离合器故障	1. 检查前进离合器压力 2. 检查前进离合器、倒挡制动器、起步离合器间隙是否正常，盘、片是否磨损或损坏 3. 检查 ATF 冷却器管路是否泄漏，连接处是否松动，必要时冲洗管路 4. 检查故障指示灯是否亮起，电控系统是否有故障码，检查各电气部件插头是否松动 5. 执行起步离合器校准程序
倒挡制动器故障，倒挡制动器活塞卡滞、磨损或损坏	
起步离合器故障，起步离合器输油管路损坏或泄漏	
ATF 油位太低或变质，ATF 滤清器堵塞	
阀体总成故障	
控制阀体总成故障	
主、从动带轮转速传感器故障	
CVT 转速传感器故障	
PCM 故障或 PCM 存储起步离合器控制数据有问题	

工程应用

飞度车主反映换挡杆从N移至D挡位时，发动机熄火，且起步加速不平顺。

PCM接收多种信号，以确定施加于起步离合器的正确压力值，从而正确操纵起步离合器压力控制电磁阀，为起步离合器提供合适的油压，保证了无级变速器停车怠速运转、起步、加速各种工况的换挡质量。

进行起步离合器校正时，动力控制模块（PCM）存储一个基准的进气歧管绝对压力传感器信号，该信号用于确定起步离合器合适的工作压力，使车辆具有正确的蠕动量，保证汽车具有良好的起步加速性能。

所以应检查起步离合器压力控制电磁阀，并进行起步离合器校正。

思考与练习

一、填空题

1. 测量CVT起步离合器压力控制阀插接器端子之间的电阻，电阻值应为________。

2. 测量CVT从动带轮压力控制阀插接器端子之间的电阻，电阻值应为________。

3. 起步离合器校正的目的是使无级变速器与控制系统________。当进行起步离合器校正时，动力控制模块（PCM）存储一个________进气歧管绝对压力传感器信号，该信号用于确定起步离合器合适的________，使车辆具有正确的蠕动量，保证汽车具有良好的起步加速性能。

二、简答题

1. 简述车辆起步时，振动过大或剧烈振动的可能的故障原因。

2. 简述发动机运转，但换挡杆在任何位置时，车辆不能行驶的故障原因。

3. 简述换挡比过高或过低时不换挡的可能的故障原因。

4. 动力系统控制模块（PCM）通过起步离合器控制电磁阀，来控制起步离合器的工作油压，从而保证起步、加速平稳，并在D、S、L和R挡位下，产生与变矩器相同的“蠕动”效果。简述其实现过程。

模块三

汽车制动防抱死系统

课题一 典型的防抱死系统的拆卸与安装

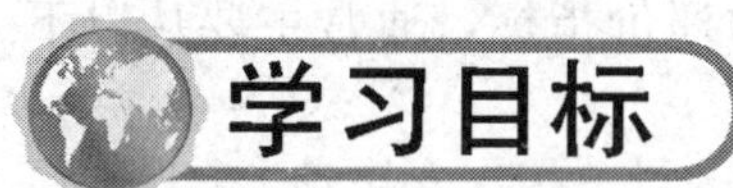

学习目标

- 了解汽车制动性能的评价指标。
- 了解车轮抱死的原因及对制动性能的影响。
- 掌握制动防抱死系统的工作原理。
- 能规范拆装制动防抱死系统。

想一想

经常看到这样的镜头：汽车互相追逐，前方突然出现障碍，驾驶员紧急制动，车轮拖地并发出刺耳的声音，汽车摇摇晃晃，任凭驾驶员怎样打转向盘，汽车就是不听指挥，有时还冲上人行道撞倒行人。这到底是什么原因呢？如何解决这些问题呢？

这些触目惊心的场景正是在驾驶装有传统制动器的汽车时会常常遇到的，对于常规制动的汽车，在紧急制动情况下会导致汽车的车轮抱死。

众所周知，刹车时不能一脚踩死，而应分步刹车，一踩一松，直至汽车停下，即所谓的点刹。但遇到紧急情况时，常需要汽车紧急停下来，很想一脚把制动踏板踩到底就把汽车停下，这时车轮容易发生抱死不转动，从而使汽车发生危险情况，如前轮抱死引起汽车失去转弯能力，使汽车继续向前行驶。而装备了 ABS（制动防抱死系统）则可以避免这种情况（见图 3—1—1）。装有 ABS 的汽车能有效控制车轮保持在转动状态而不会抱死不转，从而大大提高了刹车时汽车的稳定性及较差路面条件下的汽车制动性能。

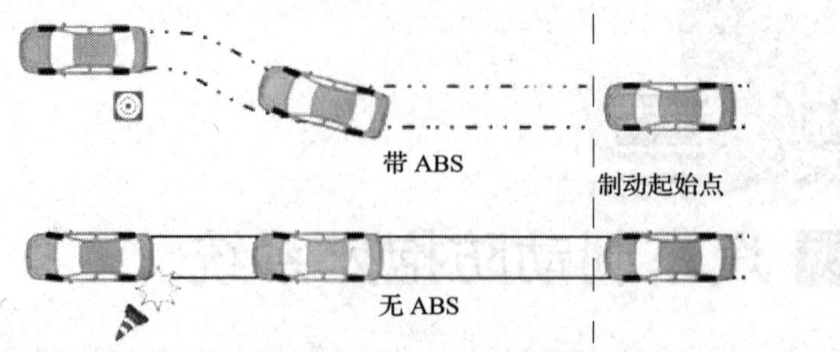

图 3—1—1　传统制动与装备有 ABS 的汽车在紧急制动时的比较

一、汽车制动性能的评价指标

对汽车的制动性能有多方面的要求，因而有多方面的评价指标，通常主要从以下三个方面来进行评价。

1．制动效能

汽车的制动效能是汽车迅速降低车速直至停车的能力，具体可用制动距离和制动减速度来评价，通常实际中多指制动距离。制动距离是指在一定的制动初速度下，汽车从驾驶员踩着制动踏板开始到停车为止所驶过的距离，它与制动踏板力以及路面附着条件有关。

2．制动效能的恒定性

汽车制动效能的恒定性主要指的是抗热衰退性能。抗热衰退性能是指汽车在高速行驶或在下长坡连续制动时制动效能保持的程度。因为制动过程实际上是把汽车行驶的动能通过制动器吸收转换为热能，而制动器温度升高后，能否保持在冷状态时的制动效能已成为设计制动器时要考虑的一个重要问题。此外，涉水行驶时，制动器浸水后仍应保持其制动效能。

3．制动时汽车的方向稳定性

制动时汽车的方向稳定性是指汽车在制动过程中维持直线行驶或按预定弯道行驶的能力，一般用制动时汽车是否发生制动跑偏、侧滑、甩尾以及失去转向能力来评定。制动时汽车自动向左或向右偏驶称为制动跑偏。侧滑是指制动时汽车的某一轴或两轴发生横向移动。失去转向能力是指弯道制动时，汽车不再按原来弯道行驶而沿弯道切线方向驶出或直线行驶制动时转动转向盘汽车仍按直线方向行驶的现象。制动跑偏、侧滑和失去转向能力是造成交通事故的重要原因。

二、汽车在紧急常规制动时车轮抱死的原因

汽车只有受到与行驶方向相反的外力时，才能达到降低车速或停车的目的。这个外力只能由地面和空气提供。但由于空气的阻力相对较小，所以实际上外力主要是由

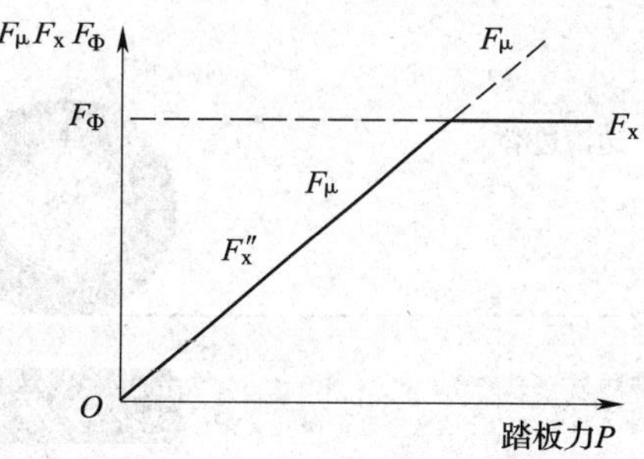

图 3—1—2　制动时各力之间的关系

地面提供的，称为地面制动力 F_X。地面制动力越大，制动距离越短。

地面制动力大小取决于两个因素：一个是制动器的制动力 $F\mu$，另一个是轮胎与地面的摩擦附着力 F_Φ。对于一般汽车而言，制动器的制动力是足够大的，那么地面制动力是随其增大而增大吗？现在结合图 3—1—2 来分析一下它们之间的关系。

第一阶段，制动器的制动力 $F\mu$ 较小，制动器的摩擦力矩不大，地面制动力足以克服制动器摩擦力矩而使车轮滚动。显然，此时地面制动力等于制动器的制动力，且随踏板力的增加成正比地增加。第二阶段，由于作用在车轮上法向载荷为常数，地面制动力达到附着力的值后就不再增加了。而此时制动器的制动力还逐步增大致使汽车车轮抱死。

由此可见，汽车的地面制动力首先取决于制动器的制动力，但同时又受到地面附着条件的限制。当制动器的制动力超过附着力时，车轮就会出现抱死情况。

三、汽车的车轮抱死会给汽车造成的影响

1. 车轮的滑移率（S）

汽车正常行驶时，车速（即车轮中心的纵向速度）与车轮速度（即车轮圆周速度）相同，可以认为车轮在路面上做纯滚动运动。

在汽车制动过程中，随着制动强度的增加，车轮的滚动成分逐渐减少，而滑动成分逐渐增加（见图 3—1—3），实际车速和轮速不再相等，人们将车速（v）与轮速（v_w）之间出现的差异叫作滑移，一般认为车速大于轮速时车辆就发生了滑移，当轮速大于车速时认为发生了滑转（一般发生在起步和加速时的驱动轮）。

为了表征滑移成分所占比例的多少，常用滑移率 S 来表示，即：

$$S=\frac{v-v_W}{v}\times100\%=\frac{v-r\omega}{v}\times100\% \qquad 式（3—1—1）$$

从式（3—1—1）可以看出，当车速等于轮速时滑移率为零，汽车制动时车速和轮速差别越大，滑移率就越大。停车之前车轮抱死时，轮速为零，滑移率达到 100%，如图 3—1—4 所示。从开始制动到滑移率达到某一数值，在这个过程中附着系数是随滑移率的变化而变化的。

2. 附着系数和滑移率的关系

车轮滑移率的大小对车轮与地面间附着系数有很大影响。

（1）附着系数随路面性质不同会有大幅度变化。一般说来，干燥路面附着系数大，潮湿路面附着系数小，冰雪路面附着系数更小。

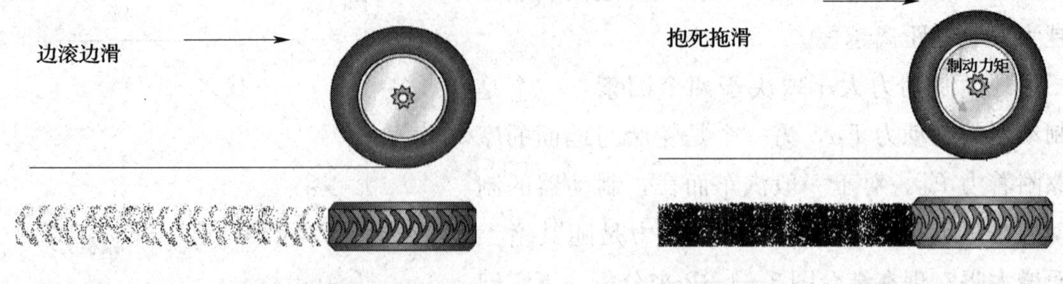

图 3—1—3　车轮边滚边滑的状态　　　　图 3—1—4　车轮抱死的状态

(2) 在各种路面上，附着系数都随滑移率的变化而变化。各曲线的趋势大致相同，只有积雪和砂石路面的滑移率在靠近100％时会上升。

为了方便说明附着系数和滑移率的关系，以典型的干燥、硬实路面上附着系数和滑移率的关系进行介绍，如图 3—1—5 所示。由图 3—1—5 可见：在滑移率为 S_{opt}（20％左右）时，纵向附着系数最大，制动时能获得的地面制动力也最大，汽车的制动效能最高。$0 \leqslant S \leqslant S_{opt}$ 称为稳定区域，$S_{opt} < S \leqslant 100\%$ 称为非稳定区域，S_{opt} 称为稳定界限。此外，随滑移率的增加，横向附着系数减小，当车轮抱死时滑移率为100％，横向附着系数接近零，此时很小的侧向力就会导致后轮侧滑或使前轮失去转向能力。

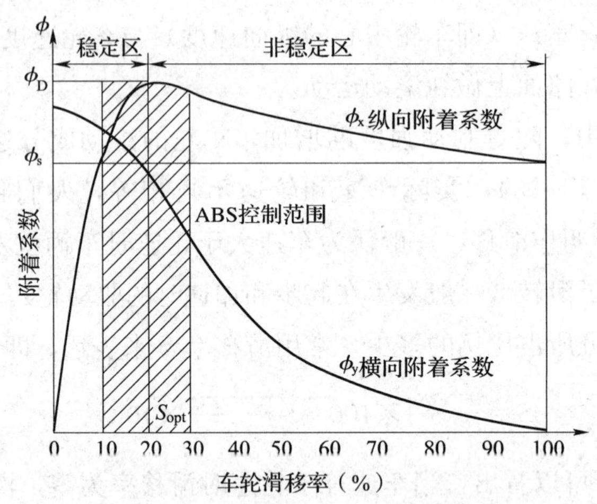

图 3—1—5　干燥硬实路面附着系数与滑移率的关系

四、汽车制动防抱死系统（ABS）的作用

汽车制动防抱死系统（ABS）是通过安装在各车轮或传动轴上的转速传感器等不断检测各车轮的转速，由计算机计算出当时的车轮滑移率（由滑移率能了解汽车车轮是否已抱死），并与理想的滑移率相比较，做出增大或减小制动器制动压力的决定，命令执行机构及时调整制动压力，以保持车轮处于理想的制动状态。因此，ABS装置能

够使车轮始终维持在有微弱滑移的滚动状态下制动，而不会抱死，达到提高制动效能的目的。

1．能缩短制动距离

在同样紧急制动的情况下，ABS系统可以将滑移率控制在20%左右，即可获得最大的纵向制动力的效果（除在沙石、雪地路面上）。

2．增加了汽车制动时的稳定性

汽车在制动时，四个轮子上的制动力是不一样的，如果汽车的前轮抱死，驾驶员就无法控制汽车的行驶方向；倘若汽车的后轮先抱死，则会出现侧滑、甩尾，甚至使汽车整个掉头等严重事故。资料表明，装有ABS系统的车辆可使因车轮侧滑引起的交通事故比例下降8%左右。

3．改善了轮胎的磨损状况

事实上，车轮抱死会造成轮胎异常磨损，轮胎面磨耗不均匀。经测定，汽车在紧急制动时，车轮抱死所造成的轮胎累加磨损费，已超过一套防抱死制动系统的造价。因此，装用ABS系统具有一定的经济效益。

4．使汽车在制动过程中具备了制动加转向的能力

装有ABS系统的汽车适合在大弯道上高速行驶，而且制动时只要把脚踏在制动踏板上，ABS系统就会根据情况自动进入工作状态，使制动状态保持在最佳点。

五、汽车防抱死制动系统的组成及工作原理

1．汽车防抱死制动系统的组成

一般说来，带有ABS的汽车制动系统由基本制动系统和制动力调节系统两部分组成，前者是制动主缸、制动轮缸和制动管路等构成的普通制动系统，用来实现汽车的常规制动，而后者由车轮转速传感器、制动压力调节装置、电子控制装置和ABS警告灯组成。ABS系统组件在车上的安装位置如图3—1—6所示。

2．汽车防抱死制动系统的工作原理

由装在车轮上的转速传感器采集四个车轮的转速信号，送到电子控制单元计算出每个车轮的转速，进而推算出车辆的减速度及车轮的滑移率。

ABS电子控制单元根据计算出的参数，通过液压控制单元来控制进油阀（常开）和出油阀（常闭）的开关状态来调节制动压力，从而达到防止车轮抱死的目的，下面以桑塔纳ABS系统为例说明它的工作过程。

（1）建压阶段

制动时，通过助力器和总泵建立制动压力，此阶段又称为普通制动（因ABS不工作）。此时常开阀打开，常闭阀关闭，制动压力进入车轮制动器，车轮转速迅速降低，

直到 ABS 电子控制单元通过转速传感器得到的信号识别出车轮有抱死的倾向为止。建压阶段的工作原理如图 3—1—7 所示。

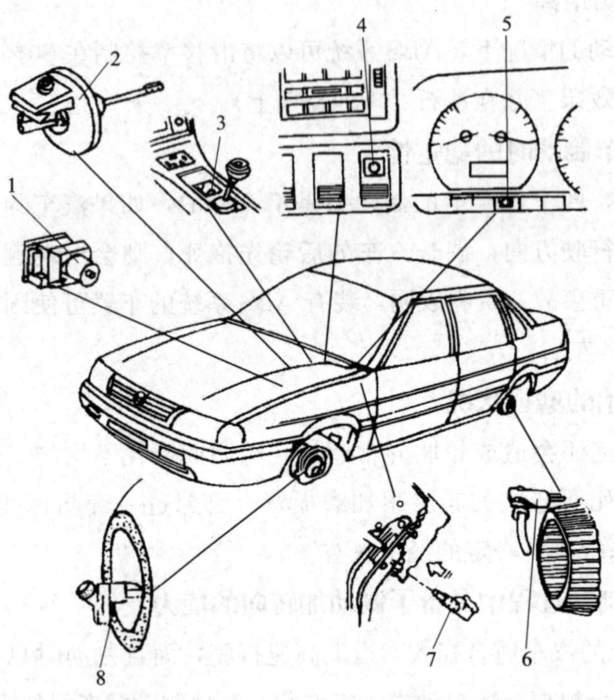

图 3—1—6　ABS 系统组件在车上的安装位置

1—ABS 控制器　2—制动主缸和真空助力器　3—自诊断插口　4—ABS 警告灯（K47）
5—制动警告灯（K118）　6—后轮转速传感器（G44/G46）
7—制动灯开关（F）　8—前轮转速传感器（G45/G47）

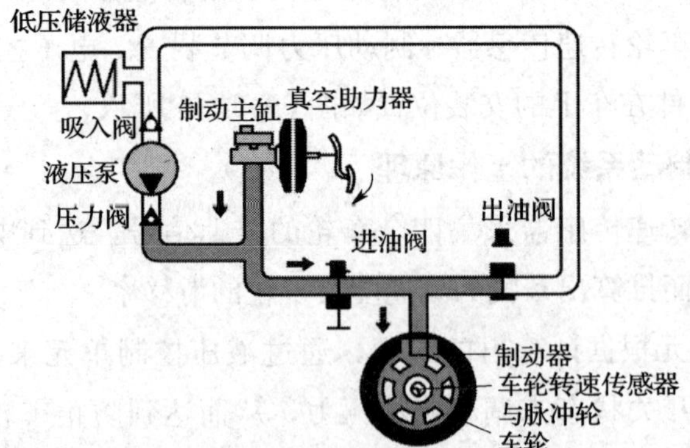

图 3—1—7　建压阶段的工作原理

（2）保压阶段

ABS 电子控制单元通过转速传感器得到的信号识别出车轮有抱死的倾向时，ABS

电子控制单元即关闭常开阀，常闭阀仍然关闭，此时的制动压力不变，称为保压阶段。保压阶段的工作原理如图 3—1—8 所示。

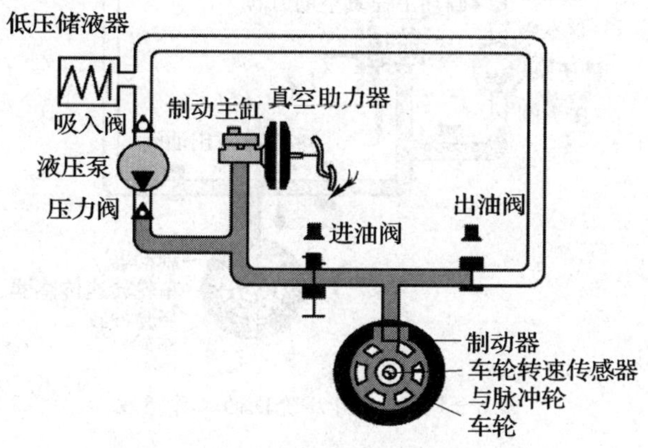

图 3—1—8　保压阶段的工作原理

（3）降压阶段

如果在保压阶段，车轮仍有抱死倾向，则 ABS 系统进入降压阶段。此时，电子控制单元命令常闭阀打开，常开阀关闭，液压泵开始工作，制动液从轮缸经低压储液器被送回到制动总泵，制动压力降低，制动踏板出现抖动，车轮抱死程度降低，车轮转速开始增加。降压阶段的工作原理如图 3—1—9 所示。

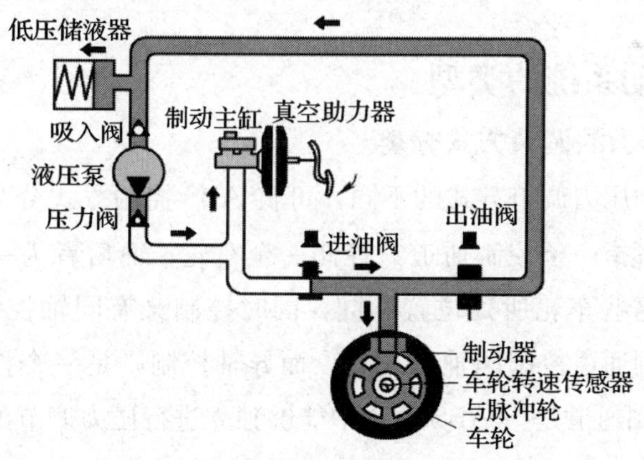

图 3—1—9　降压阶段的工作原理

（4）升压阶段

ABS 电子控制单元通过转速传感器得到的信号识别出车轮抱死的倾向消失时，ABS 电子控制单元即打开常开阀，关闭常闭阀。升压阶段的工作原理如图 3—1—10 所示。

桑塔纳 ABS 系统执行器的工作情况见表 3—1—1。

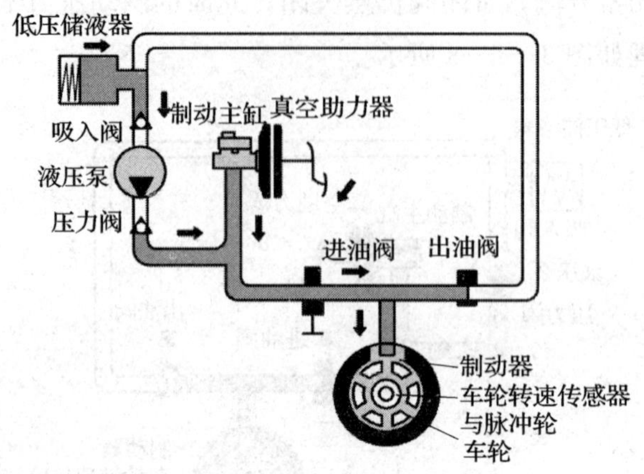

图 3—1—10　升压阶段的工作原理

表 3—1—1　　桑塔纳 ABS 系统执行器的工作情况

工作过程	进油阀	回油阀	液压泵	制动液流动方向
常规制动模式	打开（断电）	关闭（断电）	不工作	主缸→轮缸
保持制动模式	关闭	关闭	不工作	不流动
减压制动模式	关闭（通电）	打开（通电）	工作	轮缸→低压储液器
增压制动模式	打开	关闭	工作	泵→主缸和轮缸

六、ABS 制动系统的类型

1．按对制动压力的调节方式分类

按照系统对制动压力调节方式的不同，可将 ABS 控制方式分为两大类，即独立控制和同时控制。前者指一条控制通道只控制一个车轮；而后者为一条控制通道同时控制多个车轮，依照这些车轮所处位置不同，同时控制又有同轴控制和异轴控制之分。同轴控制是一个控制通道控制同轴两车轮，而异轴控制则是一个控制通道控制非同轴两车轮。ABS 的控制通道是指 ABS 系统中能够独立进行压力调节的制动管路。

2．按控制依据分类

如果按照控制时控制依据选择不同，也可将 ABS 的同时控制分为低选控制和高选控制两种。低选控制是以保证附着系数较小的一侧车轮不发生抱死来选择控制系统压力，而高选控制却是从保证附着系数较大一侧车轮不发生抱死出发来实施制动系统压力调节。

3．按控制通道数目分类

按照通道数目不同，也可将 ABS 分为四通道式、三通道式、二通道式和一通道式等。目前，采用最多的是三通道方式，即前轮左右独立控制，后轮综合控制。此外，还有四轮独立控制的四通道方式、两个前轮和两个后轮分别独立控制的两通道方式以及只控制后轮的一通道方式。

若考虑控制效率，理论上通道越多越好，但是实际上并非完全如此。后轮分配制动力大的MR车，采用四通道方式比较有利。后轮分配制动力小的FF车，采用四通道方式制动效果并不好。

两通道控制方式的ABS，在混合路面（左右车轮摩擦力不同）上制动时，其制动效果不佳。这是因为控制时以易发生侧滑的车轮为基准同时控制左右轮，所以在干燥路面侧的车轮不产生制动力。现在以三通道控制方式的ABS为例说明其特点。

三通道控制方式的ABS结构如图3—1—11所示。此种控制方式的操纵性和稳定性较好，制动效能稍差。性能特点：两后轮按低选原则进行同时控制时，可以保证汽车在各种条件下左右两后轮的制动力相等，即使两侧车轮的附着系数相差较大，两个车轮的制动力都限制在附着力较小的水平，使两个后轮的制动力始终保持平衡，保证汽车在各种条件下制动时都具有良好的方向稳定性。当然，在两后轮按低选原则进行同时控制时，可能出现附着系数较大的一侧后轮附着力不能充分利用的问题，使汽车的总制动力减小。但应该看到，在紧急制动时，由于发生轴荷前移，在汽车的总制动力中，后轮制动力所占的比例减小，尤其是前轮驱动的小轿车，前轮的附着力比后轮的附着力大得多，通常后轮制动力只占总制动力的30%左右，后轮附着力未能充分利用的损失对汽车的总制动力影响不大。

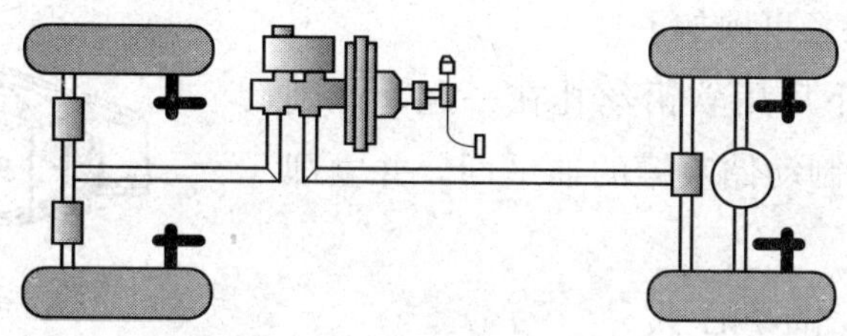

图3—1—11　三通道控制方式的ABS结构

七、ABS系统控制器的拆卸和安装

1. ABS系统的卸压方法

桑塔纳2000Gsi型轿车采用的是美国ITT公司MK20－Ⅰ型ABS系统，是三通道的ABS调节回路，前轮单独调节，后轮则以两轮中地面附着系数低的一侧为依据统一调节。ABS系统主要由ABS控制器（包括电子控制单元、液压单元、液压泵等），四个车轮转速传感器，ABS故障警告灯和制动警告灯等组成。

对于制动主缸和液压调压器设计在一起的整体式ABS，由于蓄压器存储着高压，在修理前需要彻底卸压，以免高压油喷出对人员造成伤害。首先将点火开关置于 OFF 和 LOCK 位置，然后反复踏制动踏板 20 次以上，当感觉到踩制动踏板的力明显增加，即感觉不到踩制动踏板的液压助力时，ABS 系统泄压完成。有的 ABS 系统在泄压过程中需踩踏的次数较多，甚至需要 40 次以上。

2．拆卸 ABS 控制器总成

拆卸 ABS 控制器总成的步骤和注意事项如下。

（1）关闭点火开关，拆下蓄电池及支架。在拆下蓄电池之前，要将 ECU 等电子元件中储存的信息记录下来。注意事项如下：

1）先拆下蓄电池负极，然后再拆蓄电池的正极。

2）在搬放蓄电池时，要保持水平，防止电解液溢出。

（2）拆 ABS ECU 的连接器。拨开接头侧的锁止扣，然后拆开 ABS ECU 的连接器。

注意：在拆 ABS ECU 的连接器时，不要直接拔连接器上的连接线。应拿着连接器的壳体，再将其拆开。

（3）踩下制动踏板，并用踏板架定位。

（4）在 ABS 控制器下垫一块布，用来吸干从开口处流出的制动液。

（5）拆下制动主缸到液压控制单元的制动油管 A、B 和液压控制单元通到各轮的制动油管 1～4（见图 3—1—12）。注意事项如下：

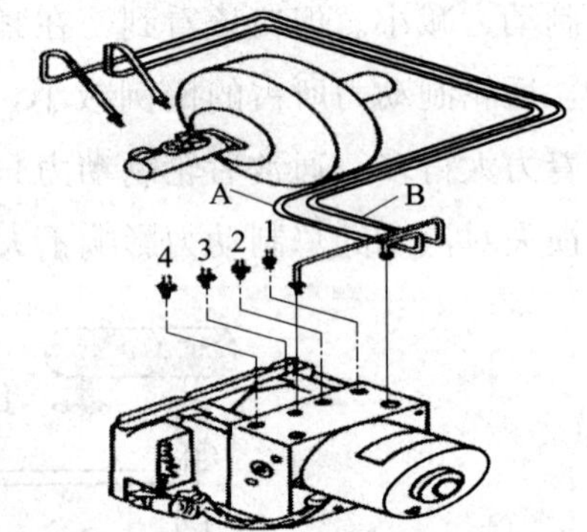

图 3—1—12　各制动油管与液压控制单元之间的关系

1）制动油管拆下后用软铅丝扎在一起，挂到高处，使开口处高于制动储液罐的油平面，并立即将开口处封住。

2）在制动油管上做好记号。

（6）把 ABS 控制器从支架上拆下来。注意事项如下：

1）在操作中必须特别小心，不能使制动液渗入 ABS ECU 壳体。

2）如果壳体有脏物，可用压缩空气吹净。

3．ABS 控制器的分解

（1）压下接头侧的锁止扣，拔下控制单元上液压泵（V64）电线插头。

（2）用专用套筒扳手拆下 ABS ECU 与液压控制单元的四个连接螺栓，如图 3—1—13 所示。

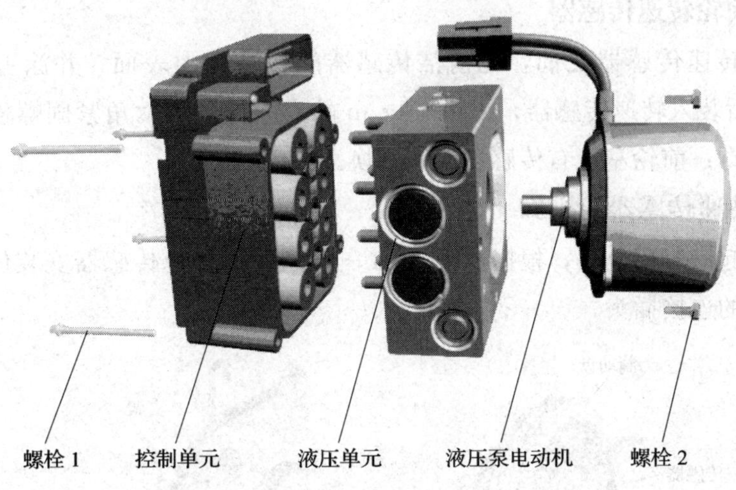

图 3—1—13　液压单元总成分解图

(3) 将液压控制单元与电子控制单元分离。注意：拆下液压控制单元时要直拉，不要碰坏阀体。

(4) 在 ABS ECU 的电磁阀上盖一块不起毛的布。

(5) 把液压控制单元和液压泵安放在专用支架上，以免在搬运时碰坏阀体。

4．ABS 控制器的装配

(1) 装配场地必须清洁，不允许有灰尘及脏物。

(2) 把 ABS 液压控制单元和 ECU 装成一体，用专用套筒扳手拧紧新的螺栓，力矩不得超过 4 N·m。

(3) 插上液压泵电线插头。注意锁扣必须到位。

5．ABS 控制器的安装

ABS 液压控制单元开口处的密封塞只有在制动油管要装上去的时候才能拆下，以免异物进入制动系统。

(1) 将 ABS 控制器装到架上，以 10 N·m 的力矩拧紧固定螺栓。

(2) 拆下液压口处的密封塞，装上各轮制动油管，检查油管位置是否正确，以 20 N·m 的力矩拧紧管接头。

(3) 装上连接主缸的制动油管 A 和 B，以 20 N·m 的力矩拧紧管接头。

(4) 插上 ABS ECU 线束插头。

(5) 对 ABS 系统充液和放气。

(6) 试车检测 ABS 功能，必须感到制动踏板有反弹。

6．拆卸前轮转速传感器

先拔下传感器导线插头，再拧下内六角紧固螺栓，拆下前轮转速传感器。

7．安装前轮转速传感器

安装前轮转速传感器之前，先清洁传感器的安装孔内表面，并涂上固体润滑膏G000650，然后装入转速传感器，以10 N·m的力矩拧紧内六角紧固螺栓，最后插上导线插头。注意：前轮左、右传感器不能互换。

8．后轮转速传感器的拆卸

（1）先翻起汽车后坐垫，根据如图3—1—14所示的转速传感器安装位置，拔下后轮转速传感器的连接插头。

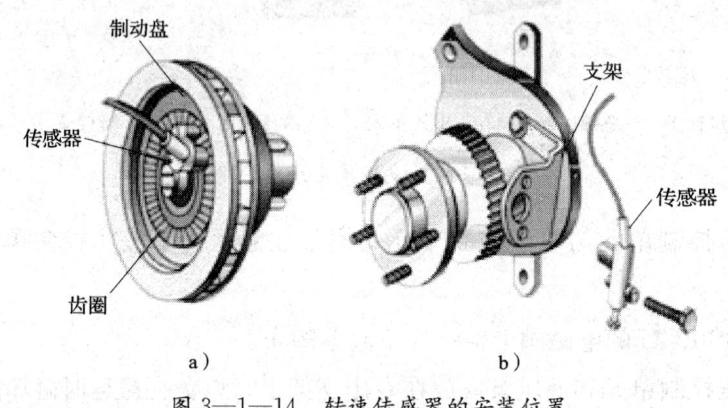

图3—1—14　转速传感器的安装位置

a）前轮　b）后轮

（2）拧下传感器的内六角紧固螺栓，然后拆下后轮转速传感器。注意：后轮左、右传感器不能互换。

9．后轮转速传感器的安装

安装与拆卸顺序相反，但注意安装后轮转速传感器之前，先清洁传感器的安装孔内表面，并涂上固体润滑膏G000650，然后装入转速传感器，以10 N·m的力矩拧紧内六角螺栓。

课题二　典型防抱死制动系统主要部件的检测

学习目标

◆ 了解车轮转速传感器的工作原理。

◆ 了解ABS制动控制系统的工作原理。

◆ 掌握 ABS 主要部件的检测方法。

在课题一中已经对 ABS 制动系统的主要元件有了一个感官上的认识。ABS 电控单元内部有一个自诊断电路，维修人员可以按照特定的方法将其故障代码从电控单元读出，从而为 ABS 控制系统的检测与维修提供依据。你知道具体的检测步骤和方法吗？

一、防抱死制动过程基本原理

目前大多数 ABS 系统的控制采用逻辑门限值的方法。其基本原理是将汽车车轮的加速度（或角加速度）和减速度（或角减速度）作为主要的控制门限，将汽车车轮的滑移率作为辅助控制门限。因为若仅采用其中任何一种门限作为防抱死制动控制，都存在着较大的局限性。例如，若仅将车轮的加、减速度作为控制门限时，当汽车在湿滑路面上高速行驶过程中进行紧急制动时，当车轮的滑移率离进入不稳定区域较远时，车轮的加速度就可能达到控制门限，而此时的滑移率很小，防抱死控制逻辑在以后的控制中就可能失效。而对于驱动轮，如果制动时没有分离离合器，由于车轮系统存在着很大的转动惯量，会造成车轮滑移率已进入不稳定区域，而车轮的减速度却未达到控制门限导致过早抱死，严重地影响了控制效果。

下面以博世公司研制的 ABS 系统为例，说明采用逻辑门限值控制方法进行制动防抱死的控制过程。设定系统的角加速度控制门限值为$+a$，角减速度控制门限值为$-a$；滑移率控制下门限值为 S_1，滑移率控制上门限值为 S_2。

1．高附着系数路面上的防抱死制动过程

高附着系数路面上的防抱死制动过程如图 3—2—1 所示。制动初始阶段，制动压力 p 增大，车轮的角减速度也增大，直至车轮的角减速度达到设定的角减速度控制门限$-a$，控制过程进入第一阶段；为避免车轮在处于稳定区域的滑移率范围内时，进入防抱死制动压力减小阶段，需对车轮的参考滑移率与设定的滑移率控制下门限值 S_1 进行比较。如果车轮的参考滑移率小于控制下门限值 S_1，说明车轮的滑移率偏小，控制过程进入第二阶段（制动压力保持阶段）。为了使车轮充分地进行制动，当车轮的参考滑移率大于滑移率控制下门限值 S_1 时，说明车轮已进入不稳定区域，控制过程进入第三阶段（制动压力减小阶段）。由于车轮的制动压力减小，车轮在整个汽车的惯性作用下开始加速，当车轮的角减速度小于设定的角减速度控制门限值$-a$ 时，就进入第四阶段（制动压力保持阶段）。由于整个汽车的惯性作用，车轮仍继续加速，角减速度由负值增加到正值，直到超过设定的角加速度控制门限值$+a$。为了适应可能出现的高附着系数突然增加的情况，可以设定第二角加速度控制门限值$+A_K$。在给定的压力保持时

间内，如果车轮的角加速度不能超过第一次设定的控制门限值$+a$，则判定路面情况为低附着系数路面，以后的控制过程将按在低附着系数路面上的控制过程进行。如果车轮的角加速度超过了第一控制门限值$+a$，则继续进行保压，此时可能会出现两种情况，一是车轮的角加速度再次低于控制门限值$+a$，说明车轮已恢复到稳定区域；二是因附着系数突然增大，而使车轮的角加速度超过设定的第二角加速度控制门限值$+A_K$。为适应附着系数的增大，使制动压力再次增大，进入第五阶段。直到车轮的角加速度低于控制门限值$+A_K$，然后进入第六阶段（制动压力保持阶段），使汽车车轮又恢复到稳定区域。当车轮恢复到稳定区域后，为使车轮在更长的时间内处于稳定区域，使制动压力进入增大和保持的快速转换阶段。使制动轮缸的制动压力以较低的速率增加，电磁阀以增压—保压的方式不断进行切换。直到车轮的角减速度再次低于控制门限值$-a$后，开始进入制动压力减小阶段。此时不再考虑参考滑移率是否超过控制门限值S_1，从而进入下一循环的防抱死制动控制，完成了一个防抱死控制循环过程。

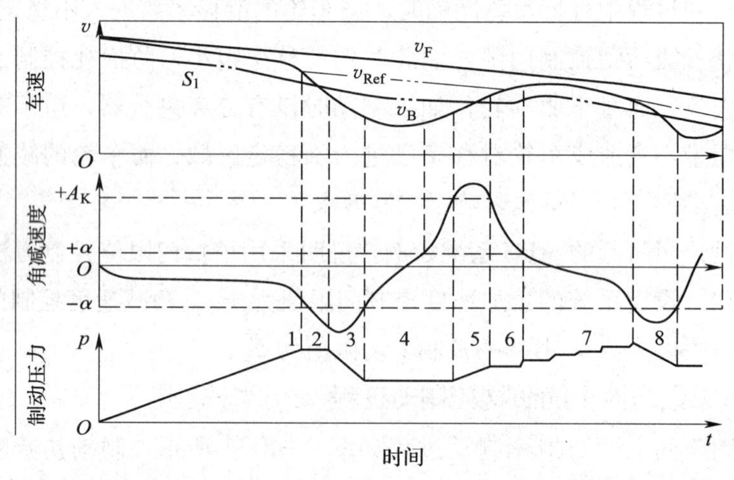

图 3—2—1　高附着系数路面上的防抱死制动过程

v_F—汽车实际速度　v_{Ref}—汽车参考速度　v_B—车轮速度

2．低附着系数路面上的防抱死制动过程

低附着系数路面上的防抱死制动过程如图 3—2—2 所示。其防抱死制动控制过程的第一和第二阶段与在高附着系数路面上的控制过程相同。在进入第三阶段后，在给定的保压时间内，由于路面的附着系数比较低，车轮加速会很慢，造成车轮的速度恢复得比较慢，无法达到加速度控制门限值$+a$，电子控制单元由此判定汽车处于低附着系数路面。为了使系统稳定，电子控制单元将控制制动压力调节单元以较低的减压梯度进行减压，直到车轮的角加速度超过设定的控制门限值$+a$，此后就进入第四阶段，进行制动压力保持。

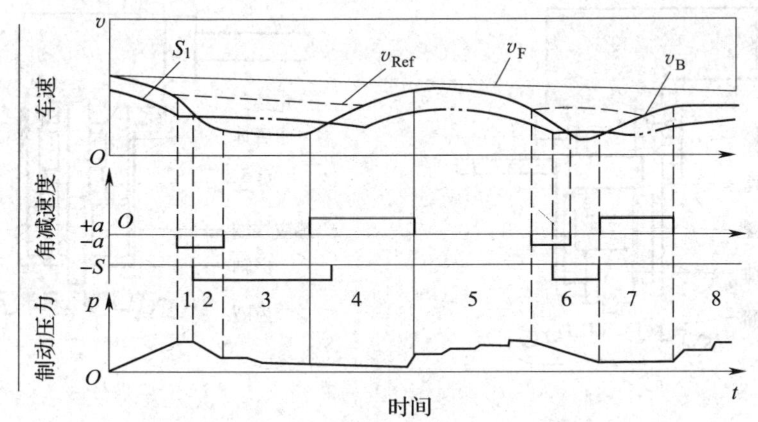

图 3—2—2 低附着系数路面上的防抱死制动过程

v_F—汽车实际速度 v_{Ref}—汽车参考速度 v_B—车轮速度

保压阶段持续到车轮的角加速度再次低于角加速度控制门限值＋a 以后，进入第五段，以较低的压力升高率使制动压力增大。直到车轮的角减速度低于角减速度控制门限值－a 后，开始进入下一循环的防抱死制动控制。高、低附着系数路面的识别，关键在于判断在保压阶段所给的时间段内车轮角加速度是否能达到控制门限值＋a，电子控制单元根据识别得出的路面状况，施加不同的防抱死控制逻辑。

ABS 电控单元内部有一个自诊断电路，维修人员可以按照特定的方法将故障从电控单元中读出，从而为 ABS 控制系统的检修和故障排除提供依据。当读取故障码之后，就要根据故障码进行相应的检测与维修。例如，在对桑塔纳 2000Gsi 型轿车诊断过程中确定了汽车故障是由车轮转速传感器的故障导致的。导致车轮转速传感器故障的原因有很多，要以科学的检测流程对转速传感器进行检测并进行判断，然后再进行相应的维修，而不能直接更换一个好的转速传感器就简单了事。

二、车轮转速传感器

在 ABS 中，轮速传感器用于检测车轮速度，并将速度信号输入电脑。一般轮速传感器都安装在车轮上。有些后轮驱动的车辆，检测后轮速度的传感器安装在差速器内，通过后轴转速来检测，故又称为轴速传感器。根据工作原理的不同，目前使用的轮速传感器主要分为两种类型：电磁式轮速传感器和霍尔式轮速传感器。

1．电磁式轮速传感器

电磁式轮速传感器主要由永磁体、极轴、感应线圈和齿圈等组成。根据极轴的结构不同，电磁式轮速传感器又分为柱式极轴轮速传感器、凿式极轴轮速传感器等形式。电磁式轮速传感器的结构如图 3—2—3 所示。

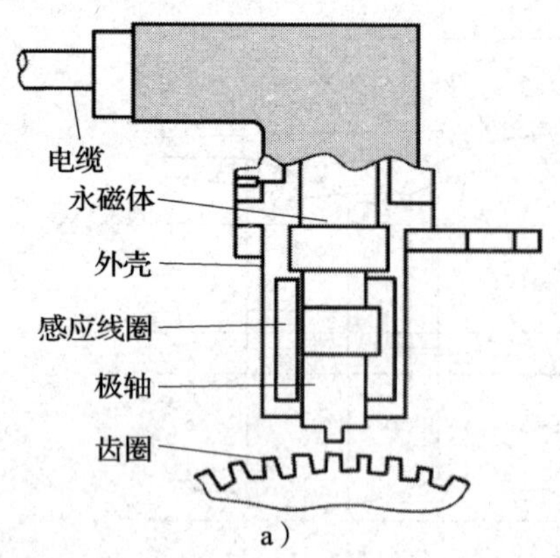

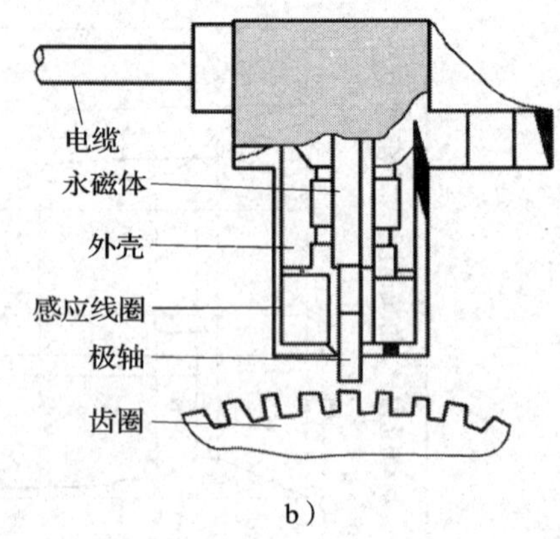

图 3—2—3　电磁式轮速传感器的结构

a）柱式极轴　b）凿式极轴

当齿圈的齿隙与传感器的磁极端部相对时，磁极端部与齿圈之间的空气间隙最大，传感器永磁性磁极产生的磁感线不容易通过齿圈，感应线圈周围的磁场较弱。而当齿圈的齿顶与传感器的磁极端部相对时，磁极端部与齿圈之间的空气间隙最小，传感器永磁性磁极所产生的磁感线就容易通过齿圈，感应线圈周围的磁场较强。此时，磁通量迅速交替变化，在感应线圈中就会产生交变电压，交变电压的频率将随车轮转速成正比变化。ABS 的电控单元就可以通过转速传感器输入的电压脉冲频率进行处理，确定车轮的转速。电磁式车轮转速传感器磁路如图 3—2—4 所示。

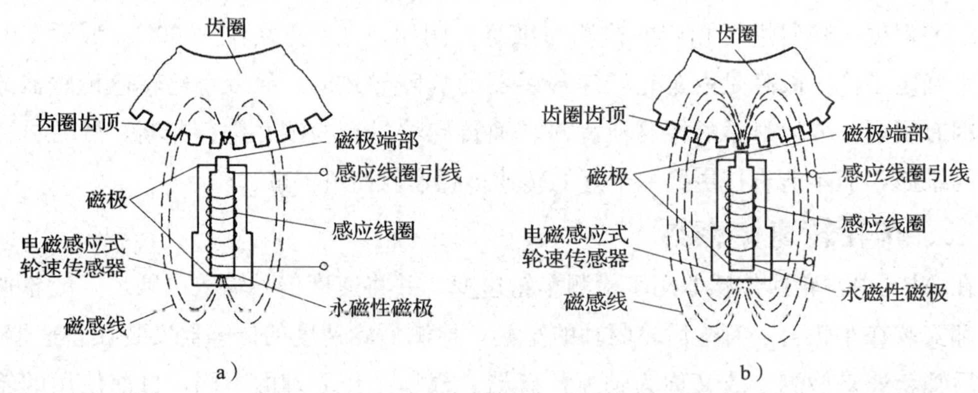

图 3—2—4　电磁式车轮转速传感器磁路

a）齿圈齿隙　b）齿圈齿顶

电磁式轮速传感器结构简单，成本低，但存在以下缺点：

（1）电磁式轮速传感器向 ABS 的电控单元输送电压信号的强弱是随车速的变化而变化的，信号幅值一般在 1～15 V 的范围内变化。当车速很低时，传感器输出的电压信号若低于 1 V，ABS 就不能正常工作。

（2）电磁式轮速传感器频率响应较低。当车轮转速过高时，传感器的频率响应就跟不上，容易产生错误信号。

（3）电磁式轮速传感器的抗电磁波干扰能力较差，尤其在输出信号幅值较小时。

2．霍尔式车轮转速传感器

霍尔式车轮转速传感器主要由永久磁铁、霍尔元件和电子电路等组成，其磁路如图 3—2—5 所示。永久磁铁的磁感线穿过霍尔元件通向齿圈，齿圈相当于一个集磁器。当齿圈位于如图 3—2—5a 所示位置时，穿过霍尔元件的磁感线分散，磁场相对较弱；当齿圈位于如图 3—2—5b 所示位置时，穿过霍尔元件的磁感线集中，磁场相对较强。随着齿圈的转动，穿过霍尔元件的磁感线密度发生变化，从而产生霍尔电压的变化，霍尔元件输出一个毫伏级的准正弦电压，然后将其转化成标准的脉冲信号电压输入 ECU。

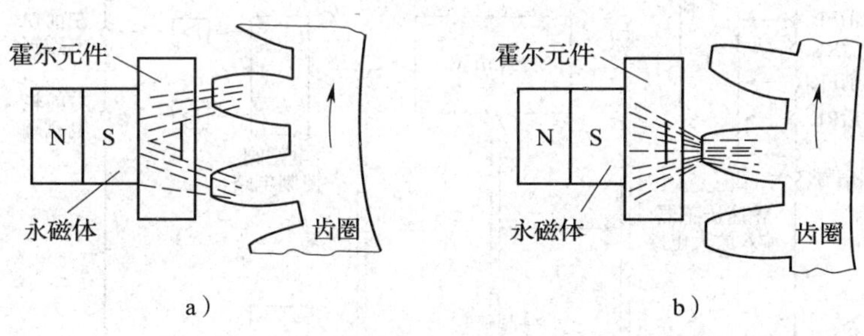

图 3—2—5　霍尔式车轮转速传感器磁路

a）齿圈齿隙　b）齿圈齿顶

霍尔式车轮转速传感器的输出信号电压大小不受转速的影响，具有较强的抗电磁波干扰的能力。其响应频率高达 20 kHz，用于 ABS 时，相当于车速为 1 000 km/h 时所检测的信号频率。

三、电子控制单元

1．电子控制单元的功用

电子控制单元简称 ECU，是汽车 ABS 防抱死制动系统的控制中心。当 ABS 系统起作用时，电子控制单元监测并控制制动系统的工作情况，即 ABS 电脑具有对制动系统进行“监测”和“控制”两个方面的功能。

（1）防抱死制动控制功能

对制动系统进行防抱死制动的控制是 ABS 电脑的主要功能，电控单元接收到各个车轮转速传感器及其他传感器的输入信号，然后按照预先设置的控制逻辑进行处理和运算，从而形成相应的控制指令，对执行机构进行控制，通过制动压力调节装置调节制动压力，防止各车轮抱死。

（2）系统监测功能

对制动系统进行监测是电子控制单元的另一个功能，ECU 接收到制动开关、压力开关等相关信号来监测 ABS 系统工作是否正常，当 ECU 监测到 ABS 系统工作不正常时，会自动停止 ABS 系统并点亮 ABS 警告灯，以免因系统故障造成错误的控制结果。在部分利用液压制动的 ABS 系统中，ECU 还控制电动液压泵的工作。

在正常情况下，发动机起动后，ABS 警告灯亮数秒后就应自动熄灭，否则说明 ABS 系统出现故障。

2. 电子控制单元的基本电路

四传感器、三通道控制 ABS 系统 ECU 内部电路框图如图 3—2—6 所示。

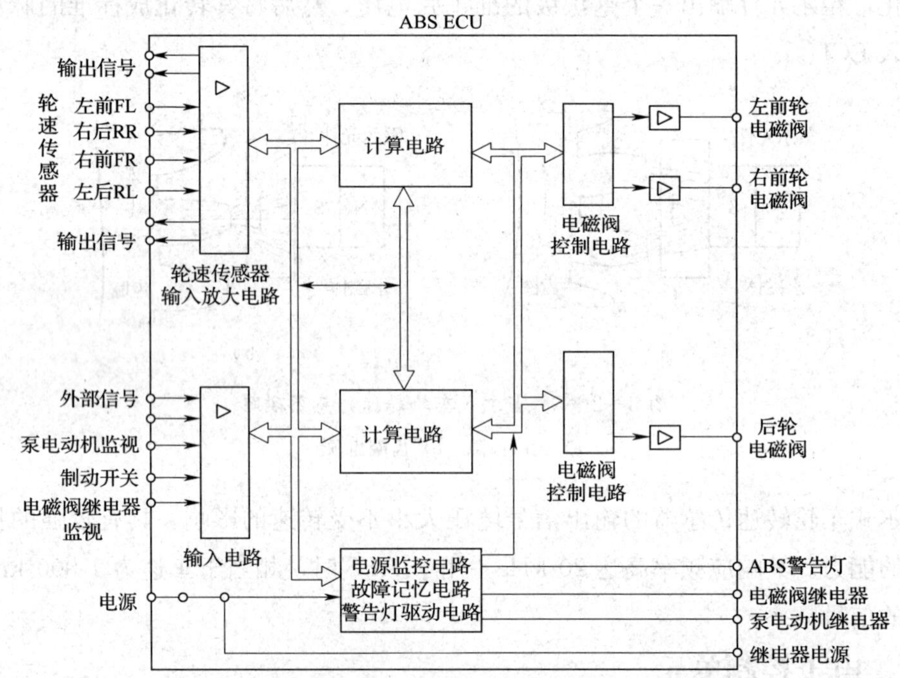

图 3—2—6　四传感器、三通道控制 ABS 系统 ECU 内部电路框图

（1）输入级电路

四传感器、三通道 ABS ECU 内部电路的输入级电路是由低通滤波、整形、放大等组成的输入放大电路。其功用是对轮速传感器输入的交变信号进行预处理，并将模拟信号变成电脑使用的数字信号。输入电路还接收点火开关、制动开关、液位开关等外部信号。输入电路除传输轮速传感器监测信号，还接收电磁阀继电器、油泵电动机继电器等工作电路的监测信号，并将这些信号经处理后送入计算电路。

（2）计算电路

计算电路是 ECU 的核心，主要由微处理器构成。其功用是根据轮速传感器等输入的信号，按照软件特定的逻辑程序进行计算、分析、处理，形成相应的控制指令。计算电路一般是由两个微处理器组成，其主要目的是保证接收同样的输入信号，在进行运算和处理过程中进行比较，如果两个微处理器处理结果不一致，微处理器立即使ABS系统退出工作，防止系统发生故障后导致错误控制。

（3）输出级电路

输出级电路的主要功用是将计算电路输出的数字控制信号（如控制压力减小、保持、增大信号）转换成模拟控制信号，通过控制功率放大器，驱动执行器工作。

（4）安全保护电路

安全保护电路由电源监控、故障记忆、继电器驱动和ABS警告灯驱动等电路组成。其主要作用：向ABS电脑提供稳定的5 V电压，对相关电路进行监测和控制以及存储故障信息，以便在进行自诊断时，将存储的故障信息调出，供维修时使用。

四、防抱死制动系统主要部件的检测

1．车轮转速传感器的检测

桑塔纳2000Gsi型轿车的MK20－Ⅰ型ABS系统控制电路如图3—2—7所示。

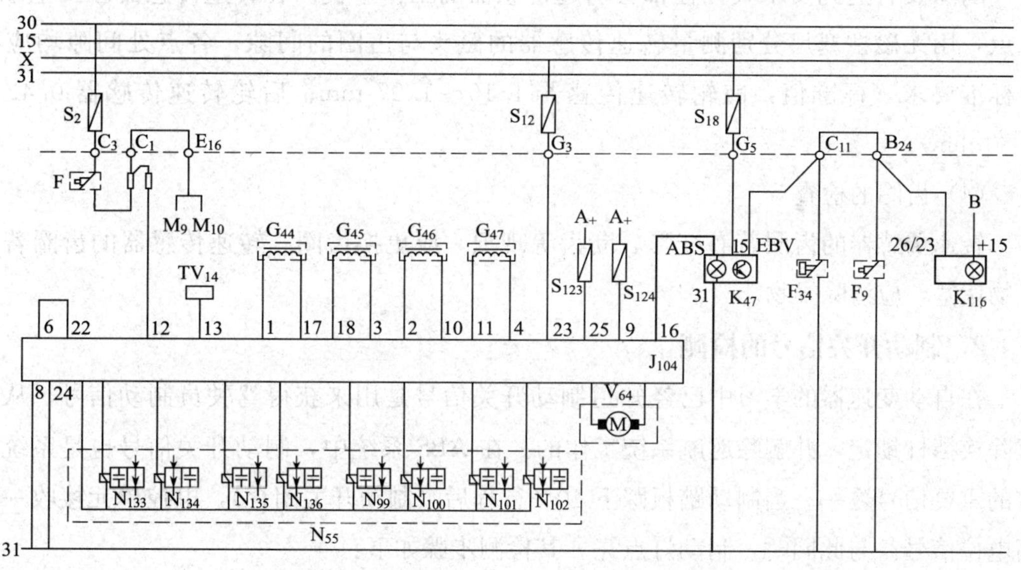

图3—2—7　MK20－Ⅰ型ABS系统控制电路

A—蓄电池　B—在仪表内＋15　F—制动灯开关　F9—驻车制动指示灯开关　F34—制动液位报警信号开关　G44—右后轮速度传感器　G45—右前轮速度传感器　G46—左后轮速度传感器　G47—左前轮速度传感器　J104—ABS及EBV的电子控制单元　K47—ABS警告灯　K118—驻车制动、制动液位警告灯　M9—左制动灯　M10—右制动灯　N55—ABS及EBV的液压单元　N99—ABS右前进油阀　N100—ABS右前出油阀　N101—ABS左前进油阀　N102—ABS左前出油阀　N133—ABS右后进油阀　N134—ABS右后出油阀　N135—ABS左后进油阀　N136—ABS左后出油阀　S2—熔丝（10 A）　S12—熔丝（15 A）　S18—熔丝（10 A）　S123—液压泵熔丝（30 A）　S124—电磁阀熔丝（30 A）　TV14—诊断插口　V64—ABS液压泵

（1）检测转速传感器的电阻值

1）将点火开关置于“OFF”位置。

2）分别拔下前轮、后轮转速传感器的连接器，用万用表直接检测各个转速传感器的电阻值。其阻值标准值为 1.0～1.3 kΩ，若不符合要求，应更换新的转速传感器。

（2）检测转速传感器的信号电压

1）将点火开关置于“OFF”位置。

2）拔下 ABS 电控单元的线束插头。

3）举升汽车，使四个车轮均离开地面。

4）以 1 r/s 的速度转动车轮。

5）用万用表的交流电压（ACV×2 V）挡检测车轮转速传感器的两个端子之间的信号电压值（标准值：190～1 140 mV）。

（3）检查各个转速传感器的磁头与齿圈的间隙

车轮转速传感器出现故障，不一定说明传感器损坏，传感器头脏污、传感器的空气间隙没有达到要求，往往都会引起传感器的工作不良。在转速传感器齿圈上取 4 个点，用无磁性塞尺分别测量转速传感器的磁头与齿圈的间隙，各点处间隙均应符合标准要求（标准值：前轮转速传感器 1.10～1.97 mm；后轮转速传感器 0.42～0.80 mm）。

（4）齿圈的检查

转速传感器的齿圈若有变形、断齿等现象，应更换齿圈。转速传感器的齿圈若被异物堵塞，应清除异物。

2. 制动开关信号的检测

在自动变速器的学习中已经知道制动开关信号是用来获得驾驶员制动信号，从而解除换挡杆锁定，并解除巡航系统工作的。在 ABS 系统中，制动开关信号也是系统工作的重要信号之一。当制动踏板踩下 40%行程后（制动开关闭合），电控单元接收一个高电位信号。与此同时，制动灯点亮。其检测步骤如下：

（1）关闭点火开关。

（2）拔下 ABS 电控单元 25 针线束连接插头。

（3）用万用表直流电压（DCV×20 V）挡测量电控单元的 12 号端子与 8 号端子的电压值。

（4）未踏制动踏板时，电压值应为 0.0～0.5 V。如果电压等于电源电压（10.0～14.5 V），说明制动开关短路，应更换。

（5）踩下制动踏板时，电压值应等于电源电压。

3．电控单元相关电源电压的检测

（1）检测油泵电动机 V64 的供电电压

1）关闭点火开关。

2）拔下 ABS 电控单元 25 针线束连接插头。

3）使点火开关处于“ON”位置，但不要起动发动机。

4）用万用表直流电压（DCV×20 V）挡测量电控单元的 25 号端子与 8 号端子的电压值，应等于电源电压。

（2）检测电磁阀的供电电压

用万用表直流电压（DCV×20 V）挡测量电控单元的 9 号端子与 8 号端子的电压值，应等于电源电压。

（3）检测 ABS 电控单元的供电电压

用万用表直流电压（DCV×20 V）挡测量电控单元的 23 号端子与 8 号端子的电压值，应等于电源电压。

（4）注意事项

1）如果电压过低，说明 ABS ECU 搭铁线、蓄电池搭铁线以及蓄电池正、负极柱电缆接头接触不良或蓄电池亏电，应分别进行检修。

2）如果没有电压，可能是相关电路中的熔丝、线路断路，应分别进行检修。

课题三　防抱死制动系统的故障诊断及排除

◆ 掌握 ABS 故障诊断的流程。

◆ 能利用警告灯诊断制动系统故障。

◆ 能使用专用仪器 V. A. G1551 进行制动系统故障诊断。

多年来因 ABS 系统的类型繁多，因此流传着很多错误的说法。你知道下列描述的对错吗？

（1）车速低于15 km/h制动时，ABS系统没有必要起作用，制动踏板无回弹反应。为此，在反力制动试验台上低车速测制动力时，也不起作用，测力结果只表明是正常制动系统的好坏，与ABS系统无关。

（2）拔下ABS系统的熔断器，用较高的车速制动，车轮应能抱死滑拖，说明正常制动系统无故障。ABS灯常亮时，只是无调压能力，不影响正常制动功能。

（3）ABS系统工作时，制动踏板有回弹反应，车轮与路面之间无拖印，为正常状态。有时也有间断拖印，它与地面粗糙度有关，也为正常状态。

（4）ABS系统的油压调节电磁阀总成，精度较高，有故障时应整体换新，不能检修。

（5）ABS灯在行车中偶然点亮，不必惊慌，这是属于偶发性的故障，不足为患，只要不是常亮都属正常。即使常亮，也不影响正常制动效果，只是无防抱死功能，但事后应查找原因，根除后患。

本课题主要讲解防抱死制动系统的故障诊断与排除方法。

ABS的电控单元具有自诊断功能。当ABS警报灯常亮，说明ABS系统出现故障，此时ABS防抱死系统失效，但车辆仍有常规的制动功能。当制动系统出现故障时，首先就要确定故障是发生在常规制动系统还是ABS系统，为此可拔下ABS安全继电器（或电磁阀继电器），使汽车以普通制动模式工作。若故障现象消失，说明是ABS故障，否则就是常规制动系统故障。

一、利用警告灯进行诊断

故障灯诊断是通过仪表板上的ABS警告灯和红色制动警告灯的闪亮规律，进行故障诊断的一种快速简易方法。实际中，驾驶员经常通过这种方法对ABS的故障进行粗略判断。

通常情况下，在点火开关接通（ON）时，黄褐色ABS警告灯应闪亮（周期约4 s），此时如果制动液不足（液面过低），红色制动灯也会点亮；蓄能器压力低于规定值、驻车制动未释放时，红色制动警告灯也会点亮；当蓄能器压力、制动液面符合规定且驻车制动完全释放时，红色制动警告灯应该熄灭。在发动机启动的瞬间，ABS警告灯和红色制动警告灯一般都应点亮（驻车制动在释放位置）；一旦发动机运转起来后，两个警告灯应先后熄灭。汽车行驶过程中，两个警告灯都不应闪亮，否则说明ABS有故障或液压系统不正常。

由于车型不同，采用的ABS型号不同，电路也不相同，其警告灯的闪亮规律也会有一些差异。不同车型的故障警告灯诊断表可在相应车型的维修手册中查到。桑塔纳2000GSi轿车的故障警告灯诊断表见表3—3—1。

表 3—3—1　　桑塔纳 2000GSi 轿车的故障警告灯诊断表

ABS 警告灯	制动系统警告灯	故障现象	可能的故障原因
常亮	自检后熄灭	ABS 不起作用	①轮速传感器不良 ②液压泵熔断器断路 ③液压控制单元不良 ④ABS ECU 不良
自检后熄灭	常亮	ABS 不起作用	①制动液缺少 ②F_{34}发生短路 ③制动液位传感器不良
常亮	常亮	ABS 不起作用	①两个或两个以上轮速传感器故障 ②ABS 电脑供电端子故障 ③电磁阀供电端子故障 ④液压控制单元不良
		ABS 起作用	16—13 端子电压超差
不亮	常亮	ABS 不起作用	ABS 警告灯和电磁阀供电端子同时故障
	自检后微亮	ABS 起作用	ABS 警告灯故障
	自检后熄灭	踩制动踏板时，振动强烈	①ABS ECU 不良 ②制动鼓失圆
自检后微亮	自检后微亮	ABS 不起作用	轮速传感器和 ABS 警告灯同时出现故障
偶尔点亮	自检后熄灭	ABS 起作用	①轮速传感器信号不良 ②ABS ECU 插座松动 ③轮毂轴承松旷

二、读取故障码的方法

故障代码的读取和清除方法与发动机电子控制系统的方法相同。ABS 故障代码的读取方法大致可归纳为下述三种：

1．跨接自诊断启动电路读取故障代码

一般 ABS 系统中都设有自诊断插座，维修人员可按规定的方法跨接插座中的相应端子或采用其他方法，然后根据ABS警告灯、跨接线中的发光二极管（LED）或ABS ECU上的发光二极管的闪烁规律，读取故障代码。维修人员再参照故障代码表，确定故障的基本情况。其操作步骤有的简单，有的复杂。

2．借助专用诊断测试仪读取故障代码

借助专用诊断测试仪（有的叫电脑解码器或扫描仪）与ABS故障诊断通信接口相连，按照一定的操作规程，通过与ABS ECU双向通信，从检测仪的显示器或指示灯上显示故障代码。目前这类测试仪器较多，如IAE公司生产OTC、福特公司的SUPER STARII、通用公司的TECH—II、克莱斯勒公司DRB—II、德国大众公司的V. A. G1551或V. A. G1552，以及国产的电眼睛、修车王和金奔腾等。这些测试仪中，有的不仅能读出和清除故障代码，而且还可以向ABS ECU传输控制指令，对ABS的工作进行模拟，对电控系统进行诊断测试，确定故障部位以及故障性质，如德国大众公司的V. A. G1552。目前有的汽车（一般为欧洲车型），只能用专用测试仪才可以读取ABS的故障代码或进行故障诊断。

3．利用汽车仪表板上的信息显示系统读取故障代码

有的汽车仪表板上具有驾驶员信息系统，即中心计算机系统。检修人员可以按照一定的自检操作程序，从信息显示屏上显示ABS的故障代码或故障信息。

三、利用故障仪V. A. G1551读取故障码

1．检测条件

（1）在所有的车轮上必须安装规定的且尺寸相同的轮胎，轮胎气压也要符合规定。

（2）常规的制动系统（包括制动灯开关和制动灯）应正常。

（3）液压管和管接头不能有泄漏（对液控单元、制动主缸、轮缸进行目测检查）。

（4）车轮轴承和轴承间隙都正常。

（5）ABS（J104）的线束插头正确插上，ABS部件的触点应无损坏，安装位置应正确。

（6）所有熔断器完好。

（7）供电电压正常。

2．连接仪器

（1）关闭点火开关，打开诊断接口盖板（位于换挡杆前端的防尘罩下）。

（2）将故障诊断仪V. A. G1551用诊断线V. A. G1551/3连接在诊断接口。

3．读取故障码

故障诊断仪按键及其功能见表3—3—2，而代码及其含义见表3—3—3。

表 3—3—2　　故障诊断仪按键及其功能

按键	C 键	Q 键	→键	HELP 键
功能	更改输入数据及当前菜单	确认信息	下一步	帮助信息

表 3—3—3　　代码及其含义

代码	01	02	03	04	05	06	07	08
含义	状态信息显示	读取故障码	终端显示	基本设定	清除故障码	结束，退出	ECU 编码	数据流显示

读故障码的步骤如下：

(1) 打开点火开关，屏幕显示：

Test of vehicle systems　　HELP Insert address word××	车辆系统测试　　帮助 输入地址 ××

(2) 按“0”和“3”键选择“制动系电控系统”，这时屏幕显示：

Test of vehicle systems　　Q 03—Brake electronics	汽车系统测试　　确认 03—制动系电控系统

(3) 按“Q”键确认输入，这时屏幕显示 ABS 控制单元识别代码：

3A0 907 379 ABS ITT AE 20 GI VOD Colding 04505　　WCS×××××

其中“3A0 907 379 ABS”为控制单元备件号，“ABS ITT AE 20 GI”为 ITT 公司 ABS 产品型号，“VOD”为控制单元软件版本，“WCS ×××××”为维修站代号。

(4) 按“→”键，这时屏幕显示：

Test of vehicle systems　　HELP Select function　××	汽车系统测试　　帮助 选择功能 ××

(5) 按“0”和“2”键选择“查询故障存储器”。

(6) 按“Q”键确认输入，这时屏幕显示如下。说明：按“→”键，故障依次显示出来。

X Faults recognised　　→ No fault recognised　　→	发现 X 个故障　　→ 未发现故障　　→

(7) 故障显示完毕后，按“→”键返回初始位置。

(8) 关闭点火开关，拔下 V. A. G1551 的插头。

4．清除故障码

（1）按“0”和“5”键选择“清除故障存储器”。

（2）按“Q”键确认输入。

（3）按“→”键。

（4）按“0”和“6”键选择“结束输出”。

（5）关闭点火开关，拔下 V. A. G1551 的插头。

（6）打开点火开关，ABS 故障警告灯和制动装置警告灯亮约 2 s 后必须熄灭，说明系统正常。

四、ABS 系统典型故障诊断流程

对该 ABS 故障警告灯常亮的桑塔纳 2000Gsi 读取故障码，故障码显示为 00287（右后轮转速传感器 G44 出现故障）。现在，根据如图 3—3—1 所示的 ABS 系统诊断流程图进行下一步的操作——参照故障代码表进行维修。可以按照第二课题中对转速传感器的检测方法分别对转速传感器的电阻值、信号电压、转速传感器的磁头与齿圈的间隙及其线束等方面进行检测。在检测过程中发现转速传感器的电阻值已超出标准值，于是更换转速传感器。清除故障码并试车，故障排除。

不同的车型，故障的检修尽管有所不同，但基本方法类似，下面就以桑塔纳 2000Gsi 为例进行介绍。该车型的典型故障可归纳为三种类型，即偶发性故障、无故障码、有故障码。

1．偶发性故障的诊断

在电子控制系统中，在电气线路和输入、输出信号的地方，可能出现瞬时接触不良问题，从而导致偶发性故障或在 ECU 自检时留下故障代码。如果故障原因持续存在，那么只要按照故障代码检查表就可以发现不正常的部位，不过有时候故障发生的原因会自行消失，所以不容易找出问题。在这种情况下，可按下列方式模拟故障（见图 3—3—1），检查故障是否再现。

（1）当振动可能是主要原因时：将接头轻轻地上下左右摇动；将线束轻轻地上下左右摇动；将传感器轻轻地上下左右摇动；将其他运动件（如车轮轴承等）轻轻摇动。如果线束有扭断或因拉得太紧而断裂，就必须更换新件，尤其是传感器在车辆运动时因为悬架系统的上下移动，可能造成短暂的断路或短路。因此检查传感器信号时必须进行实车行驶试验。

（2）当过热或过冷可能是主要原因时：用吹风机加热被怀疑有故障的部件；用冷喷雾剂检查是否有冷焊现象。

（3）当电源回路接触电阻过大可能是主要原因时：打开所有电器开关，包括前照灯和后除霜开关。

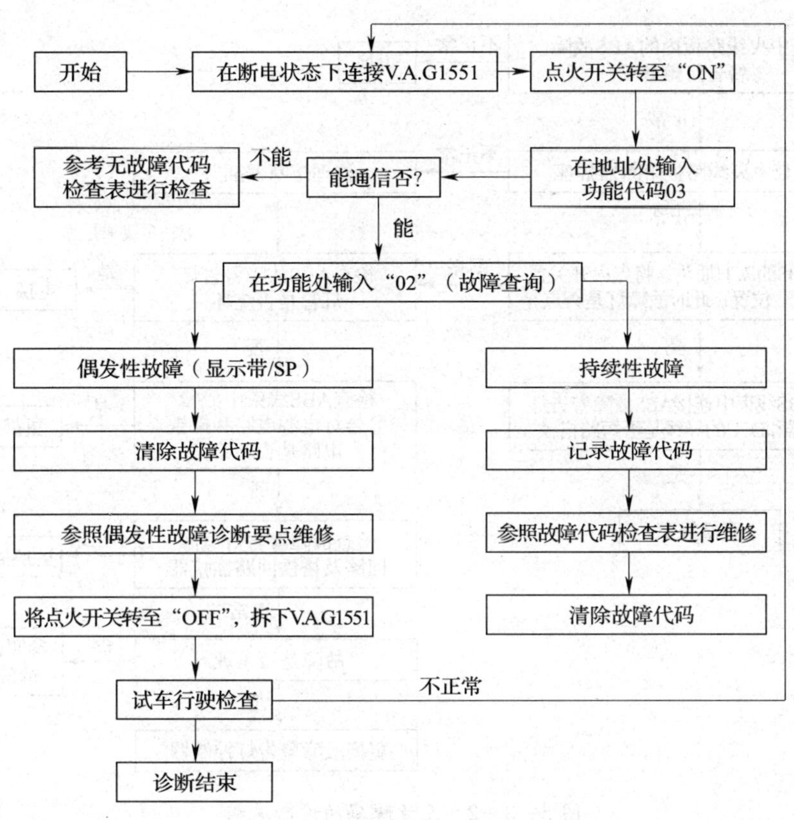

图 3—3—1　ABS 系统诊断流程图

如果此时故障没有再现，就必须等到下次故障再出现时才能诊断维修。一般说来，偶发性故障只会越变越糟，不会变好。

2．无故障码的检查诊断

ABS 系统有故障，但又不能利用故障诊断仪读取故障码，可以根据下面两个典型的故障诊断分析进行相关的维修。

（1）点火开关在“ON”位置，发动机未起动时，ABS 警告灯不亮

1）故障原因。熔断器烧断，ABS 故障警告灯灯泡烧坏，电源线路断路，ABS 警告灯控制器损坏。

2）故障诊断。出现此故障时，按如图 3—3—2 所示程序进行检查和诊断。

（2）无法与 V. A. G1551 接通，无诊断码输出

1）故障原因。无法与故障诊断仪 V. A. G1551 接通时，可能是 ABS ECU 电源回路或是诊断线回路断路造成，如熔断器烧毁、诊断线断裂或接头松脱等；也可能是 ABS ECU 损坏，或 V. A. G1551 有问题。

2）故障诊断。产生此问题时，可按如图 3—3—3 所示的程序进行诊断。

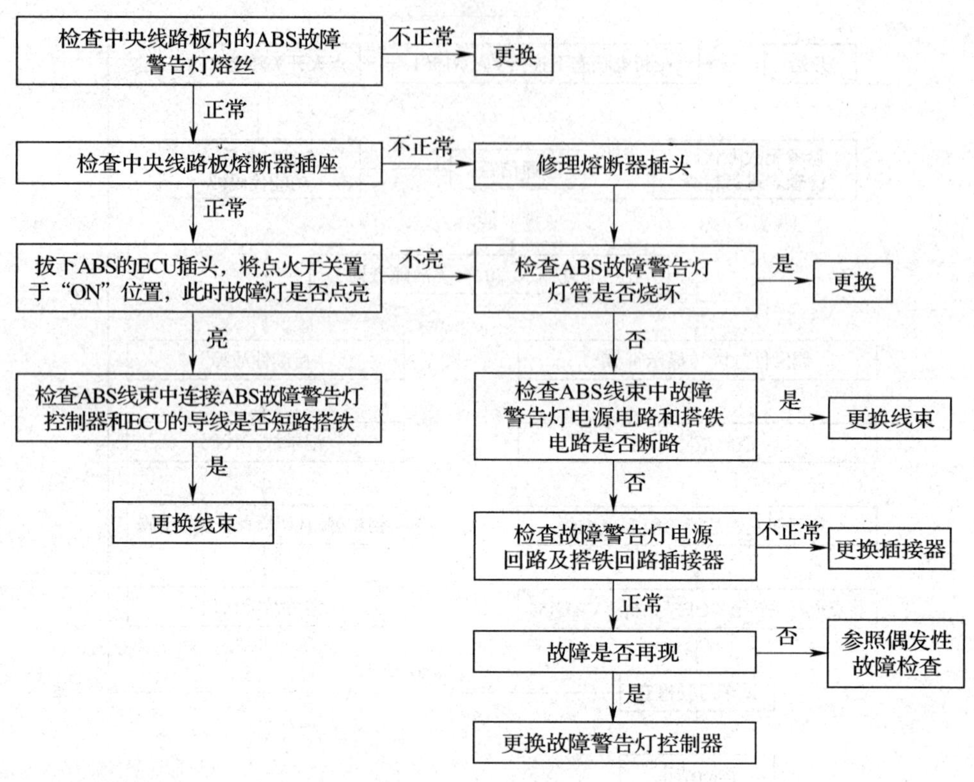

图 3—3—2　无故障码的诊断流程

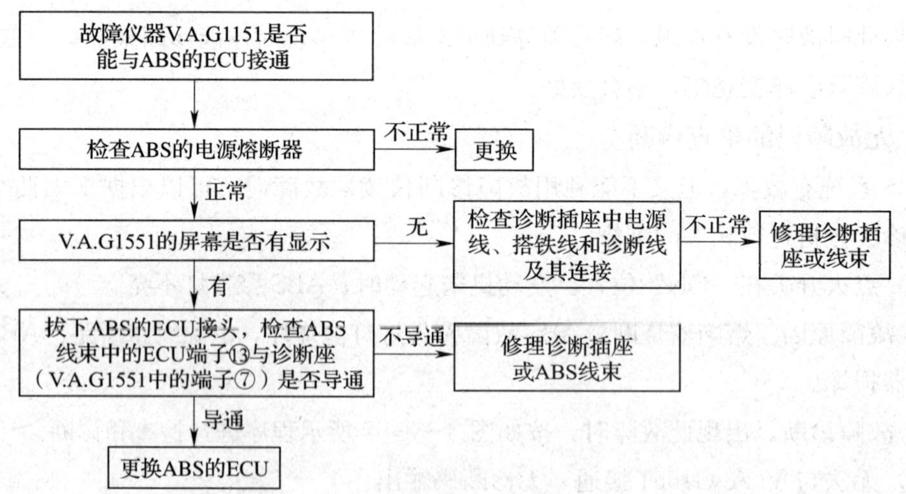

图 3—3—3　无法与 V. A. G1551 接通的情况下的诊断流程

（3）故障诊断时的注意事项

ABS采用电子液压控制，ABS 系统的正常工作情况见表 3—3—4。表 3—3—4 所列现象是正常的，并不是故障。

表 3—3—4　　ABS 系统的正常工作情况

现象	说　明
系统自检声音	起动发动机后，有时候会从发动机舱中传出类似碰击的声音，这是 ABS 进行自检的声音，并非不正常
ABS 起作用时的声音	1. ABS 液压单元内电动机的声音 2. 与制动踏板振动一起产生的声音 3. ABS 工作时，因制动而引起悬架碰击声或轮胎与地面接触发出嘎吱声 注：ABS 正常工作时，轮胎仍有可能发出嘎吱声
ABS 起作用，但制动距离长	在积雪或是砂石路面上，有 ABS 的车辆的制动距离有时候会比没有 ABS 车辆的制动距离长。因此须提醒驾驶人在上述路面行驶时应加倍小心

五、故障仪 V. A. G1551 的其他功能

1. 基本设定功能

基本设定功能用于 ABS 的加液和排气，凡出现储液罐中制动液流尽的情况（如系统泄漏），则必须使用该功能。

仪表 SVW1238A 适用于在基本设定时对 ABS 加液和排气，将仪器的充液压力调节到不超过 0.1 MPa，以确保液压单元充分放气。

（1）连接 V. A. G1551，输入地址码“03”选择“制动系电控系统”。

（2）输入“0”和“4”键选择“基本设定”。

（3）按“Q”键确认，屏幕上显示：

Introduction of basic setting　　HELP Enter display group number××	基本设定　　帮助 输入显示组号 ××

（4）输入“0”和“1”键进入“显示组 1”，屏幕上显示：

System in basic setting　　1 Depress pedal and hold	基本设定　　1 踩下制动踏板并且保持

踩下制动器踏板，液压泵 V64 运转，制动踏板上抬。

（5）重踩下制动踏板并保持，屏幕上显示：

System in basic setting　　1 Rel，pedal；FR/FL bleed screw OPEN ↑	基本设定　　1 松开踏板；右前/左前 放油螺钉松开　↑

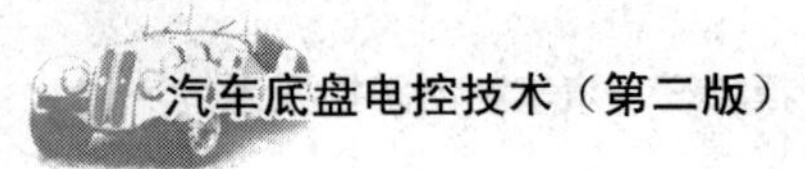

（6）按“→”键，屏幕上显示：

System in basic setting 2 Please wait...（10 s）	基本设定 2 请等待……（10 s）

此时液压泵V64运转，等10 s后，屏幕上显示：

System in basic setting 2 Depress pedal 10X；bleed screw CLOSED ↑	基本设定 2 踩下踏板10次，放油螺钉拧紧 ↑

（7）重复步骤（3）至步骤（6），排气完成后按“→”，回到功能选择菜单。

（8）输入“0”和“6”键选择“结束输出”，按“Q”键确定。

（9）关闭点火开关。

（10）拆下V. A. G1551。

（11）再按常规制动器对管路进行放气。

2．电控单元编码

通常ABS电控单元在车辆出厂时已经有编码，但维修站供应的ABS电控单元配件则没有编码，因此更换ABS电控单元后，须借助故障阅读器V. A. G1551或车辆系统测试仪V. A. G1551重新编码。

如果ABS电控单元没有编码或编码错误，ABS故障警告灯和制动装置警告灯将以1次/s的频率闪烁。以V. A. G1551为例，ABS电控单元编码的过程如下：

（1）连接V. A. G1551，输入地址码“03”选择“制动系电控系统”。

（2）输入“0”和“7”键选择“电控单元编码”。

（3）按“Q”键确认。

（4）输入编码“04505”（桑塔纳2000GSI和GSI——AT型轿车MK20—I型ABS编码号为04505），按“Q”键确认。

（5）按“→”键。

（6）输入“0”和“6”键选择“结束输出”，按“Q”键确认。

（7）关闭点火开关，拔下V. A. G1551的插头。

思考与练习

1. 三通道控制方式的ABS的特点有哪些？
2. 在拆ABS系统时，为什么需要卸压？
3. 在拆蓄电池时，需要注意的问题有哪些？
4. 简述电磁式车速传感器的工作原理。

5. 检测车轮转速传感器的主要内容有哪些？简述其检测步骤。
6. 简述高附着系数路面上的防抱死制动过程。
7. ABS 故障代码的读取方法大致可归纳为哪三种？
8. 简述 ABS 系统的诊断流程。

模块四 汽车驱动防滑系统与电子制动力分配

课题一 汽车驱动防滑系统

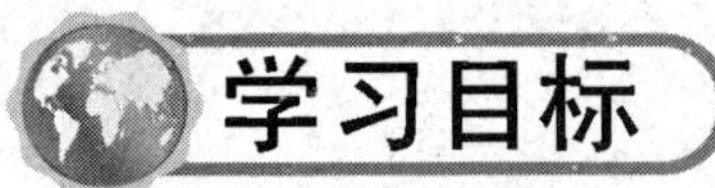

学习目标

◆ 了解汽车驱动防滑系统的定义与基本组成。

◆ 熟悉汽车驱动防滑系统的控制方法。

◆ 掌握制动压力调节器的制动过程。

◆ 熟悉典型 ASR 制动压力调节装置的控制过程。

想一想

后驱车和前驱车相比较，在雪地行车哪个更易打滑？哪个更易出现危险呢？因后轮驱动滑转与前轮滑转造成的滑转率相同的条件下附着系数降低虽相同，但前轮侧滑能被抑制，而后轮甩尾不能被抑制，因此后驱车相对危险，但是，若汽车装有防滑转系统（ASR）则另当别论了。你知道 ASR 是如何控制进行防滑的吗？

一、汽车驱动防滑系统的定义

根据汽车理论知识，汽车在路面上行驶时，其驱动力主要取决于两个方面：第一是发动机输出扭矩和功率，第二是路面附着系数。汽车在行驶过程中，如果路面附着系数比较小，当汽车起动或加速时，很容易导致车轮超过最大附着系数，多余的转矩使车轮打滑，附着力明显降低，使汽车失去稳定的牵引能力和操纵能力。汽车的驱动防滑系统就是当车轮出现滑转时，通过对滑转侧的车轮施加制动力或控制发动机的输出转矩以抑制车轮的滑转，从而避免汽车牵引力与行驶稳定性的下降。

汽车驱动轮防滑转控制系统通常称为防滑转系统 ASR（Anti－Slip Regulation

System)。由于防滑转系统都是通过调节驱动轮的驱动力（牵引力）来实现的，因此又被称为汽车牵引力控制系统 TCS（Traction Control System）或 TRC。

二、驱动防滑系统的基本组成

ASR 系统的基本组成如图 4—1—1 所示。ASR 系统由传感器、电子控制单元（ECU）、执行器、驱动轮制动器组成，各主要部件的功能如下：

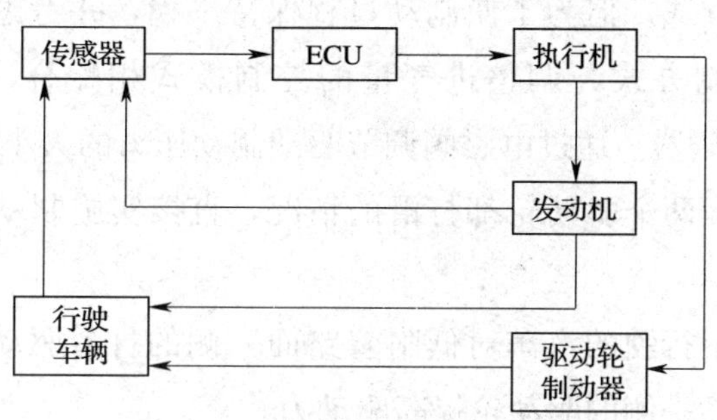

图 4—1—1　ASR 系统的基本组成

1．电子控制单元（ECU）

ECU 是 ASR 的控制单元，具有运算功能，根据前后轮转速传感器传递的信号以及发动机和自动变速器的电子控制单元中节气门信号来判断汽车的行驶条件，分析判断后，对节气门执行器、ASR 制动执行器发出指令，执行器完成对发动机输出转矩的控制和对制动压力的调整。

2．传感器

ASR 系统的传感器主要是轮速传感器和节气门传感器。一般轮速传感器与 ABS 系统共用，主要来完成对车轮转速的检测，并将轮速信号传送给 ABS 和 ASR 电子控制单元（轮速传感器的工作原理见模块三相关内容）。

3．执行器

ASR 系统的执行器主要是 ASR 执行器和节气门执行器。前者根据从 ABS 和 ASR 电子控制单元传来的信号，为 ABS 执行器提供液压。后者则根据 ASR 电子控制单元传送来的信号，改变节气门的开度来控制发动机的输出功率，进而实现抑制驱动车轮滑转的目的。

三、驱动防滑系统的控制方法

1．调节发动机的输出转矩

合理地控制发动机输出转矩，能够使汽车的驱动轮获得最大驱动力。发动机输出转矩的控制方式有：

（1）调整进气量，如调整节气门的开度和辅助空气装置。

（2）调整点火时间，如减小点火提前角或停止点火。

（3）调节燃油喷油量，如减少或中断供油。

2．控制驱动轮的制动力

这种方法是对发生滑转的驱动轮直接加以制动。该方式响应时间最短，是防止滑转最迅速的一种控制方式，但为了使制动过程保持平稳，并考虑汽车舒适性，其制动力应缓慢升高。该控制方式与调整进气量的控制模式相配合，能达到较好的效果。ASR制动压力源是蓄压器，通过电磁阀调节驱动制动压力的大小。

（1）对于附着路面两个驱动轮都打滑的情况，直接实施制动一般可以使驱动轮转速到最佳滑转率内。

（2）在分离路面上行驶的汽车对低附着路面一侧的打滑驱动车轮施加制动力，可以使在高附着系数路面一侧的驱动轮提高驱动力。

3．差速器进行控制

当汽车在好路面上行驶时，具有正常的差速作用；而在差路面上行驶时，差速作用被锁止，从而防止驱动车轮打滑。防滑差速器包括机械式和电子式两种。其中，电子控制防滑差速器原理与EDS类似，如V－TCS（Vehicle Tracking Control System）型差速器，就是根据汽车驱动轮的滑移量，控制发动机的转速和汽车的制动力；或者根据左右车轮的转速差来控制转矩，并采用提高转向性能的后湿式防滑差速器与后轮制动器相结合的方法来分配后轮的制动力。又如LSD（Limited Slip Differential）型差速器，通过各传感器掌握汽车和驾驶员的动态，然后按照驾驶员的意愿和要求来最优分配左右驱动轮的驱动力。

4．综合控制

综合控制包括调节发动机的输出转矩与控制驱动轮的制动力综合，调节发动机的输出转矩与差速器控制综合两种。

四、典型ASR制动压力调节装置的控制过程

现在以其中一个制动回路上的车轮制动过程为例，说明液压单元是如何工作的。液压部分在常规的ABS系统基础上增加两个控制阀和两个动态控制高压阀。液压调节装置如图4—1—2所示。

ASR制动压力调节装置的控制过程如下：

1．增压阶段

制动助力器建立预压力使回流泵吸入制动液。N225关闭，N227打开，进油阀保持开启，直到车轮被制动到所需要的制动强度，如图4—1—3所示。

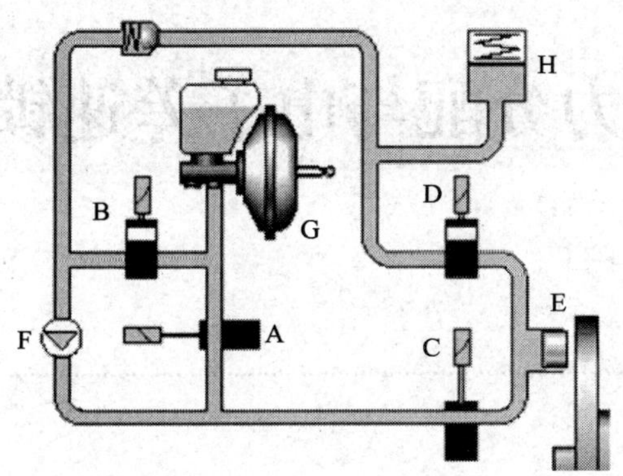

图 4—1—2　液压调节装置

A—控制阀 N225　B—动态控制高压阀 N227

C—进油阀　D—出油阀　E—制动缸

F—回流泵　G—主动伺服器

H—低压蓄能器

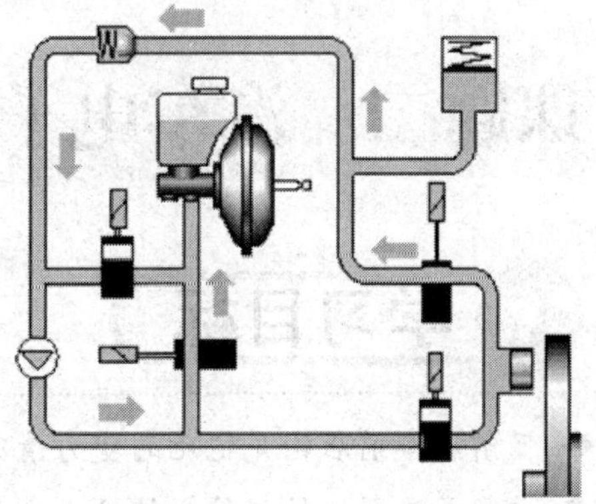

图 4—1—3　ASR 增压阶段

2．保压阶段

电子控制单元通过转速传感器得到的信号识别出车轮有抱死倾向时，单元命令 N225 关闭，N227 关闭，进油阀关闭，出油阀关闭，如图 4—1—4 所示。

3．降压阶段

此时，ASR 控制单元令出油阀打开，进油阀关闭，N225 打开，液压泵开始工作，制动液经低压蓄能器被送回到控制总泵，制动压力降低，制动踏板出现抖动，车轮抱死程度降低，车轮转速增大，如图 4—1—5 所示。

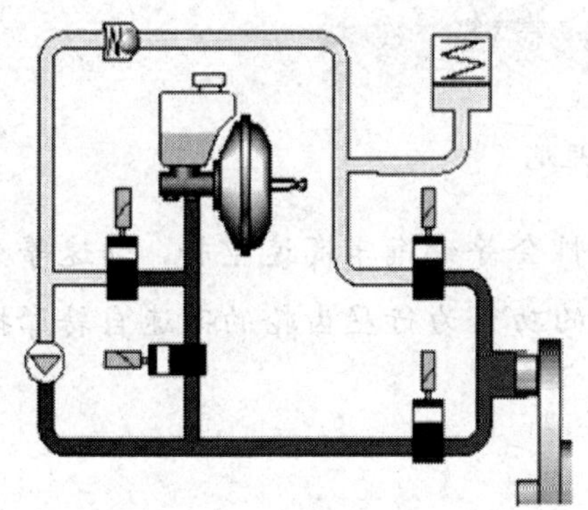

图 4—1—4　ASR 保压阶段

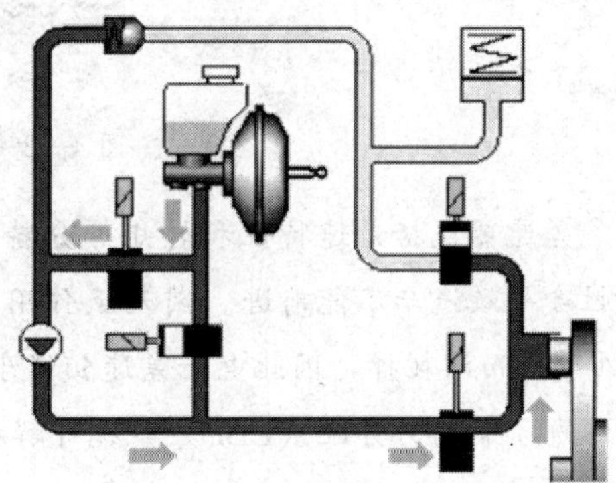

图 4—1—5　ASR 降压阶段

课题二　汽车电子制动力分配与电子差速锁

学习目标

◆ 了解汽车前后轮先抱死的受力情况。

◆ 熟悉差速器的转矩等分特性。

◆ 掌握电子制动力分配与电子差速锁的工作原理。

◆ 能够利用 V. A. G1551 对执行器机构进行诊断。

想一想

1. 你知道差速器的两个特性和两个缺点吗？汽车一轮打滑或悬空时，汽车原地不动，这是由什么原因造成的呢？跟差速器的特性有关系吗？

2. 另外，汽车在紧急制动时，左右、前后轮制动力不等会有什么现象呢？换句话说后轮甩尾（见图 4—2—1）、制动跑偏要怎么消除呢？

图 4—2—1　汽车后轮甩尾

差速器包括差速特性和转矩等分特性，差速特性会导致汽车高速空转，转速等分特性会导致汽车不能前进。因无反作用力，发动机的功变为行星齿轮的高速自转摩擦（M 摩）而消耗掉，因此电子差速锁诞生了。

电子制动力分配（EBD）系统可解决该问题。

一、前轮先抱死和后轮先抱死的受力情况分析

从受力情况简单地分析一下汽车前轮抱死和后轮抱死两种侧滑情况。

如图 4—2—2a 所示是前轮抱死拖滑而后轮滚动的受力情况，并设转向盘固定不动，前轴如受侧向力作用，前轴中点前进速度 V_A 与汽车纵向轴线的夹角为 α，后轴 V_B

的方向仍为汽车的纵向方向，此时汽车将发生类似转弯的运动，其瞬时回转中心为速度 V_A、V_B 两垂线的交点 O。汽车做圆周运动时，产生了作用于质心 C 的惯性力 F_j。显然 F_j 的方向与汽车侧滑的方向相反，F_j 能起到阻止前轴侧滑的作用，即汽车还处于一种稳定状态，但失去了对方向的控制。在转弯制动或前方有障碍物时，可能会出现事故。图 4—2—2b 是后轮制动抱死而前轮滚动的受力情况。如有侧向力作用、后轮发生侧滑的方向正好与惯性力 F_j 的方向一致，于是惯性力加剧了后轴的侧滑，后轴侧滑又加大了惯性力 F_j，汽车将急剧转弯。因此，后轴侧滑（甩尾）是一种不稳定的、危险的工况。但在下面的几种后轮抱死情况下后轴不会发生侧滑：

1. 后轴只有一个车轮抱死。
2. 前轴先于后轴抱死。
3. 制动时起始车速低于 48 km/h。
4. 后轮与前轮先抱死的时间间隔在 0.5 s 内。

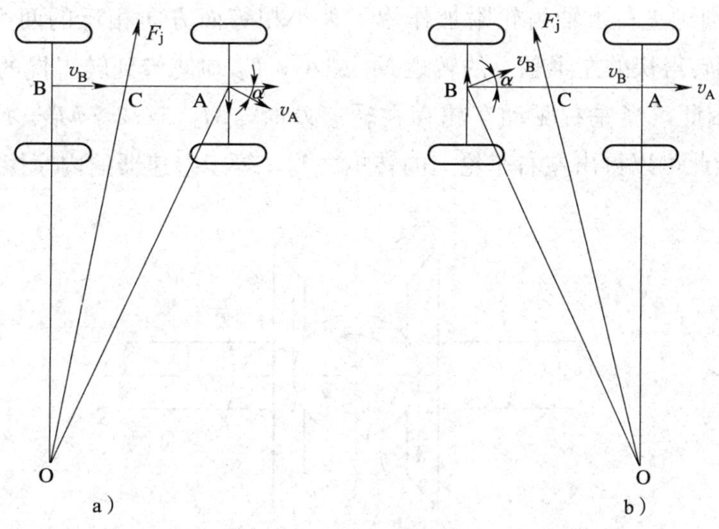

图 4—2—2　汽车侧滑时的受力

a）前轴侧滑　b）后轴侧滑

综上所述，从保证汽车横向稳定性的角度出发，首先不能出现只有后轴抱死，或后轴车轮比前轴车轮先抱死的情况，以防止后轴侧滑的发生。其次，尽量少出现只有前轴车轮抱死或者前后轮都抱死的情况，以维持汽车的转向能力。最理想的情况就是防止车轮抱死，前后车轮都处于滚动状态，这样就可以确保制动时的方向稳定。

二、差速器的转矩等分特性

差速器主要包括两个特性：

1．差速特性

$n_{左}+n_{右}=2n_{壳}$，n 为转速特性。

2．转矩等分特性

$M_{左}+M_{右}=M_t$；$M_{左}=M_{右}=M_t/2$，M 为转矩特性。

本课题主要讲解转矩等分特性。

由主减速器传来的转矩 M_0，经差速器壳、行星齿轮轴和行星齿轮传给半轴齿轮。行星齿轮相当于一个等臂杠杆，而两个半轴齿轮的半径也是相等的。因此，当行星齿轮没有自转时，总是将转矩 M_0 平均分配给左、右两半轴齿轮，即 $M_1=M_2=M_0/2$。当两半轴齿轮以不同转速朝相同方向转动时，设左半轴转速 n_1，大于右半轴转速 n_2，则行星齿轮将按如图 4—2—3 所示的实线箭头 n_4 的方向绕行星齿轮轴 4 自转，此时行星齿轮孔与行星齿轮轴轴颈间以及齿轮背部与差速器壳之间都产生摩擦。行星齿轮所受的摩擦力矩 M_r，方向与其转速 n_4 方向相反，如图 4—2—3 上的箭头所示。此摩擦力矩使行星齿轮分别对左右半轴齿轮附加作用了大小相等而方向相反的两个圆周力 F_1 和 F_2。F_1 使传到转得快的左半轴上的转矩 M_1 减小，F_2 却使传到转得慢的右半轴上的转矩 M_2 增加。因此，当左右驱动车轮存在转速差时，$M_1=1/2$（M_0-M_r），$M_2=1/2$（M_0+M_r）。因此可以得出左右车轮上的转矩之差，等于差速器的内摩擦力矩 M_r。

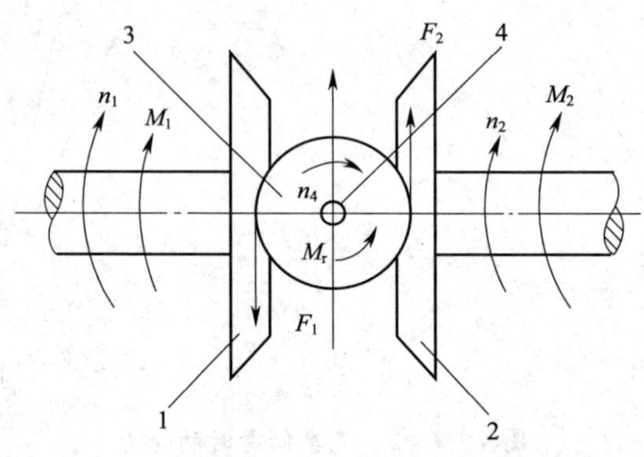

图 4—2—3　差速器转矩的分配

1、2—半轴齿轮　3—行星齿轮　4—行星齿轮轴

由于差速器等分力矩的特性，当汽车的一个驱动车轮接触到泥泞或冰雪路面时，在泥泞路面上的车轮原地滑转，而在好路面车轮静止不动。这是因为在泥泞路面上车轮与路面之间附着力很小，路面只能对半轴作用很小的反作用转矩，虽然另一车轮与好路面间的附着力较大，但因对称式锥齿轮差速器具有转矩平均分配的特点，使这一个车轮分配到的转矩只能与传到滑转的驱动轮上的很小的转矩相等，致使总的牵引力不足以克服行驶阻力，汽车便不能前进。这也是差速器等分力矩的特性存在的缺点。

三、电子制动分配的工作原理

ABS制动系统虽能在湿滑路面情况下缩短刹车距离、减少轮胎磨损，并避免轮胎因抱死而失去转向能力，但是ABS须在踩下刹车至车轮抱死时才发挥作用，而EBD则在刹车踩下后即开始运作，可有效辅助ABS，增大保护范围。在车轮部分制动时，电子制动力分配（EBD）功能就起作用，转弯时尤其如此，速度传感器发出四个车轮的转速信号，电子控制单元根据这些信号计算车轮的转速及滑移率。如果后轮滑移率大于某个设定值，则由液压控制单元调节后轮制动压力，使后轮制动力降低，以保证后轮不会先于前轮抱死。同传统的制动力分配方式（如比例阀）相比，电子制动力分配（EBD）功能保证了较高的车轮附着力以及合理的制动力分配。同时，电子制动力分配（EBD）并没有增加新的硬件，而是通过软件来实现了制动力的合理分配，并降低了成本。当ABS起作用时，电子制动力分配（EBD）即停止工作。

EBD的升压及保压工作过程与ABS完全一样，但降压控制有所不同。当后轮有抱死倾向时，后轮的常开阀关闭，常闭阀打开，车轮压力降低，与ABS不同的是：此时液压泵不工作，降压所排放出的制动液暂时存放在低压蓄液器中。EBD的降压过程如图4—2—4所示。

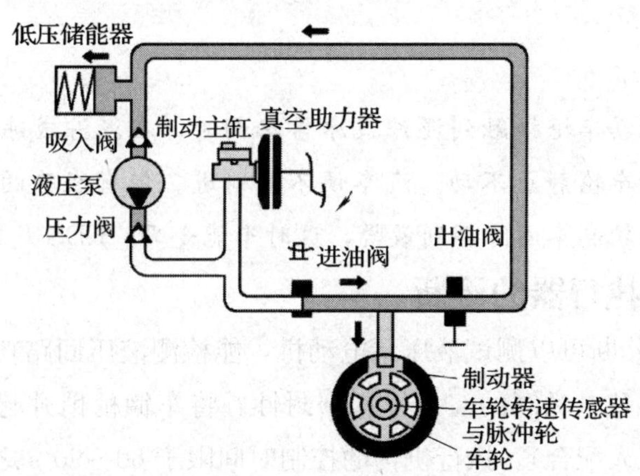

图4—2—4　EBD降压过程

当制动结束后，制动踏板松开，总泵内的制动压力为零，此时再次打开常闭阀，低压蓄液器中的制动液经常闭阀、常开阀返回总泵，低压蓄能器排空，为下一次ABS或EDB做好准备。液压过程如图4—2—5所示。

四、电子差速锁的工作原理

电子差速锁（EDS）是制动防抱死系统（ABS）的一种功能扩展，用于汽车的加速打滑控制。在汽车加速过程中，当电子控制单元根据车轮转速信号判断出某一侧驱动轮打滑时，EDS功能就会自动开始作用，通过液压控制单元对该车轮进行适当强度的制动，提高另一侧驱动轮的附着利用率，克服了差速器转矩等分特性这一缺点，从而提高车辆的通过能力。当车辆的行驶状况恢复正常后，电子差速锁即停止作用。同普通车辆相比，带有EDS的车辆可以更好地利用地面附着力，从而提高了车辆的通过性。

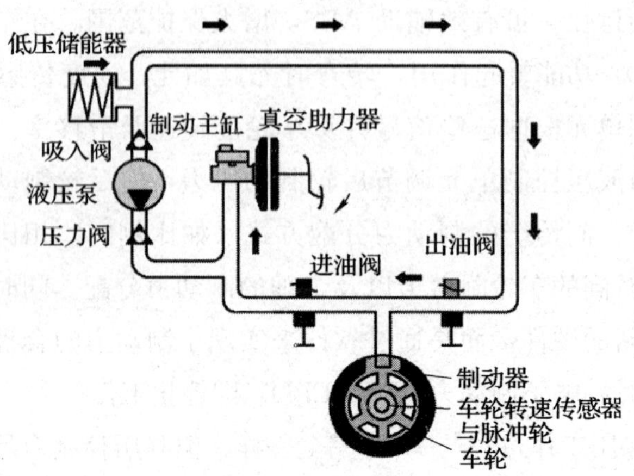

图4—2—5 液压过程

电子差速锁（EDS）的液压控制过程与ASR工作过程完全一样。

工程应用

当汽车的一个驱动车轮接触到泥泞或冰雪路面时，在泥泞或冰雪路面上的车轮原地滑转，而在好路面车轮静止不动。汽车便不能前进。但有经验的驾驶员会下车把泥泞或冰雪路面上的车轮刹车间隙调到最紧，这时车能走吗？EDS是对该轮刹车吗？

五、Mark60执行器的诊断

Mark60执行器诊断可以测试液压泵电动机，能检测液压回路功能的正确性，包括制动管到车轮制动器及电磁阀的互换性和密封性。将车辆稍稍升起，以便车轮可以自由转动（需由2个工人配合）。执行机构的控制时间限于60～90 s之间，如果在这期间不按键“→”。则执行机构试验自动中断。若按“C”键，可随时退出检查程序。在多次踏下制动踏板之后，真空助力器的真空度会下降，为此需在制动踏板上多加一些力，以便得到正常的制动效果。否则应起动发动机，重新建立真空助力器的真空度。操作过程如下：

1. 连接故障诊断仪V. A. G1551。输入地址码“03”，选定“发动机电子装置”，屏幕显示：

快速数据传输	帮助
功能选择××	

2. 输入“03”，选择“读取测量数据块”，并按“Q”键确认。屏幕显示：

快速数据传输	Q
03 执行机构诊断	

3. 按下“Q”键［操作期间 ABS 信号灯（K47）每秒闪烁 4 次，制动装置信号灯（K118）每秒闪烁 3 次］。屏幕显示：

执行机构诊断	→
液压泵 ABS－V39	

4. 此时液压泵 V39 必须起动，再按下键“→”。屏幕显示：

执行机构诊断	→
制动动作	

5. 踏下制动踏板，按下“→”键，屏幕显示：

执行机构诊断	→
EV1：0 V AV1：0 V 车轮 V1 抱死	

其中，EV1：0 V 表示前左进油阀无电压；AV1：0 V 表示前左出油阀无电压，此时左前车轮应抱死，如果不抱死，则可能是制动装置的机械或液压部件有故障。

6. 按“→”键，屏幕显示：

执行机构诊断	→
EV1：UBAT AV1：0 V 车轮 V1 抱死	

其中，EV1：UBAT 表示前左进油阀为蓄电池电压；AV1：0 V 表示前左出油阀无电压，左前车轮应抱死。

7. 按“→”键（液压泵 V39 必须起动，用力踏下制动踏板，如果制动踏板下沉，表示液压单元出现故障，则需要更换液压单元和 ABS 控制单元）。屏幕显示：

执行机构诊断	→
EV1：UABT AV1：UABT 车轮 V1 自由	

其中，EV1：UBAT 表示前左进油阀为蓄电池电压；AV1：UBAT 表示前左出油阀为蓄电池电压，左前车轮应自由转动。

如果此时车轮抱死，则故障可能是通往前车轮制动器的制动管接错。液压泵 V39 不再运转。

8. 再按“→”键，屏幕显示：

执行机构诊断	→
EV1：UABT AV1：0 V 车轮 V1 自由	

其中，EV1：UBAT 表示前左进油阀为蓄电池电压；AV1：0 V 表示前左出油阀无电压，左前车轮应自由转动。

9. 再按"→"键（制动踏板必须感觉下沉，如果制动踏板不下沉，表示液压单元有故障，则需要更换液压单元和 ABS 控制单元），屏幕显示：

执行机构诊断	→
EV1：0 AV1：0 车轮 V1 抱死	

10. 再按"→"键，屏幕显示：

执行机构诊断	→
松开制动	

将脚从制动踏板上移开。至此左前轮的液压回路检查完毕，再按下键"→"，开始重复以上过程依次检查右前轮、左后轮及右后轮。

11. 再按"→"键，屏幕显示：

执行机构诊断	→
EDS 阀/液压泵 UBAT	车轮 V1/Vr 抱死

此时，装有 EDS（电子差速锁）的 EDS 阀和液压泵电压都为电源电压，左、右前轮均应抱死。

12. 再按下键"→"，踏下制动踏板，ABS 信号灯（K47）和制动装置信号灯（K118）均应熄灭，至此执行机构诊断结束。

思考与练习

1. 防滑系统 ASR 的控制方法有哪些？
2. 简述 ASR 制动压力调节装置的控制过程。
3. 差速器的转矩等分特性是什么？
4. 简单地分析一下汽车前轮抱死和后轮抱死两种侧滑的受力情况。
5. 简述电子制动分配（EBD）、电子差速锁（EDS）的工作过程。

模块五 汽车电子稳定程序控制系统

学习目标

- ◆ 了解电子稳定程序控制系统的工作原理。
- ◆ 熟悉电子稳定程序控制系统中传感器的结构及其工作原理。
- ◆ 能对典型电子稳定程序控制系统进行检测。

想一想

汽车的不平稳行驶状态来源于两个方面：一为路面附着力不足，会出现后轮摆尾和前轮侧滑而“过度转向”和“转向不足”；二为操控不当，出现“过度转向”和“转向不足”，引起后轮摆尾和前轮侧滑，从而引起汽车行驶失稳状态。如何解决这个问题呢？

两者皆可通过 ESP 系统来进行调控，使汽车高速安全行驶。汽车上的电子稳定程序控制系统（ESP）使车在制动、驱动、转弯时，像在盆里运动的小球一样，跑不出盆外（见图 5—1—1）。

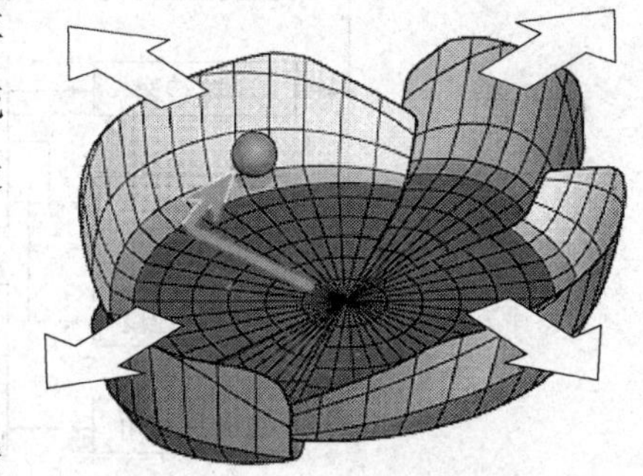

图 5—1—1 在盆里运动的小球

电子稳定程序控制系统（ESP）的特点：

（1）监控传感器多

转向盘转角传感器、轮速传感器、纵向和横向加减速度传感器、横摆率传感器、制动压力传感器、制动开关信号、ESP 开关信号等，并和动力系统联网控制。

（2）ABS、EBD、TCS、ESP 在计算机中合为一体

组成了一个综合信息处理系统，根据汽车失稳程度，计算出恢复汽车稳态所需的各项调节参数（转矩、牵引力、制动力等）。

一、电子稳定程序控制系统（ESP）的定义及工作原理

1. 电子稳定程序控制系统的定义

ESP（Electronic Stability Program，电子稳定程序）是汽车电控的一个标志性发

明。不同的研发机构对这一系统的命名不尽相同，如博世（BOSCH）公司早期称为汽车动力学控制（VDC），现在博世、梅赛德—奔驰公司称为 ESP；丰田公司称为汽车稳定性控制系统（VSC）、汽车稳定性辅助系统（VSA）或者汽车电子稳定控制系统（ESC）；宝马公司称为动力学稳定控制系统（DSC）。尽管名称不尽相同，但都是在传统的汽车动力学控制系统，如 ABS 和 TCS 的基础上增加一个横向稳定控制器，通过控制横向力和纵向力的分布和幅度，以便控制任何路况下汽车的动力学运动模式，从而能够在各种工况下提高汽车的动力性能，如制动、滑移、驱动等。也就是说装备有 ESP 系统的汽车将同时具有 ABS、EDL、TCS（ASR）的功能。

2. 电子稳定程序控制系统的工作原理

ESP 是一套计算机程序，通过对从各传感器传来的车辆行驶状态信息进行分析，进而向 ABS、EDS、ASR 发出纠偏指令，来帮助车辆维持动态平衡。ESP 的计算机会计算出保持车身稳定的理论数值，再比较由侧滑率传感器和加速度传感器所测得的数据，发出平衡、纠偏指令。转向不足，会产生向理想轨迹曲线外侧的偏离倾向；而转向过度则正好相反，向内侧偏离。ESP 控制原理如图 5—1—2 所示。

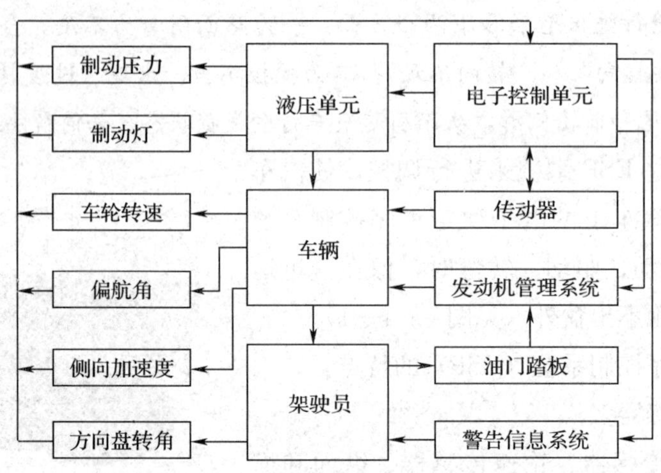

图 5—1—2　ESP 控制原理框图

（1）ESP 系统中包含的项目

1）决定控制器输入参数的传感器。

2）带有分级结构控制器的电子稳定程序的电控单元（ESP ECU）。

3）包括 1 个高级 ESP 控制器和次级打滑控制器。

4）用于制动力、驱动力和横向力的极限控制的执行器。

ESP 具体的纠偏工作是这样实现的：ESP 通过 TCS 装置牵制发动机的动力输出，同时指挥 ABS 对各个车轮进行有目的的刹车，产生一个反横摆力矩，将车辆带回到所希望的轨迹曲线上来。比如，转向不足时，刹车力会作用在曲线内侧的后轮上；而在严重转向过度时会出现甩尾，这种倾向可以通过对曲线外侧的前轮进行刹车得到纠正。

（2）不足转向时的控制策略

如图 5—1—3 所示为不足转向时 ESP 的控制策略。若 ESP 判别汽车具有较大的转向不足倾向，控制系统会自动对位于弯道内侧的后轮实施瞬时制动，以产生预定的滑移率，导致该车轮受到的侧向力迅速减少而纵向制动力迅速增大，于是产生了一个与横摆方向相同的横摆力矩。此外还获得了两个附带的减少不足转向倾向的因素。首先，由于制动而使车速降低；其次，由于差速器的作用，对内侧后轮制动从而导致外侧后轮被加速，即外侧后轮受到的驱动力增加而侧向力减少，于是产生了又一个所期望的横摆力矩。

图 5—1—3　不足转向时 ESP 的控制策略

（3）过度转向时的控制策略

如图 5—1—4 所示为过度转向时 ESP 的控制策略。在出现过度转向时，驱动力分配系统就会降低驱动力矩，以提高后轴的侧向附着力。地面作用于后轴的侧向力相应会提高，从而产生一个与过度转向相反的横摆力矩。位于弯道外侧的非驱动前轮开始

图 5—1—4　过度转向时的控制策略

时几乎不滑动，若仅依靠动力分配系统还不能制止开始发生的不稳定状态，控制系统将自动对该前轮实施瞬时制动，使它产生较高的滑移率，导致该车轮受到的侧向力迅速减少而纵向制动力迅速增大，于是也产生一个与横摆方向相反的横摆力矩。由于对一个前轮制动，车速也会降低，从而获得了一个附带产生的有利于稳定性的因素。

二、电子稳定程序控制系统中的传感器

ESP 中的主要传感器包括转向盘转角传感器 G85、侧向加速度传感器 G200、横摆角速度传感器 G202、纵向加速度传感器 G249、制动压力传感器 G201、TCS/ESP 开关 E256 等。

1. 转向盘转角传感器 G85

转向盘转角传感器 G85 的外形及安装如图 5—1—5 所示。

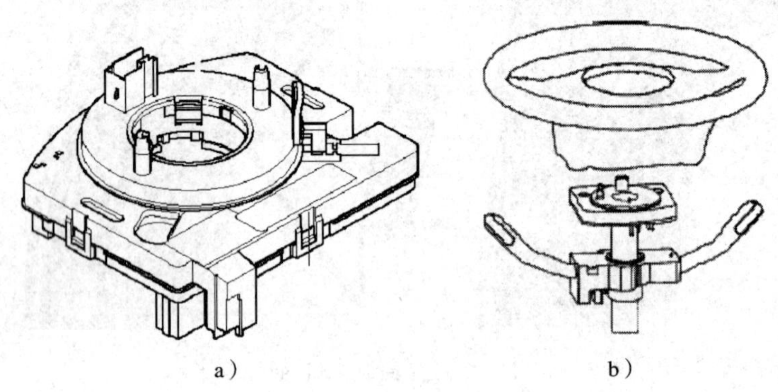

a） b）

图 5—1—5 转向盘转角传感器 G85 的外形及安装

a）外形 b）安装

（1）安装位置：转向柱上，转向开关与转向盘之间，与安全气囊时钟弹簧集为一体。

（2）作用：向带有 EDL/TCS/ESP 的 ABS 控制单元传递转向盘转角信号。

（3）测量范围：－720°～720°，4 圈。

（4）测量精度：1.5°。

（5）分辨速度：1～2 000°/s。

（6）失效影响：系统将不能识别车辆的预期行驶方向（驾驶员意愿），导致 ESP 不起作用。

（7）自诊断：更换控制单元或传感器后，需重新标定零点，标定方法及工作参数见基本设定部分。

（8）电路连接：转向盘转角传感器 G85 是 ESP 系统中唯一一个直接由 CAN－BUS

向控制单元传递信号的传感器。打开点火开关后，转向盘被转动 4.5°（相当于 1.5 cm），传感器进行初始化。

（9）拆装注意事项：安装时，要保证转向盘转角传感器 G85 在正中位置，观察孔内黄色标记可见。

2．侧向加速度传感器 G200

侧向加速度传感器 G200 的结构及工作原理如图 5—1—6 所示。

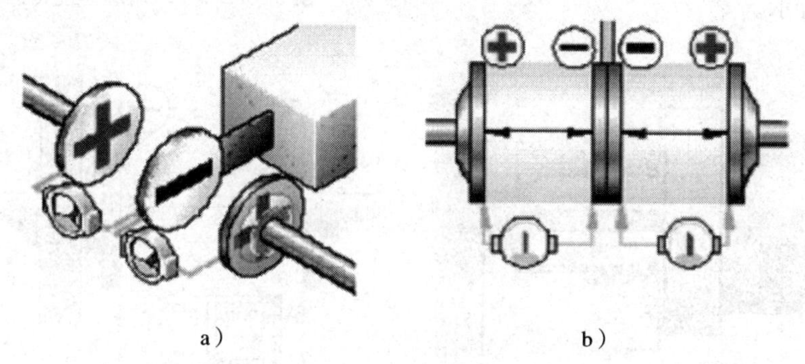

a）　　　　b）

图 5—1—6　侧向加速度传感器 G200 结构及工作原理

a）结构　b）工作原理

（1）安装位置：转向柱下方偏右侧，与横摆角速度传感器连为一体。

（2）作用：确定侧向力。

（3）测量范围：－1.7～1.7 g（加速度）。信号：0～2.5 V。

（4）ESP 失效测量精度：1.2 V/g。

（5）失效影响：没有侧向加速度传感器 G200 信号，无法识别车辆状态。

（6）结构原理：按电容器原理工作，两个电容器串联，中间极片可在作用力下运动。电容器可吸收一定量电荷。只要没有侧向力作用在中间极片上，则两电容器间隙保持恒定，电容量相等。

中间电极在侧向力作用下，其中一个电容器间隙增加，另一个电容器间隙减小，串联电容值也随之改变。最终，电荷的改变决定了侧向力的大小和方向。

3．横摆角速度传感器 G202

（1）安装位置：转向柱下方偏右侧，与侧向加速度传感器 G200 连为一体。

（2）作用：横摆角速度传感器 G202 感知作用在车辆上的转矩，识别车辆围绕垂直于地面轴线方向的旋转运动。

（3）失效影响：没有此信号，控制单元不能识别车辆是否发生转向，ESP 功能失效。

4．纵向加速度传感器 G249

纵向加速度传感器 G249 只在 4 驱车上安装。纵向加速度传感器 G249 的外形如

图 5—1—7 所示。

对于单轴驱动车辆，系统通过计算制动压力、车轮转速信号以及发动机管理系统信息，得出纵向加速度。

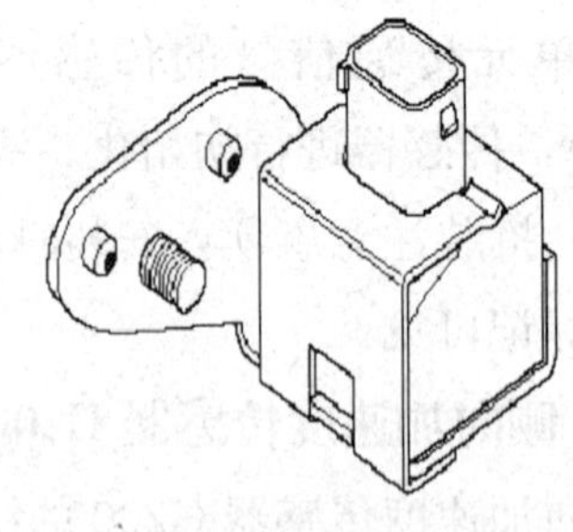

图 5—1—7 纵向加速度传感器 G249 外形

5．制动压力传感器 G201

制动压力传感器 G201 的结构和工作原理如图 5—1—8 所示。

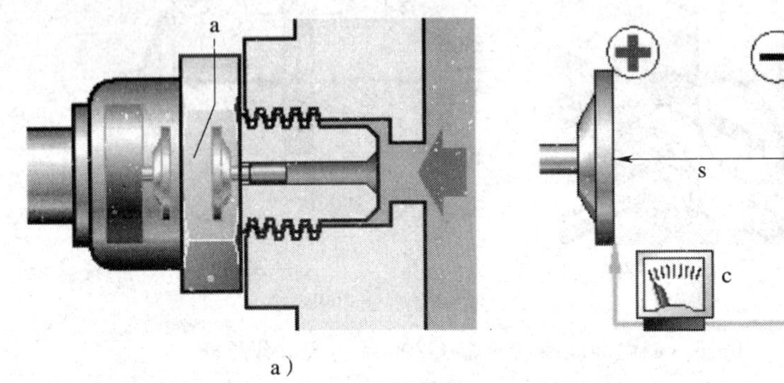

图 5—1—8 制动压力传感器 G201 的结构和工作原理

a）结构 b）工作原理

（1）安装位置：在主缸上，为最大限度保证安全，有些系统采用了两个传感器（双重保障，实际 1 个就够用，本车采用 1 个）。

（2）功能：计算制动力，控制预压力。

（3）测量范围：最大测量值为 170 bar，最大能量消耗为 10 mA、5 V。

（4）失效影响：ESP 功能不起作用。

（5）结构原理：两个传感器都是电容型传感器。为便于说明，用简化的电容器来说明如何感知制动压力。电容量大小由两极间间隙决定（其他因素不变），它可吸收一定量电荷。其中一个电极被固定，另一个可在压力作用下移动，在可移动电极时，两极间间隙变小，电容量增大。压力降低时，电极间隙增大，电容量减小。通过电容量变化，指示压力变化。

6．TCS/ ESP 开关 E256

（1）安装位置：在仪表板上。

（2）作用：按此开关可关闭 TCS/ ESP 功能，并由仪表上的警告灯指示出来，再次按压此开关可重新激活 TCS/ESP 功能。如果驾驶员忘记重新激活 TCS/ESP，再次起动发动机后系统可被重新激活。下列情况下，有必要关闭 TCS/ESP 开关 E256。

1）在积雪路面或松软路面上，让车轮自由转动，前后移动车辆。

2）安装了防滑链的车辆。

3）在测功机上检测车辆 ESP 正在介入时，系统将无法被关闭；E256 失效，ESP 将不起作用。

三、典型电子稳定程序控制系统的检测

1．检测条件

（1）所有熔断器必须正常。

（2）检查之前，断开点火开关及耗电装置。

（3）从 ABS 控制单元 J104 上拔下线束插头，并连接 V. A. G1598/36。

2．检测步骤和内容

（1）检测步骤

Mark60 检测内容共有 23 个项目，见表 5—1—1。在典型防抱死制动系统主要部件的检测中已经详细地讲解了转速传感器、制动开关、电控单元相关的电源电压的检测方法，表 5—1—1 中项目 1～12 的检测内容就不再介绍（可以根据表 5—1—1 控制单元线束插头端子的含义进行相关的检测）。

表 5—1—1　　检测步骤一览表

序号	检测部件	序号	检测部件
1	液压泵 V64 到控制单元 J104 的供电	13	ABS 警报灯 K47 的功能
2	液压单元阀 N55 到控制单元 J104 的供电	14	制动系统警报灯 K118 的功能
3	控制单元 J104 的供电（点火开关）	15	稳定程序报警灯 K115 的功能
4	制动开关 F 的功能	16	ASR/ESP 按钮 E256 的功能
5	右前转速传感器 G45 的电阻	17	转向角传感器 G85 的控制
6	左前转速传感器 G47 的电阻	18	横向加速度传感器 G200 的控制；旋转速率传感器 G202 的控制
7	右后转速传感器 G44 的电阻		
8	左后转速传感器 G46 的电阻	19	制动压力传感器 G201 的控制
9	右前转速传感器 G45 的电压信号	20	检测数据总线导线
10	左前转速传感器 G47 的电压信号	21	V. A. G1551 供电，插头 T16
11	右后转速传感器 G44 的电压信号	22	自诊断 K 线电阻，插头 T16
12	左后转速传感器 G46 的电压信号	23	编码搭片

（2）检测内容

检测内容见表 5—1—2～表 5—1—11。注意：V. A. G1598/33 上插口的布置与控制单元 J104 触点布置相同；如测得值与规定值不符，按表中右侧栏中所述的采取措施；

如果测得与规定值偏差极小，可用G00070004清洁检测仪的插头及接线，然后再检测；更换相应部件前，检查导线及接头，尤其是规定值小于10 Ω更应进行此项检查。

ABS警告灯K47、制动系统警告灯K118、稳定程序警告灯K115的功能检测见表5—1—2。

表5—1—2　检测警告灯K47、制动系统警告灯K118、稳定程序警告灯K115的功能检测

序号	检测内容	检测条件	规定值	与规定值不符合采取的措施
13	ABS警报灯K47的功能	打开点火开关	K47点亮，约2 s后熄灭	(1) 按电路图检查导线 (2) 组合仪表有故障
14	制动系统警报灯K118的功能	打开点火开关	K118点亮，约2 s后熄灭	(1) 按电路图检查导线 (2) 组合仪表有故障
15	稳定程序报警灯K115的功能	打开点火开关	K115点亮，约2 s后熄灭	(1) 按电路图检查导线 (2) 组合仪表有故障

ASR/ESP按钮E256的功能检测见表5—1—3。

表5—1—3　ASR/ESP按钮E256的功能检测

序号	检测内容	检测条件	规定值	与规定值不符合采取的措施
16	ASR/ESP按钮E256的功能	打开点火开关	K115点亮，约2 s后熄灭	(1) 按电路图检查导线 (2) 组合仪表有故障
		按下按钮E256	K115亮	
		再次按下按钮E256	K115熄灭	

转向角传感器G85的控制检测见表5—1—4及表5—1—5。用万用表电压挡20 V检测电压，电阻挡200 Ω或MΩ检测导线。

表5—1—4　检测转向触感器G85的控制供电电压

序号	检测内容	检测条件（一附加工作）	规定值	与规定值不符合采取的措施
17 a	转向角传感器G85的控制供电电压	打开点火开关 拔下G85的插头 ——拔下控制单元T104的插头T47 ——检查G85的触点T6/4及T6/1间导线 ——带开点火开关 ——检查G85的触点T6/5及T6/1间导线	10.0～14.5 V	(1) 按电路图检查导线 (2) 组合仪表有故障

表 5—1—5　　检测转向触感器 G85 的导线

量程：电阻挡（200 Ω 或 MΩ）

序号	检测内容	检测条件（一附加工作）	规定值	与规定值不符合采取的措施
17 b	转向角传感器 G85 的导线	点火开关关闭 量程置于 200 Ω （1）连接 V. A. G1598/36 （2）检查 G85 与 J104 插头间是否断路	最大 1.5 Ω	按电路图检查导线
		（1）量程置于 200 MΩ （2）检查熔断器 S9 （3）检查导线是否对正极或地短路	∞	

检测 G200 和 G202 的控制见表 5—1—6。

表 5—1—6　　检测 G200 和 G202 的控制

量程：电阻挡（200 Ω 或 MΩ）

序号	检测内容	检测条件（一附加工作）	规定值	与规定值不符合采取的措施
18	横向加速度传感器 G200 和旋转速率传感器 G202 的导线	点火开关关闭 量程置于 200 Ω （1）连接 V. A. G1598/36 （2）检查 G200、G202 与 J104 插头间是否断路	最大 1.5 Ω	按电路图检查导线
		（1）量程置于 200 MΩ （2）检查熔断器 S9 （3）检查导线是否对正极或地短路	∞	

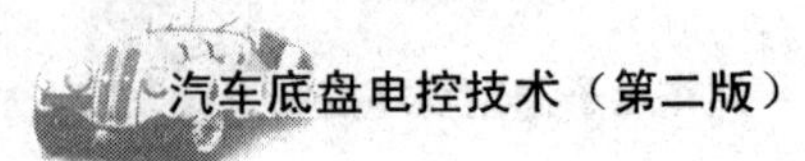

检测 G201 的控制见表 5—1—7。

表 5—1—7　　检测 G201 的控制

量程：电阻挡（200 Ω 或 MΩ）

序号	检测内容	检测条件（一附加工作）	规定值	与规定值不符合采取的措施
19	制动压力传感器 G201 的控制	点火开关关闭 量程置于 200 Ω （1）连接 V. A. G1598/36 （2）检查 G201 与 J104 插头间是否断路	最大 1.5 Ω	按电路图检查导线
		（1）量程置于 200 MΩ （2）检查熔断器 S9 （3）检查导线是否对正极或地短路	∞	

检测数据总线导线见表 5—1—8。

表 5—1—8　　检测数据总线导线

量程：电阻挡（200 Ω 或 MΩ）

序号	插口	检测内容	检测条件	规定值	与规定值不符合采取的措施
20	11 或 15	检测数据总线导线	点火开关关闭 量程置于 200 Ω （1）拔下与数据总线相连接的控制单元插头 （2）连接 V. A. G1598/36 （3）检查数据总线插头是否短路	最大 1.5 Ω	按电路图检查导线
			（1）量程置于 200 MΩ （2）检查熔断器 S9 （3）检查导线是否对正极或地短路	∞	

检测 V. A. G1551 供电、插头 T16 见表 5—1—9。

表 5—1—9　　检测 V. A. G1551 供电、插头 T16

量程：电压挡 20 V

序号	检测内容	检测条件	规定值	与规定值不符合采取的措施
21	V. A. G1551 供电，插头 T16	打开点火开关 用 V. A. G1594 将 V. A. G1594 连到插头 T16 上	10.0～14.5 V	按电路图检查导线

检测 K 线电阻、插头 T16 见表 5—1—10。

表 5—1—10　　检测 K 线电阻、插头 T16

量程：电阻挡 200 Ω

序号	检测内容	检测条件	规定值	与规定值不符合采取的措施
22	自诊断 K 线电阻，插头 T16	打开点火开关 （1）拔下 V. A. G1598/36 （2）用 V. A. G1594 将 V. G. A1526 连到 J104 插头的点 T16/7 及T47/2 上	0.0～1.0 Ω	按电路图检查导线

检测编码搭片见表 5—1—11。

表 5—1—11　　检测编码搭片

序号	端子号	检测内容	检测条件	规定值	与规定值不符合采取的措施
23	12+38	前轮驱动 ESP 编码搭片	打开点火开关	0.0～1.0 Ω	按电路图检查导线

控制单元（J104）线束插头端子的含义见表 5—1—12。根据表 5—1—12 中内容进行相关检测。

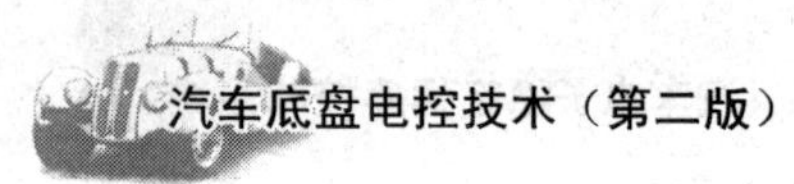

表 5—1—12　　　　控制单元（J104）线束插头端子的含义

端子	连接部件	端子	连接部件
1	蓄电池供电正极	25	未使用
2	插头 T16/7，K 线	26	G200 和 G202 供电
3	纵向加速传感器 G251 信号线①	27	未使用
4	点火开关供电	28	未使用
5	纵向加速传感器 G251 地线①	29	未使用
6	横向加速传感器 G200	30	未使用
7	纵向加速传感器 G251 供电①	31	未使用
8	仅用于导航系统车	32	蓄电池供电正极
9	接触点 12 的编码搭片②	33	右前转速传感器 G45
10	仅用于导航系统车	34	右前转速传感器 G45
11	数据总线导线	35	未使用
12	接触点 9 的编码搭片② 接触点 38 的编码搭片④	36 37	左后转速传感器 G46 左后转速传感器 G46
13 14	ASR/ESP 按钮 E256 接触点 38 的编码搭片③	38	接触点 12 的编码搭片＃＃ 接触点 14 的编码搭片＃
15	数据总线导线	39	未使用
16	左纵梁上接地点	40	旋转速率传感器 G202 信号线
17	未使用	41	制动开关 F
18	制动压力传感器 G201 供电	42	右后转速传感器 G44
19	制动压力传感器 G201 信号线	43	右后转速传感器 G44
20	制动压力传感器 G201 地线	44	未使用
21	未使用	45	左前转速传感器 G47
22	未使用	46	左前转速传感器 G47
23	未使用	47	左纵梁上接地点
24	G200 和 G202 地线		

注：①四轮驱动车；②带 ESP 的四轮驱动车；③带 ASR 的前轮驱动车；④带 ESP 的前轮驱动车。

3．数据流的读取

控制单元能传递很多数据，这些测量数据表示系统或传感器的工况，有助于故障的诊断及排除。因为这些数据不能同时出现，所以它们都包括在某一显示组内，可通过显示组号将其调出。

注意：试车时，如需使用检测仪器，检测仪器必须固定在后座上，行驶中，应由另一个人员来操作仪器。

(1) 连接故障阅读仪 V. A. G1551。输入地址码“03”，选定“发动机电子装置”，屏幕显示：

快速数据传输	帮助
功能选择××	

(2) 输入“08”，选择“读取测量数据块”，并按“Q”键确认。屏幕显示：

测量数据块	Q
输入显示组号×××	

(3) 输入相应的显示组号。按“Q”键确认输入，以显示组 001 为例，此时屏幕显示：

读取测量数据块			→
1	2	3	4

(4) 对于 V. A. G1551 按“3”键或“1”键可向前或向后显示相应的显示组，对于 V. A. S5051 则按“▲”键或“▼”键。Mark60 数据流显示组号见表 5—1—13。

表 5—1—13　　Mark60 数据流显示组号一览表

屏幕显示 1 2 3 4	显示组号	显示区	含义
测量数据块读数 1 → 0 km/h 0 km/h 0 km/h 0 km/h	001	1 2 3 4	左前转速传感器的车轮转速 右前转速传感器的车轮转速 左后转速传感器的车轮转速 右后转速传感器的车轮转速
测量数据块读数 2 → 0 km/h 0 km/h 0 km/h 0 km/h	002	1 2 3 4	左前转速传感器的车轮转速 右前转速传感器的车轮转速 左后转速传感器的车轮转速 右后转速传感器的车轮转速
测量数据块读数 3 → unbetat aus aus aus	003	1 2 3 4	制动灯开关 制动系统报警灯 ABS 警告灯 ASR/ESP 警告灯

续表

屏幕显示 1　　2　　3　　4	显示组号	显示区	含义
测量数据块读数　4　→ 0.05　0.0 m/s²　1.265/s	004	1 2 3 4	转向角传感器 横向加速度传感器 旋转速率传感器 未使用
测量数据块读数　5　→ 1.06 bar	005	1 2 3 4	制动压力传感器 未使用 未使用 未使用
测量数据块读数　6　→ 0 m/s²	006	1 2 3 4	纵向加速度传感器 未使用 未使用 未使用
测量数据块读数　125　→ 1　1　1　0	125	1 2 3 4	发动机数据总线 转向角数据总线 四轮驱动数据总线 变速器数据总线

(5) 注意事项

1) 显示组 001：显示的是车轮瞬时速度，可用于检查转速传感器与车轮的匹配（为此需要举起车辆，让另一名技工用手转动车轮）。

2) 显示组 002：显示的是控制单元 J104 存储了转速传感器中第一批可用电压信号，并将其作为固定值显示在测量数据块中。如果显示区 1 和 2 的偏差大于 6 km/h 或显示区 3 和 4 的偏差大于 2 km/h，其故障原因如下：

①传感器和齿圈的间隙过大，应检查转速传感器是否正确安装在车轮轴承壳体上。

②传感器或齿圈可能已被损坏。

3) 显示组 003：显示区 1，未踩下制动踏板应显示 unbetat；踩下制动踏板应显示 betatigt，否则检查线路或调整制动开关。显示区 2，制动系统警告灯 aus (off)；ein (on)。显示区 3，ABS 警告灯 aus (off)；ein (on)。显示区 4，ASR/ESP 警告灯 aus

(off)；ein (on)（自诊断过程中，ABS警告灯和制动系统警告灯一直在闪亮。）

4）显示组004：显示区1，转向角传感器，直行时−4.5°～4.5°。显示区2，横向加速度传感器，静止时−1.5～1.5 m/s²，以20 km/h，方向盘至止点，测量值应均匀上升。显示区3，偏航传感器，静止时−2.5～2.5°/s。

5）显示组005：未踏下制动踏板时，−7～7 bar。

6）显示组006：纵向加速度传感器，静止时−1.5～1.5 m/s²，前进/后退加速时该值匀速上升。

7）显示组125：1表示数据总线已连接；0表示数据总线未接好。

4．基本设定

更换了转向盘转角传感器G85及控制单元J104后，须重新进行标定工作。即传感器应在转向盘正前方位置。若G85底部检查孔内的黄点清晰可见，则表明传感器在零点位置。更换了压力传感器、侧向/纵向加速度传感器，也需要做调整工作。偏航传感器自动校准。下列为04功能“基本设定”中的通道号：60—转向盘转角传感器G85零点调整；63—侧向加速度传感器G200零点调整；66—制动压力传感器G201零点调整；69—纵向加速度传感器零点调整（四轮驱动）。

(1) G85零点平衡

1）连接V. A. G1551或V. A. S5051，进入“03”地址。

2）登录11 Q，40168 Q（做多项调整时，只需登录1次）。

3）启动车辆，在平坦路面试车，以不超过20 km/h车速行驶。

4）如果转向盘是正中位置（若不在正中位置，调整），停车即可，不要再调整方向盘，不要关闭点火开关。

5）检查“08”功能下004通道第一显示区0度。

6）输入04Q，060Q，ABS警告灯闪亮。

7）结束“06”，退出。

8）ABS和ESP警告灯亮约2 s。

(2) 侧向加速度传感器G200零点平衡

1）将车停在水平面上。

2）连接V. A. G1551或V. A. S5051，进入“03”地址。

3）登录11Q，40168Q。

4）输入04Q，063Q；ABS警告灯闪亮。

5）结束“06”，退出。

6）ABS和ESP警告灯亮约2 s。

若显示该功能不能执行，说明登录有误。若显示基本设定关闭，说明超出零点平衡允许公差。读取“08”数据块（004 通道第二显示区静止时－1.5°～1.5°；方向盘至止点，以 20 km/h 车速左/右转弯，测量值应均匀上升）及故障记忆。然后重新进行。

（3）制动压力传感器 G201 零点平衡

1）不要踩制动踏板。

2）连接 V. A. G1551 或 V. A. S5051，进入“03”地址。

3）进入“08”阅读测量数据块 005 通道检查第一显示区－7～7 bar。

4）登录（11Q，40168Q）。

5）输入 04Q，066Q；ABS 警告灯闪亮。

6）结束“06”，退出。

7）ABS 和 ESP 警告灯亮约 2 s。

若显示该功能不能执行，说明登录有误。若显示基本设定关闭，说明超出零点平衡允许公差。读取 08 数据块（005 通道）及故障记忆。然后重新进行设定。

5. ESP 起动检测

ESP 检测用于检查传感器（G200、G202、G201）信号的可靠性，拆卸或更换 ESP 部件后，必须进行 ESP 检测。具体方法如下：

（1）连接 V. A. G1551 或 V. A. S5051，打开点火开关，进入“03”地址。

（2）进入“04”基本设定，选择 093 通道，按“Q”键。

（3）显示屏显示 ON，ABS 报告灯亮。

（4）拔下自诊断插头，起动发动机。

（5）用力踩下制动踏板（制动力应大于 35 bar），直到 ESP 警告灯 K155 闪亮。

（6）以 15～30 km/h 试车，时间不超过 50 s，行车时应保证 ABS、EDS、ASR、ESP 不起作用。

（7）转弯并保证转向盘转角大于 90°。

（8）ABS 警告灯和 ESP 警告灯熄灭，则 ESP 检测顺利完成。

若 ABS 警告灯不灭，说明 ESP 检测未顺利完成，应重复上述操作；若 ABS 灯不灭且 ESP 灯亮起说明系统存在故障，查询故障存储器，并予以排除后，再重新进行 ESP 检测。

知识链接

车辆动态集成管理 VDIM（Vehicle Dynamics Integrated Management）。

1. VDIM 的作用

在汽车行驶主动安全系统中，ABS、EBD、EBA、ASR 和 ESP（VSC）的共同特点：通过调节车轮制动器来提高控制性能（缩短制动距离、增强转向控制能力和提高行驶稳定性）和减少交通事故。虽然ABS、EBD、EBA、ASR和VSC都可调节制动力，但其目的各不相同，ABS是防止车轮制动力大于附着力而抱死滑移，EBD是增大后轮载重时的制动力，EBA是增大紧急制动时各个车轮的制动力，ASR是通过施加制动力来增大总驱动，ESP是防止前后轮发生侧滑。ABS、EBD、EBA和ASR只能控制车轮的前后作用力，而ESP只能控制侧向作用力，并且传统的ABS、EBD、EBA、ASR和ESP均为各自独立的功能。如果汽车在急转弯时紧急制动时，瞬间会降低行驶的安全性和操控性。

VDIM将ABS、EBD、EBA、ASR、ESP等主动安全系统与电控动力转向系统EPS等集成，能对车身姿态进行全方位调节。汽车在行驶时，VDIM不仅能控制车轮的前后作用力，同时能控制侧向作用，而且通过电控转向助力的协调来控制转向转矩。这样，不仅提高车身的动态稳定性，而且还能大大提高汽车行驶安全性和乘坐舒适性。

2. VDIM的概念

VDIM是丰田公司的一种先进的车辆动态控制系统，其意为车辆动态集成管理（Vehicle Dynamics Integrated Management）。

与车辆稳定控制系统VSC（大众为ESP，丰田公司为VSC）相比，VDIM对汽车各种行驶状态实现类似球面（见图5—1—9）的平滑控制。VDIM综合了防抱死制动（ABS）、电子制动力分配EBD（Electronic Brake Distribution）、陡坡起步辅助控制HAC（Hill－start Assist Control）、制动力辅助控制EBA（Electronic Brake Assist）、牵引力控制和车辆稳定控制VSC（Vehicle Stability Control）功能，电子制动控制ECB（Electronic Brake Control）系统构成了实现这些功能的硬件，VDIM的实质是以ECB系统（以下简称ECB）为基础的转向协同控制。即车辆动态集成管理系统VDIM是由电子控制制动系统ECB和电子控制动力转向系统EPS集成而成，如图5—1—9所示。

ECB属于线控电子制动控制系统。传感器输入信号主要有转向盘转角、加减速、摇摆率、主缸制动液压力、制动钳液压缸（轮缸）压力、制动踏板行程、车轮转速、油门踏板位置和节气门位置。VGRS（可变传动比转向系统Variable Gear Ratio Steering）控制角、EPS（电子动力转向Electronic Power Steering）助力转矩、VDIM电控单元根据输入信号进行车辆目标和车辆状况计算，然后计算控制值，其控制目标为制动控制、转向比/角度控制、转向助力转矩控制、节气门控制，也就是对制动执行器、VGRS、EPS和发动机之间进行协同控制，以实现VDIM的动态稳定性能。VDIM控制组成如图5—1—10所示。

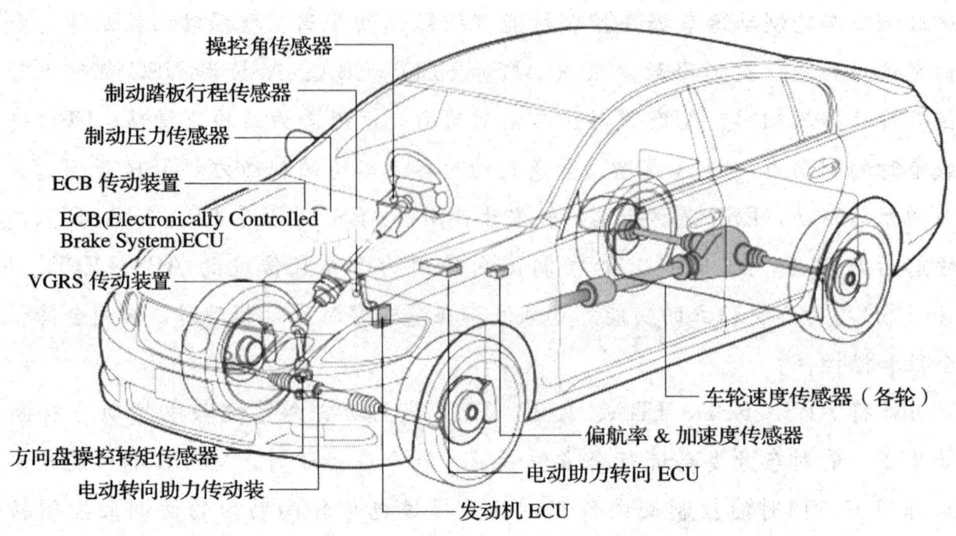

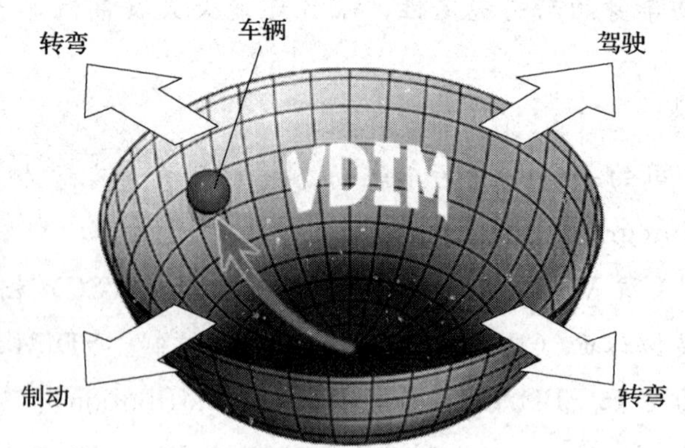

图 5—1—9　车辆动态集成管理系统 VDIM

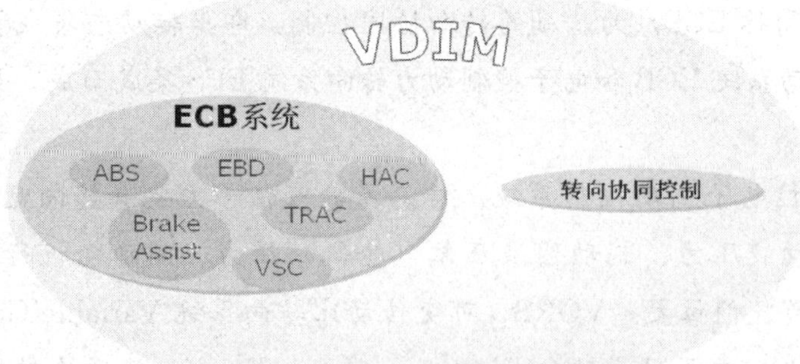

图 5—1—10　VDIM 控制组成

3. ECB 系统的构成

ECB 系统主要是将 ABS、EBD、EBA、TRAC、HAC 和 VSC 等主动安全系统集

成一体，液压调节装置也集成为一体，称为电子控制制动系统 ECB 液压调节器，由电子控制制动系统电控单元 ECB ECU 进行控制。ECB 系统的构成如图 5—1—11 所示。

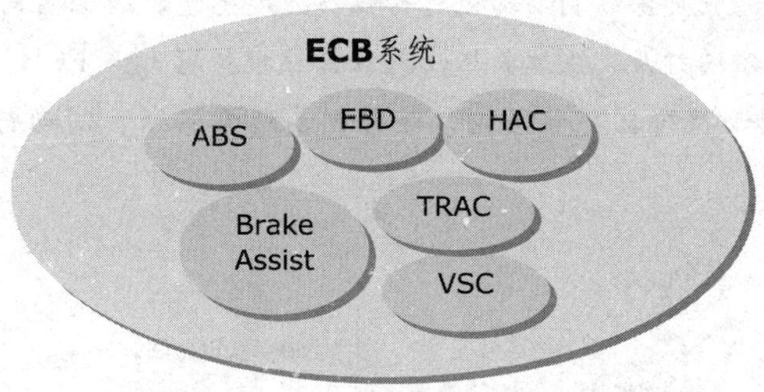

图 5—1—11　ECB 系统的构成

它包括各种信号输入传感器、制动行程模拟器、制动执行器、制动控制 ECU 和电源备份单元等。系统 ECU 通过 CAN 网络输入摇摆传感器信号和转向盘转角传感器信号，同时协调控制发动机、ESP、VGRS 和 4WD。DLC3 为诊断接口，通过网关 ECU 与舒适系统 ECU 通信，ECB 工作状态可在组合仪表上显示出来。

（1）制动执行器模块

制动执行器模块是 ECB 的核心，它整合了 ECB 的电控单元 ECU、液压控制单元、蓄压器和助力泵等。ECU 具有 VDIM 和网络 CAN 通信功能。液压控制单元的能量来源不是驾驶员，而是由助力液压泵所产生的高压油，制动执行器 ECU 根据蓄压器压力传感器信号，实时调节助力液压泵电动机，驱动助力液压泵产生系统所需油压，保证系统所需油压，输往液压控制单元控制阀，调节蓄压器压力，如图 5—1—12 所示。

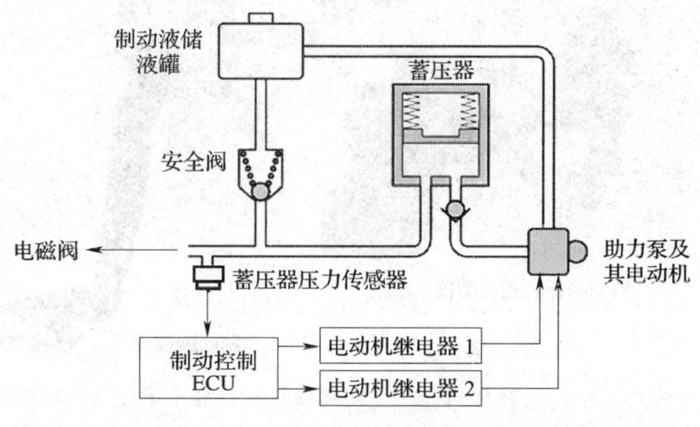

图 5—1—12　调节蓄压器压力

（2）制动行程模拟器

由于 ECB 属于线控制动系统，与传统的真空助力液压制动系统不同，ECB 在液压回路中使用了制动行程模拟器，液压主缸的液压油并非直接进入制动执行器，而是流入行程模拟器。行程模拟器内有柱塞和弹簧，主缸来的液压油推动柱塞并压缩弹簧，弹簧的设计模拟了驾驶员操纵制动踏板时行程与力度感觉。模拟器内带开关式电磁阀，系统正常工作时电磁阀打开，主缸液压油流往行程模拟器，当 ECB 关闭或失效时，液压油则直接通往制动执行器，确保轮缸获得制动所需油压、制动行程模拟器外形如图 5—1—13 所示。

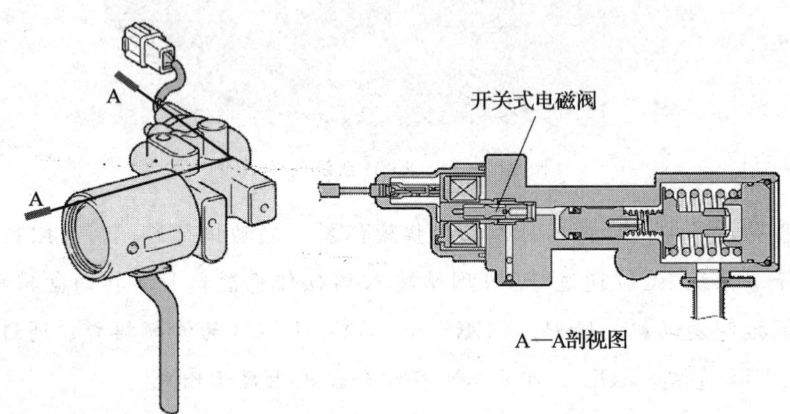

图 5—1—13　制动行程模拟器外形

(3) 制动踏板行程传感器和主缸压力传感器

为实现线控电子制动，制动踏板行程传感器和主缸压力传感器输出信号反映了驾驶员的意图。制动踏板行程传感器如图 5—1—14 所示。

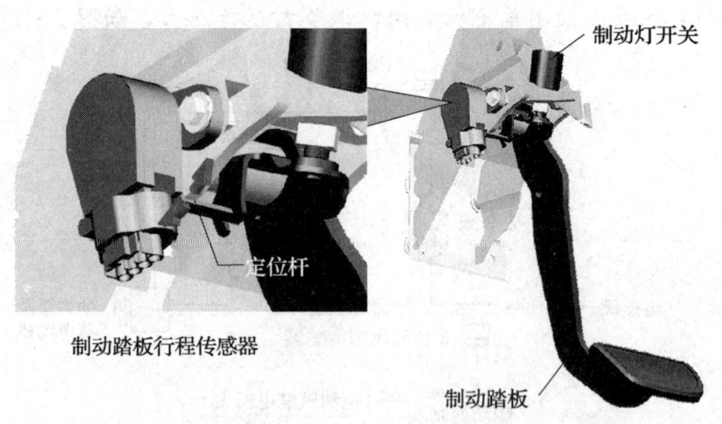

图 5—1—14　制动踏板行程传感器

(4) 电源备份单元

当电源电压下降时，电源备份单元向制动系统提供电压，确保系统工作可靠。电源备份单元安装位置及内部结构如图 5—1—15 所示。

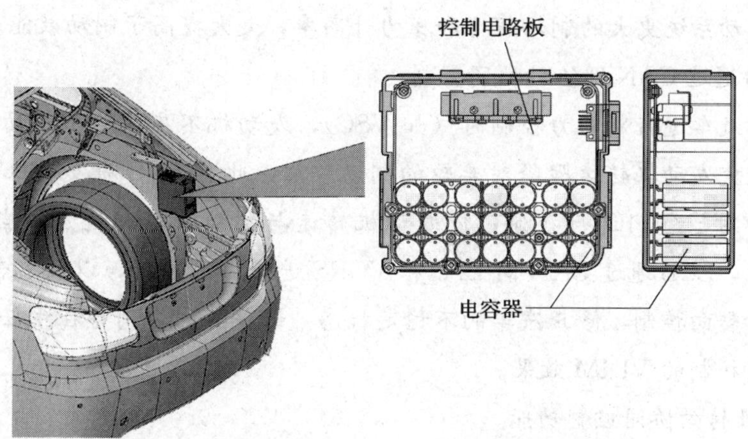

图 5—1—15　电源备份单元安装位置及内部结构

4. VDIM 系统的工作原理

控制制动力及发动机输出如图 5—1—16 所示。制动踏板位置传感器和主缸压力传感器输入驾驶员的制动意图信号，ECB 对该信号进行处理，识别驾驶员对车辆制动的快慢和力度要求，同时根据车辆状态传感器（车速、摇摆率、转向盘转角、ESP 及 VGRS 等传感器）的输入及制动执行器的状态传感器（主缸、轮缸和蓄压器压力传感器），进行以下两方面控制。

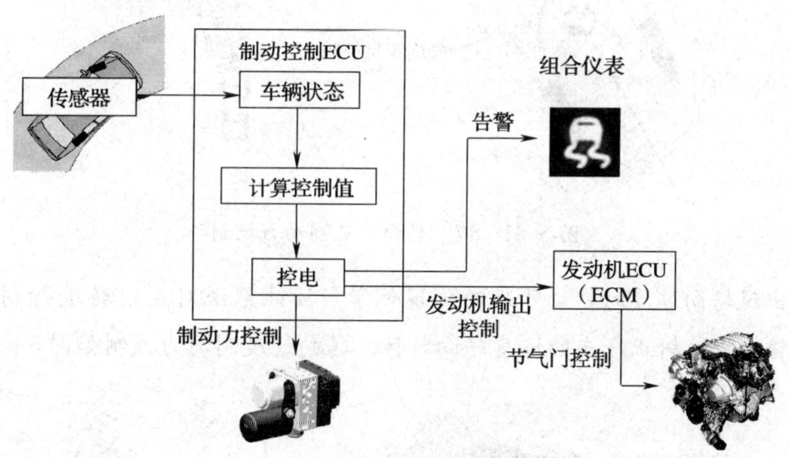

图 5—1—16　控制制动力及发动机输出

（1）对制动执行器的控制

ECB 根据主缸、轮缸、蓄压器压力传感器控制助力泵电动机和制动执行器的电磁阀，当 ECB 需要对某个车轮进行制动力干预，便对控制该车轮液压油路的相应电磁阀发出制动指令，使制动轮缸制动压力满足 VDIM 的控制要求。蓄压器传感器提供了液压控制油路输入端的压力，ECB 通过对助力泵电动机的控制把油压调整到能满足轮缸压力控制的要求。这种主动的压力控制形式能及时根据驾驶员意图，使轮缸能获得比传统形式的制动系统更大的制动压力和压力升高率，大大提高了制动效能。

(2) ECB通过CAN网络的协同控制

当需要对汽车进行制动力控制时（如VSC），发动机不应该输出大动力和高转速。同时，也要避免发动机转速骤降对车轮的制动作用，此时ECB对发动机ECU发出控制指令，立即对节气门进行控制，使发动机转速与制动状态相适应。当对车辆进行VDIM控制时，ECB通过CAN向EPS和VGRS进行协同控制，以便配合制动力控制对转向轮进行转向控制，修正汽车的不稳定状态，这种协同控制存在于任何行驶状态，实现球面平滑控制的VDIM效果。

5. VDIM转向协同控制功能

当汽车行驶中出现转向不足时，如果对车轮进行制动力干预，同时制动2个后轮和右前轮。制动后轮的目的是使汽车减速并使前轮恢复附着力，制动右前轮是产生顺时针的偏转力矩，使汽车的转向不足得到纠正。转向不足制动力控制如图5—1—17所示。

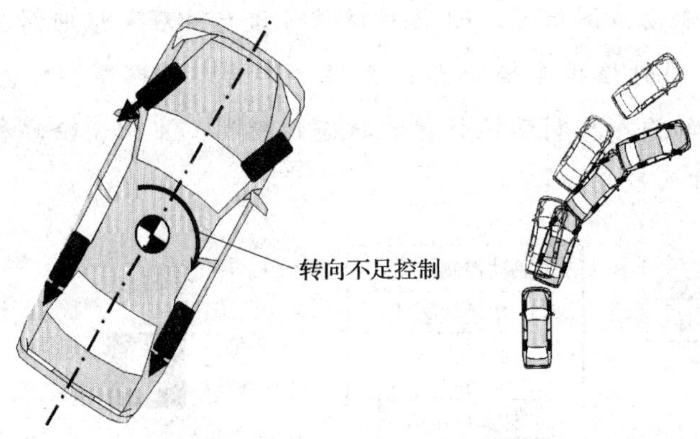

图5—1—17　转向不足制动力控制

当汽车出现转向过度时，由于后轮出现侧滑，因此系统对左前轮进行制动干预，产生反时针偏转力矩，纠正汽车的过度转向特性。转向过度制动力控制如图5—1—18所示。

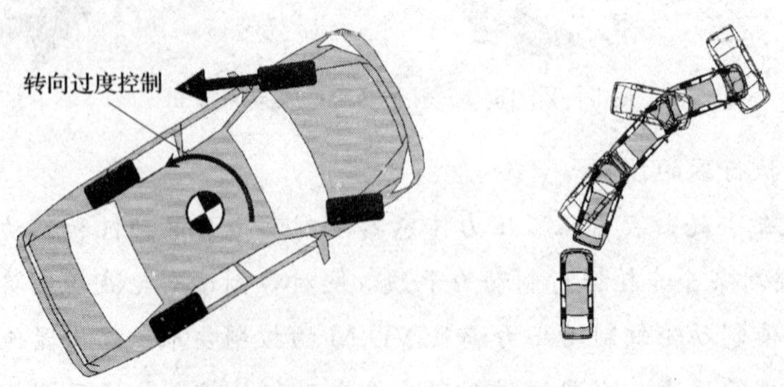

图5—1—18　转向过度制动力控制

系统对以上两种情况的控制实质上仅仅属于 VSC 动态稳定控制功能，因为汽车行驶过程出现不稳定状况，往往都是由于驾驶员操纵转向盘不当所致，也就是当驾驶员操纵转向盘过度或不足时汽车前轮转角超出了与路面和车速相适应的稳定状态。汽车出现动态不稳定，VSC 仅仅是过后用制动力干预的方法修正了汽车行驶状态，而未对驾驶员的不当转向盘操纵进行及时修正，在实施 VSC 控制时出现了短暂不稳定的情况，如图 5—1—19 所示。

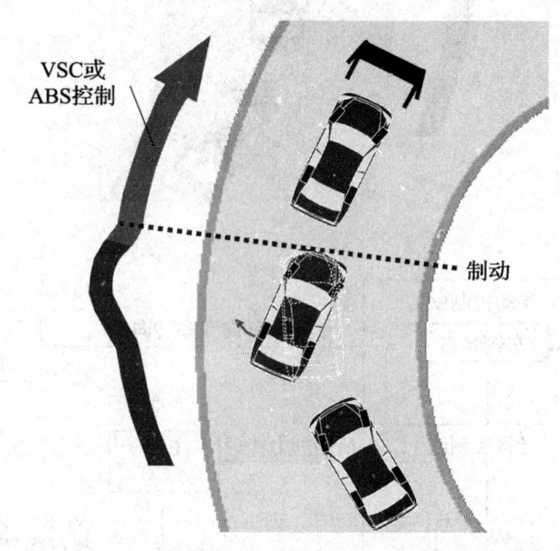

图 5—1—19 实施 VSC 控制时出现了短暂不稳定的情况

为解决 VSC 的不足，VDIM 动态控制过程除了对车轮进行制动力干预外，还同时协调控制 EPS 和 VGRS。当驾驶员操纵转向盘刚开始出现操纵过度趋势时，传感器已经检测到后轮也将要出现侧滑趋势，ECB 立即发出指令到 VGRS 及时主动调整转向减速比，避免过度转向趋势继续；当驾驶员操纵转向盘开始出现操纵过度趋势时，前轮开始出现侧滑趋势，EPS 和 VGRS 同时对前轮进行协调控制，EPS 立即产生反向转向助力，增大驾驶员操纵转向盘的阻力，也就是说，此时 EPS 的作用是阻止驾驶员继续往错误的方向操纵转向盘。另外，VGRS 提高转向减速比，其作用是减少前轮的实际转向角，及时纠正操纵过度趋势以减少前轮继续侧滑。VDIM 的控制如图5—1—20 所示。

6. VDIM 的主要优点

(1) VDIM 将 ABS、EBD、EBA、ASR 和 VSC 等主动安全系统集成一体，液压调节装置也集成为一体，称为电子控制制动系统 ECB 液压调节器，由电子控制制动系统电控单元 ECB ECU 进行控制。

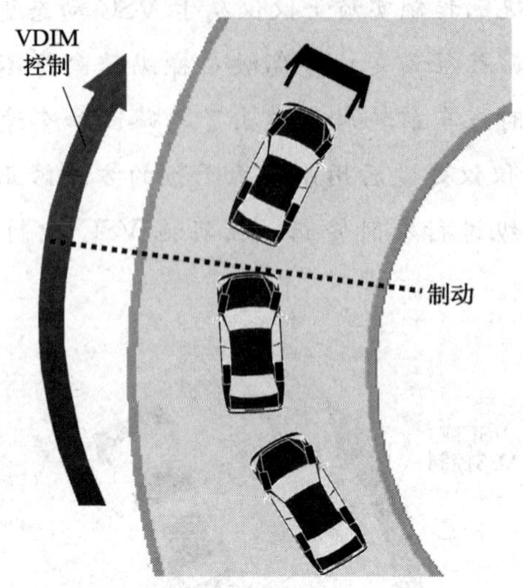

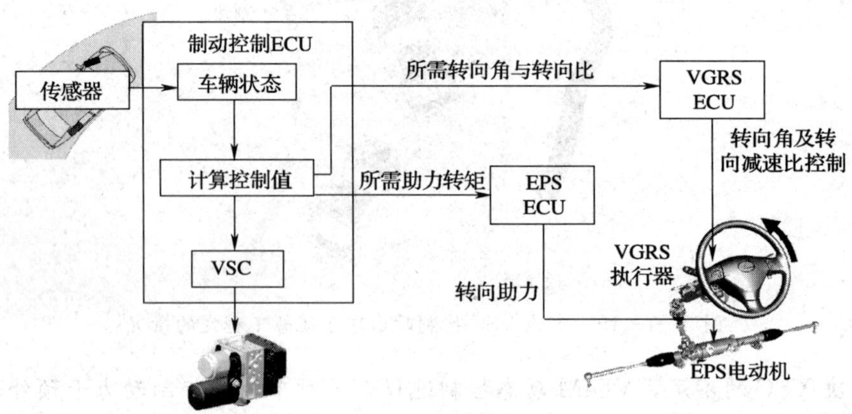

图 5—1—20 VDIM 的控制

(2) VDIM 对车辆的操控性做了进一步的改进。传统的 ABS、TRC 和 VSC 均为各自独立的功能，改进后的 VDIM 除了能对包括转向在内的各系统功能进行统一管理之外，还能在发生侧滑之前就开始对车辆实行控制。不仅保证了更高的预防安全性能，同时还能使“行进、转弯、停止”这些车辆的基本运动性能迈上一个更高的台阶。

(3) VDIM 将 ABS、EBD、EBA、ASR、VSC 等主动安全系统与电控动力转向系统 ESP、VGRS 的协同控制，电子调节悬架系统 EMS 等组合，能对车身姿态进行全方位调节。ABS、EBD、EBA 和 ASR 可以控制车轮的前后作用力，VSC 与 ESP 配合可以控制侧向作用力。转弯控制方面，通过与电控转向助力的协调来控制转向转矩的助力量，实现更好的行驶安全性和操控性。EMS 可以调节车身前后左右的姿态。因此，将这些系统集成一体对车身姿态进行综合控制，不仅能够提高车身的动态稳定性，而且还能大大提高汽车行驶安全性和乘坐舒适性。

(4) 在驾驶员对转向盘操作不当时，VDIM 通过与 ESP 和 VGRS 的协同控制及时进行预调节，使汽车在出现不稳定的状态之前及时消除车辆不稳定，从而实现 VDIM 的平顺驾驶操纵，大大提高汽车在各种行驶状态下的稳定性。

(5) 在转向控制方面，可变齿数比转向装置（VGRS）可使转向盘转动量与车轮转向角的关系产生灵活变化，电动助力转向可以调节转动转向盘的力矩，形成主动转向功能对前轮转向角和转向盘转矩进行最佳控制，从而可以根据制动力、发动机输出转矩以及转向功能对前轮转向角实行最恰当的控制，同时，将驾驶员对转向的修正量控制在最小范围内，实现更好的预防安全性能和更理想的车辆运动性能。

(6) 为使车辆真正达到人车一体的境界，VDIM 采纳了智能识别与判断技术，并将在今后对这些技术进行更进一步的改进。

思考与练习

1. 简述电子稳定程序 ESP 的工作原理。
2. 电子稳定程序 ESP 主要用了哪些传感器？
3. 检测 Mark60 的主要内容有哪些？
4. 简述电子稳定程序 ESP 液压制动的工作过程。
5. 驱动安全装置 ABS、EBS、EBD、ASR、ESP 之间是怎样的关系？又是如何协调对汽车进行控制的？

模块 六

电控空气悬架系统

学习目标

◆ 熟悉电控空气悬架的组成及工作原理。

◆ 能够对电控空气悬架进行检测。

想一想

乘坐汽车时，在车辆起步、加速、转弯、刹车或减速的时候，车内乘客容易站立不稳甚至摔倒（见图 6—1—1），这是由于自身惯性引起的。如何减缓这类现象呢？

图 6—1—1　紧急刹车导致乘客摔倒

其实，电控空气悬架系统可以很好地解决这一问题。

一、汽车悬架系统的主要功能

1．被动悬架系统的主要功能

汽车悬架的主要功能有缓冲和吸收来自车轮的振动，传递驱动力和制动力。而悬架和车轮决定着汽车的舒适性和操纵稳定性。传统悬架通常由弹簧、减振器和导向机构组成，其特点是采用定刚度弹簧和定阻尼系数减振器，只能被动承受地面对车身的各种作用力，也称为被动悬架系统。

2. 电控悬架系统的主要功能

电子控制悬架系统能根据路况和行驶条件主动调节弹簧刚度或减振器阻尼系数，提高乘坐舒适性和操纵稳定性，被称为主动悬架系统或半主动悬架系统。它可以实现以下主要功能：

（1）车高调节

保持车高一定和车身水平——前大灯光束方向不变；车身升高——坏路面，防止车桥碰撞路面；车身降低——高速，减少空气阻力，提高操纵稳定性。

（2）减振器阻尼力控

防止急起步或急加速时车尾下蹲；防止紧急制动时车头下沉；防止急转弯时车身横向摇动；防止换挡时车身纵向摇动等。

（3）弹簧刚度控制

与减振器控制一致。

有些汽车只具有上述 1 个或 2 个功能，而有些高档汽车具有全部 3 个功能。

二、电控空气悬架系统的组成

以奥迪 A8 汽车为例，电控空气悬架系统在车上的实际安装位置如图 6—1—2 所示。奥迪 A8 轿车的自适应空气悬架系统包括空气压缩机、高度控制装置控制单元、4 个车身高度传感器、3 个车身加速度传感器、储压罐、空气弹簧及控制空气弹簧的电磁阀组，其电控系统如图 6—1—3 所示。

图 6—1—2　电控空气悬架系统在车上的实际安装位置

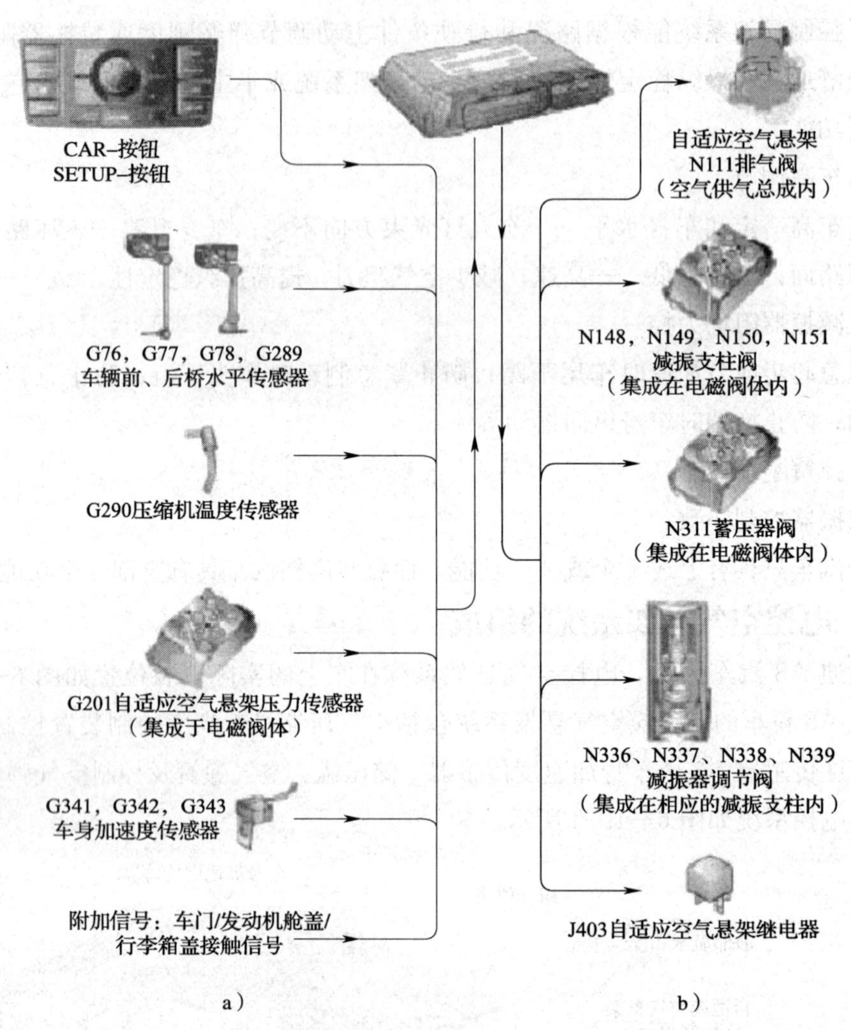

图 6—1—3　电控系统

a）输入信号　b）输出信号

1．控制单元

控制单元 J197 外形如图 6—1—4 所示，安装于车内储物箱前，用于处理其他总线部件的相关信息和独立的输入信号，处理生成控制信号，以控制压缩机、电磁阀和减振器。

2．空气弹簧

图 6—1—4　控制单元 J197 外形图

空气弹簧采用外部引导式，它被封装在一个铝制的圆筒内（见图 6—1—5）。为了防止灰尘进入圆筒与空气弹簧伸缩囊之间，用一个密封圈密封活塞与气缸之间的区域。密封圈在维修时可以更换，空气弹簧伸缩囊不能单独更换，出现故障时，必须更换整个弹簧/减振支柱。空气弹簧不仅替代了钢制弹簧，而且还有其独特的优点。它使用铝制气缸的新式外部引导性装置，减小了空气弹簧伸缩囊的壁厚，使在路面不平情况下的响应更加灵敏。

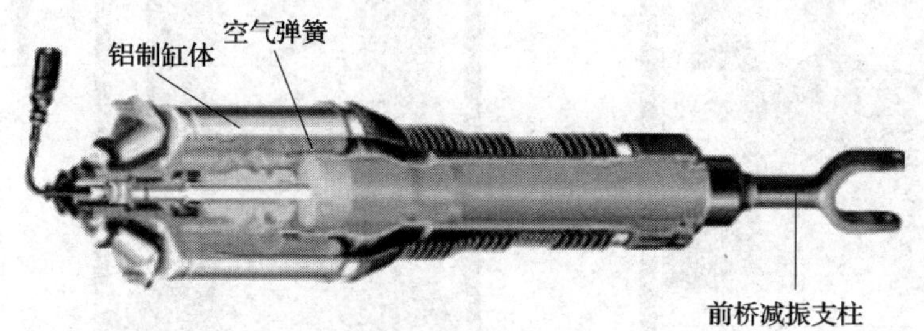

图 6—1—5 前桥空气弹簧结构

空气弹簧为了能以最佳的承载宽度来达到行李箱的最大利用容积，后桥的空气弹簧直径就被限制到最小的尺寸。而为了满足舒适性要求，空气的体积又不能太小，为了解决这个矛盾，使用了一个与减振器连在一起的储压罐，用于额外供应空气。储压罐位于汽车左侧的行李箱底板与后部消声器之间，储压罐的最大工作压力为 16 bar。后桥空气弹簧结构如图 6—1—6 所示。

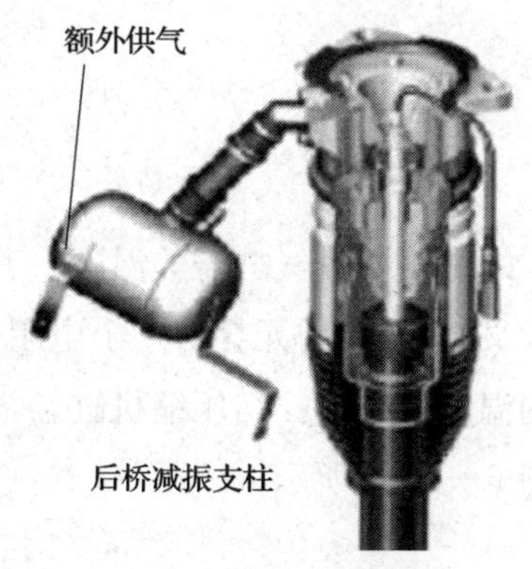

图 6—1—6 后桥空气弹簧结构

3．减振器

减振器使用了一个无级电子双管气压减振器（无级减振控制系统）。减振器工作原理如图 6—1—7 所示，活塞 1 的主减振阀门 3 通过弹簧 4 机械预紧，在阀门上方安装有电磁线圈 5，连接导线经由活塞杆的空腔与外部连接。

整个活塞在气缸套 2 内以速度 V 向下运动，空腔内主减振阀门下的油压上升。电磁线圈通电，电磁力 F_M对弹簧力 F_F有反作用，并将其部分提升。当电磁力与机油压力的总和（F_M+F_P）超过弹簧力 F_F时，就会产生一个力 F_R，此力将主减振阀门打开。电流强度调控线圈电磁力的大小，电流强度越大，液压油的流过阻力和减振器阻尼力就越小。

当电磁线圈没有电流作用时，减振器阻尼力达到最大。减振器阻尼力最小时，电磁线圈上的电流大约为 1 800 mA。在紧急运行时，不对电磁线圈通电，这样就设定了最大减振力，并通过其保证车辆行驶时的动态稳定。

4．空气供应机组

空气供应机组安装在发动机机舱的左前方，其上安装有温度传感器，该传感器接

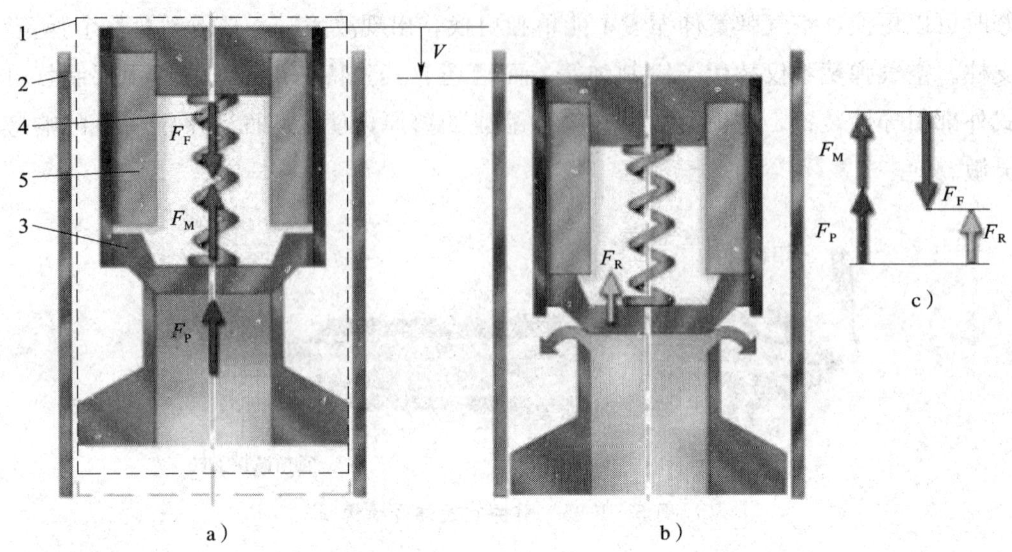

图 6—1—7　减振器工作原理

a）结构　b）工作原理　c）各作用力

1—活塞　2—气缸套　3—主减振阀门　4—弹簧　5—电磁线圈

收的是压缩机气缸盖的温度。其电阻值随着温度的升高而减小（即所谓负温度系数的含义），控制单元会对这个电阻变化进行分析。压缩机最长可以工作多长时间就由当时的温度来决定。当压缩机缸盖温度过高时将自动关闭空气供应机组。空气供应机组如图 6—1—8 所示。

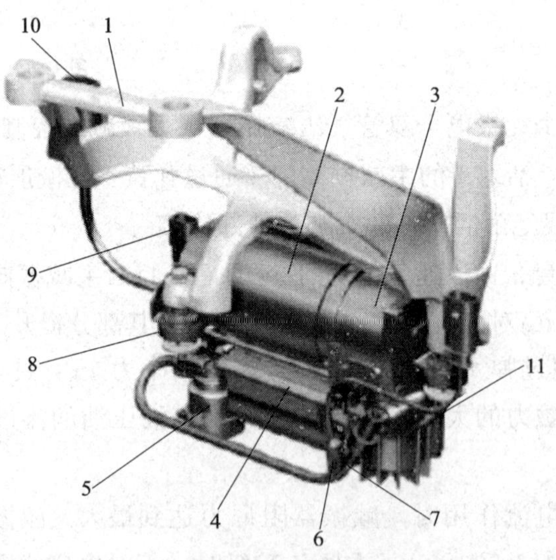

图 6—1—8　空气供应机组

1—支架　2—电动机　3—压缩机　4—电力驱动电压接头　5—空气干燥箱

6—温度传感器　7—温度传感器接头　8—进气和排气管　9—气动排气阀

10—到电磁阀组的压缩空气接头　11—与排气电磁阀连接的接头

气动系统控制原理如图 6—1—9 所示。

（1）建压

空气由压缩机 1 经空气滤清器 8 和辅助消音器 7 吸入。压缩空气经空气干燥器、单向阀 3a 和阀 9 进入空气弹簧。如果空气弹簧由蓄压器充气，那么阀 10 和相应车桥上的阀 9 就会打开。蓄压器 12 由压缩机 1 经打开的阀 10 来充气。在车辆发生侧滑时，阀 9a～9d 也可单独调节。建压过程如图 6—1—9a 所示。

（2）卸压

相应的阀 9a、9b 和 9c、9d 以及电控排气阀 5 打开，气流流经排气阀 5 并打开气动预控排气阀 6。气流经排气阀 6、辅助消音器 7 和空气滤清器 8 离开系统。阀 9a、9b 和 9c、9d 是成对电控的（前桥和后桥）。卸压过程如图 6—1—9b 所示。

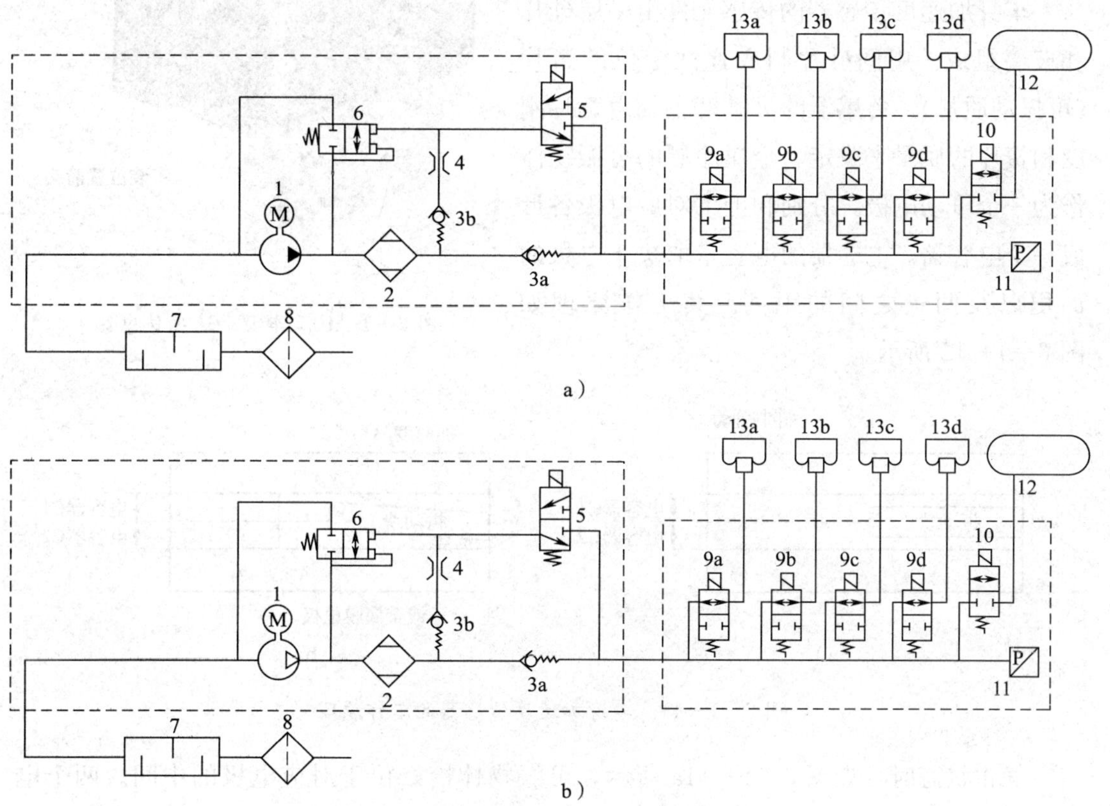

图 6—1—9　气动系统控制原理

a）气动系统压力建立　b）气动系统卸压

1—压缩机　2—空气干燥器　3a、3b—单向阀　4—排气节流阀　5—电控排气阀 N111　6—气动排气阀　7—辅助消音器　8—空气滤清器　9a—左前减振支柱阀 N148　9b—右前减振支柱阀 N149　9c—左后减振支柱阀 N150　9d—右后减振支柱阀 N151　10—蓄压器阀 N311　11—压力传感器 G291　12—蓄压器　13a—左前减振支柱　13b—右前减振支柱　13c—左后减振支柱　13d—右后减振支柱

5．加速度传感器（G341、G342、G343）

为对某种行驶状态进行最理想的减振调控，应知道某段时间内车身的运动情况（簧载质量）和车桥部件的特性（非簧载质量）。该系统使用3个传感器测量车身的加速度，其中有两个位于前桥的弹簧支柱拱顶上，第3个位于右后轮罩内，通过处理车身高度传感器的信号来获取车轴部件（非簧载质量）的加速度。

车身加速度传感器用螺栓将支架和传感器固定在车身上。传感器和支架通过卷曲折边的方式连接。不允许对卷曲折边进行任何作业。在维修工作中必须将传感器和支架一同换下。安装好后，传感器外壳上的箭头应朝上。车身加速度传感器如图6—1—10所示。

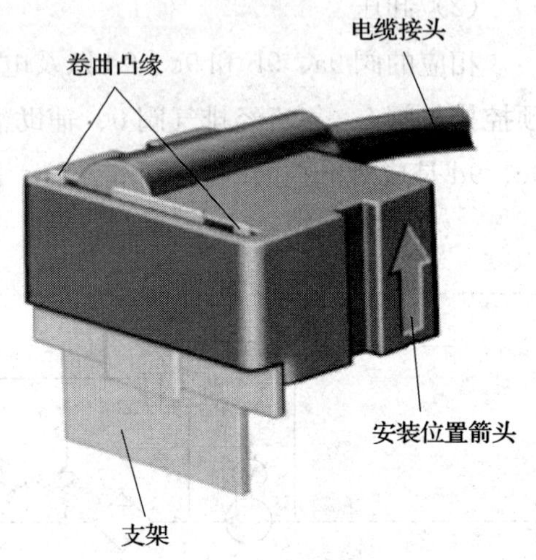

图6—1—10　车身加速度传感器

车身加速度传感器的传感元件由多层硅片和玻璃组成。中间硅片制成弹性定位的簧片（可振动质量）。传感器的灵敏度主要由簧片刚度和簧片的质量来决定。金属涂层的可振物体作为一个可动电极，分别和上下对应电极各形成一个电容器。电容器的电容量取决于电极的面积以及两极之间的距离。其工作原理如图6—1—11所示。

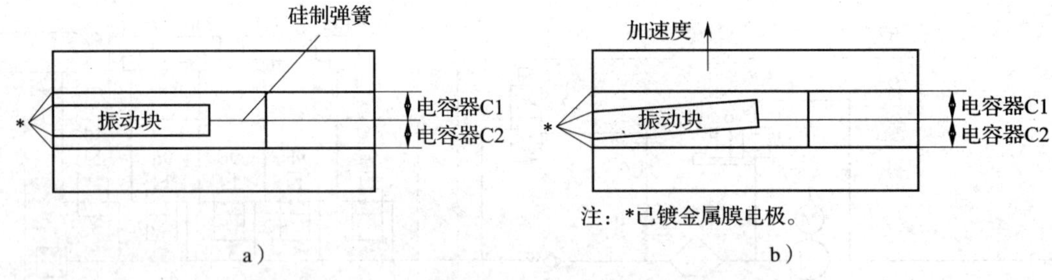

图6—1—11　车身加速度传感器的工作原理

静止状态时，如图6—1—11a所示，可振物体恰好位于对应电极的中间。两个电容器C1和C2的电容量是一样的。加速状态时，如图6—1—11b所示，振动块由于惯性作用会偏离中间位置，电极之间的距离改变。距离缩短时，电容量增大。图6—1—11中电容器C2的电容量相对于静止状态时增大，而电容器C1的电容量减小。由此，通过C1、C2电容量的变化即可反映出车辆的加减速状态。

6．车身高度传感器（G76、G77、G78、G289）

车身高度传感器又称车身水平传感器，共有4个，这4个车身高度传感器的结构相同，它们通过测得悬臂与车身之间的距离来判断车辆的高度状态。车身高度传感器以 800 Hz 的频率进行感应探测，其安装位置如图 6—1—12 所示。

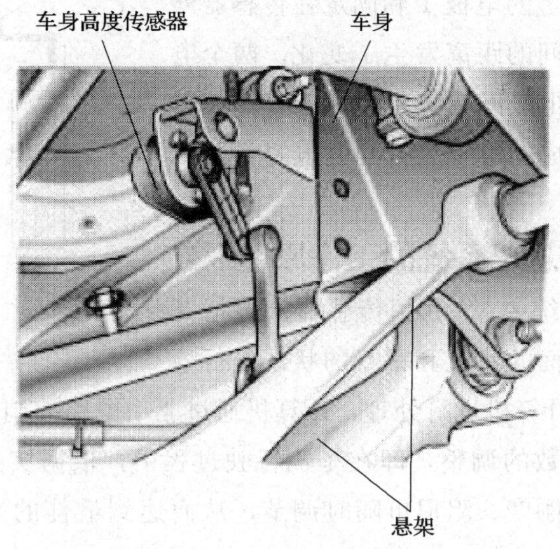

图 6—1—12　车身高度传感器的安装位置

7．电磁阀组

电磁阀组包括压力传感器及控制空气弹簧和储压罐的阀门，其组件结构如图 6—1—13 所示。

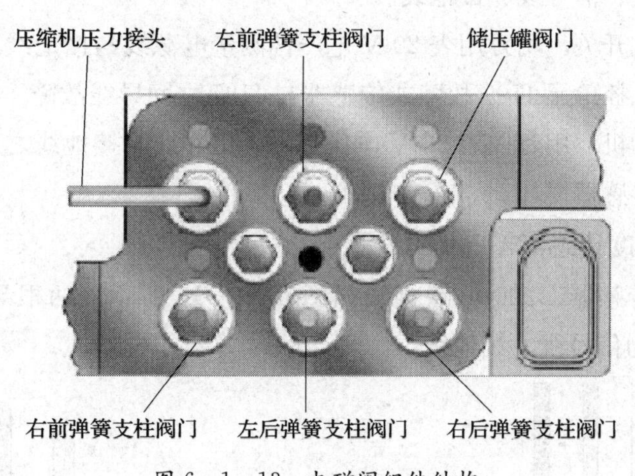

图 6—1—13　电磁阀组件结构

8．压力传感器（G291）

压力传感器浇铸在电磁阀组上，并且不能从外部进行操作。压力传感器用于测量前桥和后桥空气弹簧支柱或储压罐的压力。

G291 根据电容测量原理进行工作，如图 6—1—14 所示。需要测量的压力（*P*）引起了陶瓷膜的偏转。由此导致安装在薄膜上的电极 1 和固定在传感器外壳上的对应电极 2 之间的距离发生了变化。两个电极形成了一个电容。电极间距离越小，电容器的电容量就越大。通过集成的电子装置测量电容量并转换为线性的输出信号。

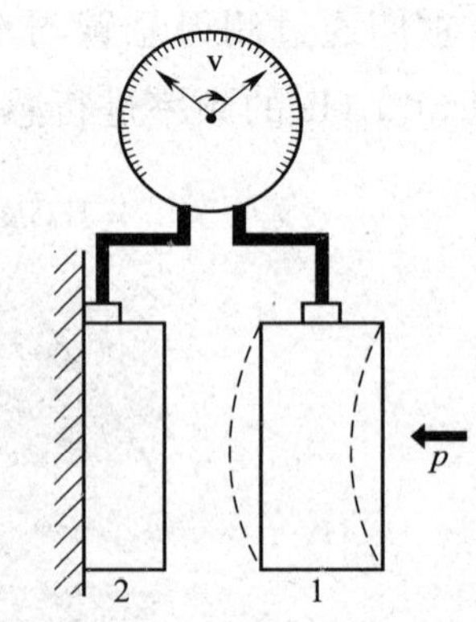

图 6—1—14　压力传感器工作原理

三、电控空气悬架系统的工作原理

电控空气悬架系统 AAS 利用传感器（包括开关）对汽车行驶时路面的状况和车身的状态进行检测，将检测信号输入计算机进行处理，计算机通过驱动电路控制悬架系统的执行器动作，完成悬架特性参数的调整，即在车辆行驶过程中，根据实际需要，使悬架系统的基本控制参数，如刚度、阻尼可随时调节，从而达到最佳的平顺性与稳定的行车状态。

四、电控空气悬架系统的检测

1．压力传感器 G291 的检测

压力传感器 G291 电路接线如图 6—1—15 所示。三根导线均与电控单元 J197 相连，分别为电源线、信号线、接地线。

（1）打开点火开关，用万用表 20 V 电压挡测量电源线与接地线之间电压，应与标准值对应，否则电控单元 J197 故障或传感器与 J197 之间导线故障。

（2）运转发动机，用万用表 20 V 电压挡测量信号线与接地线之间电压，应与标准值对应，否则为传感器损坏。

2．压缩机温度传感器 G290 的检测

压缩机温度传感器 G290 电路接线如图 6—1—16 所示。两根导线均与电控单元 J197 相连，分别为信号线、接地线。

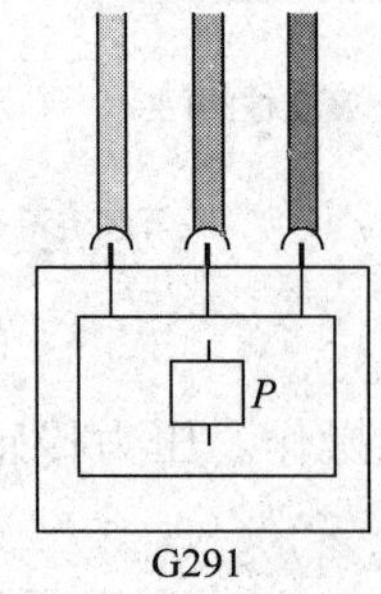

图 6—1—15　压力传感器 G291 电路接线

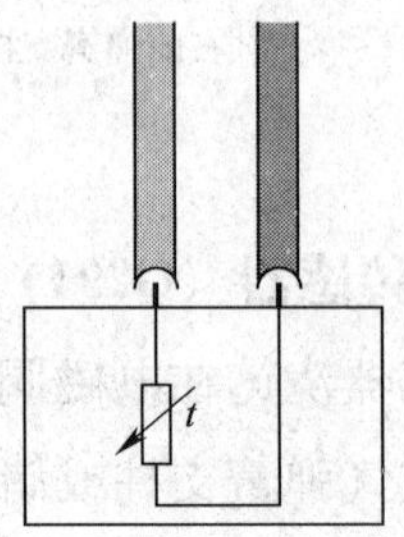

图 6—1—16　压缩机温度传感器 G290 电路接线

（1）断开传感器插接器，测量传感器电阻，应与标准值对应，否则传感器损坏。

（2）打开点火开关，测量信号线与接地线之间电压，应与标准值对应，否则电控单元J197故障或传感器与J197之间导线故障。

3．车身高度传感器G77的检测

车身高度传感器G77电路接线如图6—1—17所示。三根导线均与电控单元J197相连，分别为接地线、信号线、电源线。检测时，打开点火开关。

（1）用万用表20 V电压挡测量电源线与接地线之间电压，应与标准值对应，否则电控单元J197故障或传感器与J197之间导线故障。

（2）弹跳车身，用万用表20 V电压挡测量信号线与接地线之间电压，应产生变化，否则为传感器损坏。

4．车身加速度传感器G343的检测

车身加速度传感器G343电路接线如图6—1—18所示。三根导线均与电控单元J197相连，分别为接地线、信号线、电源线。检测时，打开点火开关。

（1）用万用表20 V电压挡测量电源线与接地线之间电压，应与标准值对应，否则电控单元J197故障或传感器与J197之间导线故障。

（2）在快速移动传感器的过程中，用万用表20 V电压挡测量信号线与接地线之间电压，应产生变化，否则为传感器损坏。

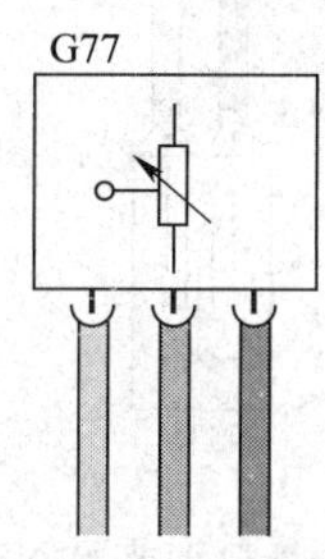

图6—1—17　车身高度传感器G77电路接线

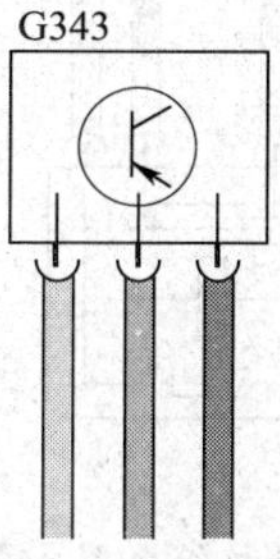

图6—1—18　车身加速度传感器G343电路接线

5．压缩机继电器J403的检测

压缩机继电器J403电路接线如图6—1—19所示。四根导线中第一根和第四根与电控单元J197相连，分别为接地线、ECU供电线；第二根、第三根分别为压缩机供电线、蓄电池电源线。

（1）断开继电器插接器，打开点火开关，用万用表20 V电压挡测量第一根线与第四根线之间电压，应与标准值对应，否则电控单元J197故障或传感器与J197之间导线故障；测量第三根线电压是否为蓄电池电压，若不是则该线至蓄电池之间电路有故障。

（2）连接继电器插接器，打开点火开关，用万用表20 V电压挡测量第二根线，即

压缩机供电线应为蓄电池电压，否则继电器损坏。

6．压缩机电动机 V66 的检测

压缩机电动机 V66 仅有两根导线。两根导线分别为压缩机电动机接地线、供电线。检测时，断开电动机插接器。

（1）测量电动机阻值，应与标准值对应，否则为电动机损坏。

（2）打开点火开关，用万用表 20 V 电压挡测量供电线电压，应与标准值对应，否则应检查压缩机继电器。

（3）关闭点火开关，用万用表电阻挡测量电动机接地线搭铁是否良好，否则有电路故障。

7．减振器调节阀 N336 的检测

减振器调节阀 N336 电路接线如图 6—1—20 所示。两根导线均与电控单元 J197 相连，分别为信号线、接地线。检测时，断开调节阀插接器。

（1）测量调节阀阻值，应与标准值对应，否则为调节阀损坏。

（2）打开点火开关，模拟调节阀工作条件，用万用表 20 V 交流电压挡测量信号线与接地线之间电压，应与标准值对应，否则电控单元 J197 故障或调节阀与 J197 之间导线故障。

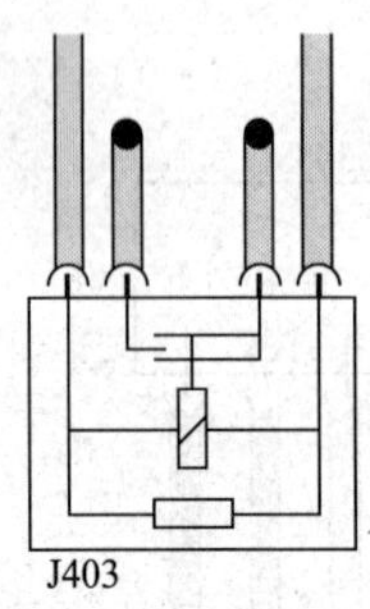

图 6—1—19　压缩机继电器 J403 电路接线

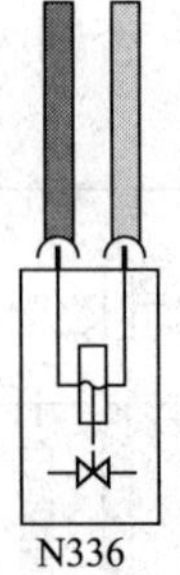

图 6—1—20　减振器调节阀 N336 电路接线

8．减振支柱阀 N148 的检测

减振支柱阀 N148 的电路接线如图 6—1—21 所示。两根导线均与电控单元 J197 相连，分别为电源线、信号线。检测时，断开支柱阀插接器。

（1）测量支柱阀阻值，应与标准值对应，否则支柱阀损坏。

（2）打开点火开关，用万用表 20 V 电压挡测量电源线电压，应与标准值对应，否则电控单元 J197 故障或调节阀与 J197 之间导线故障。

（3）打开点火开关，模拟支柱阀工作条件，用万用表 20 V 交流电压挡测量信号线与接地之间的电压变化，应与标准值对应，否则电控单元 J197 故障或调节阀与 J197 之间导线故障。

9．排气阀 N111 的检测

排气阀 N111 电路接线如图 6—1—22 所示。两根导线均与电控单元 J197 相连，分别为信号线、接地线。检测时，断开排气阀插接器。

（1）测量排气阀阻值，应与标准值对应，否则为排气阀损坏。

（2）打开点火开关，模拟排气阀工作条件，用万用表 20 V 电压挡测量信号线与接地线之间电压，应与标准值对应，否则电控单元 J197 故障或排气阀与 J197 之间导线故障。

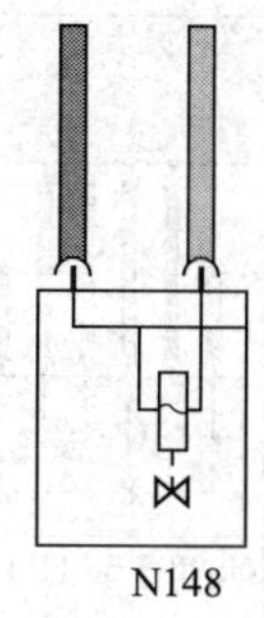

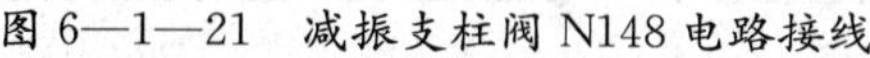
图 6—1—21　减振支柱阀 N148 电路接线

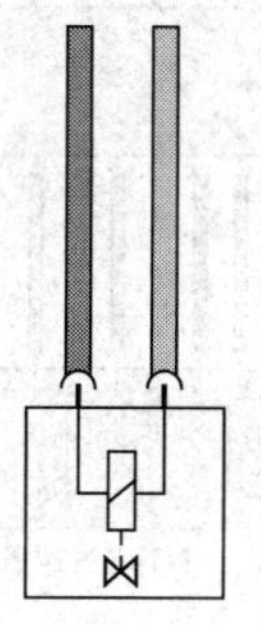

图 6—1—22　排气阀 N111 电路接线

奥迪 A8 的可调空气悬架（Adaptive Air Suspension，AAS）是电子控制悬架控制技术中的代表。

奥迪 A8 汽车电控空气悬架提供了 4 种不同的车身离地间隙：最高离地间隙 145 mm、高速模式 95 mm、运动模式 100 mm、普通模式 120 mm。

奥迪 A8 维修如果要使用千斤顶，必须先关闭自适应空气悬架，这时要操作 CAR—>SETUP 菜单中的 MMI 控制按钮才行。有两种方法可以关闭这种模式：在 MMI 中设定（“Wagenhebermodus”就是千斤顶模式），或以超过 15 km/h 的车速行车。为什么呢，顶起车身时车轮下垂，悬架伸长，车轮与车身距离增大，高度传感器感知悬架伸长，空气弹簧放气，取走千斤顶车托底。因此修车时必须关闭空气悬架。

五、电控悬架系统的控制功能

1．防侧倾控制

电子控制悬架系统的控制单元通过转向角传感器和横向加速度传感器信号来监视车身的侧倾情况。当这些传感器输入 ECU 的信号表明汽车急转弯时，控制单元将给空气弹簧和转向外侧减振器阻尼调节元件发出控制指令，调节空气弹簧的刚度和减振器的阻尼，从而减小车身侧倾的程度，并改善操纵性。

防侧倾控制功能主要元件如图 6—1—23 所示。

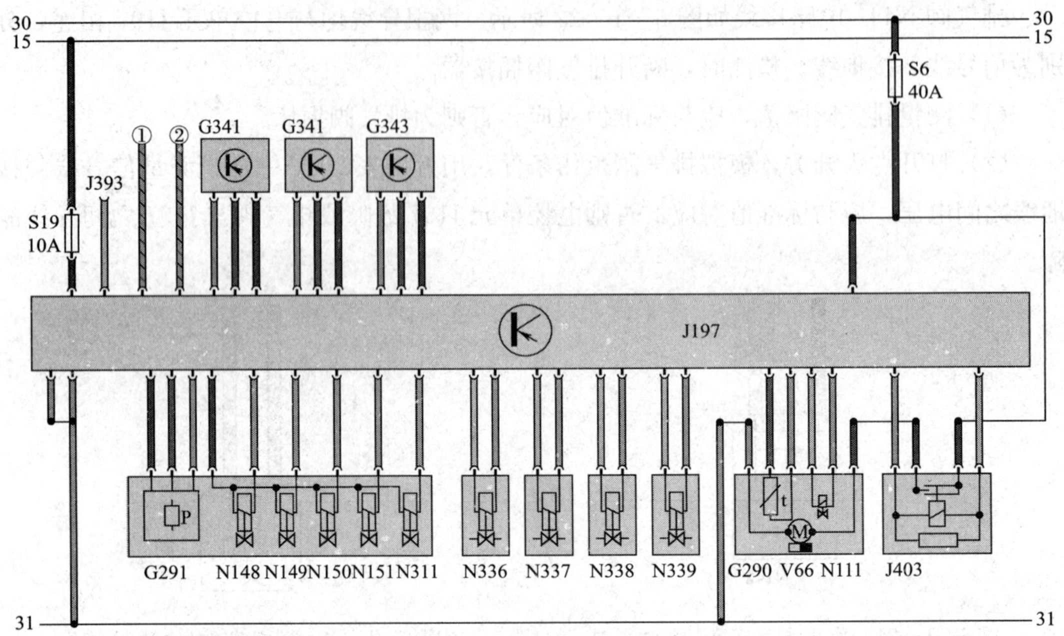

图 6—1—23　防侧倾控制功能主要元件

刚度和阻尼调节到一定程度后将保持不变，直到传感器信号表示转向完毕为止。当转向完后，控制单元将使充满气的空气弹簧缓慢放气，并使已放气的空气弹簧充气，使车身水平而不至于产生相反的倾斜现象。

如果转向角度传感器表明驾驶员在快速左右转动转向盘，控制单元将不会改变弹簧气压，因为在这种情况下给弹簧充气、放气会浪费系统能量，也无益于操作。

2．抗仰头（后坐）控制

当节气门位置传感器信号表示驾驶员快速踩下加速踏板加速行驶时，ECU 将使前空气弹簧放气使其刚度减小，并增加后空气弹簧的气压使其刚度增大。与此同时，ECU 还将控制后减振器阻尼变大，防止汽车仰头（又称俯或后坐）。当车速稳定后，控制单元将使空气弹簧恢复到原来的气压，并使减振器阻尼恢复到原来状态。

当节气门位置传感器信号显示节气门开大且倒车灯开关接通时，说明汽车处于倒车行驶状态。此时控制单元将按“仰头”的相反方向调节空气弹簧压力和减振器阻尼，即增加前空气弹簧气压、减小后空气弹簧气压、减小后减振器阻尼，并在节气门位置传感器开大 1 s 后，将减振器阻尼变大。

3．抗点头控制

当汽车紧急制动时，制动灯开关接通，控制单元将根据车速传感器提供的车速高低信号，向前空气弹簧执行元件发出指令使其气压升高，增大前空气弹簧的刚度，同时控制后空气弹簧执行元件使后空气弹簧放气，减小其刚度。与此同时，控制单元还将使前减振器阻尼变大，使汽车的姿态变换减不到最小，从而提高乘坐舒适性。

当控制单元计算的车速变化量表明无须抗点头控制时，就使前后空气弹簧恢复到原来的压力。

在制动后加速行驶（如汽车下坡行驶）时，控制单元将使所有的空气弹簧放气，使车身高度降低，从而改善高速行驶的稳定性。

4．前后颠簸和上下跳动控制

奥迪 A8 电控悬架系统设有 4 只高度传感器，因此可以检测汽车在不平整路面上行驶时悬架颠簸的运动状态。

当高度传感器信号表示空气弹簧被压缩时，ECU 将使该轴上的空气弹簧放气，使弹簧长度缩短来抑制车身上升；反之当空气悬架伸长时，ECU 将使空气弹簧充气，抑制车身下降。由于空气弹簧能随车轮上下跳动通过放气或充气来抑制车身上升或下降，因此在汽车通过凹凸不平的路面时，车身上下跳动量减小，不易产生前后颠簸或倾斜运动。

防颠簸控制功能主要元件如图 6—1—24 所示。

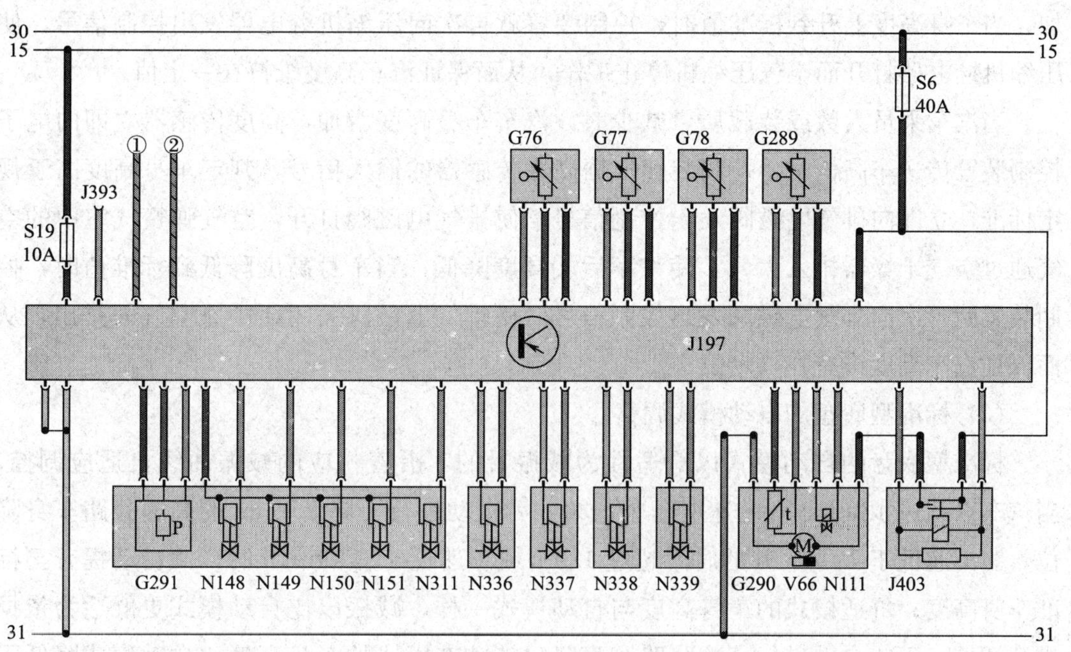

图 6—1—24　防颠簸控制功能主要元件

当车身高度传感器信号表明汽车车身前后颠簸时，ECU 将使减振器阻尼变大，并在车速超过一定值时，将减振器阻尼变至最大。

5．车身高度控制

奥迪 A8 轿车可以选装 2 种底盘，分别为标准型底盘和运动型底盘，每种底盘形式均有 4 种模式，即自动模式、舒适模式、动态模式和高位模式。当空气弹簧的工作模式开关选择在“自动”模式时，控制单元能够调节高位、正常、低位三种车身高度状态。在大多数情况下，控制单元将使汽车处于正常高度状态行驶，并根据车身高度传感器和车速传感器输入信号来改变车身高度。

（1）车身高度调整

车身高度调整主要是调节同一车桥上左、右两侧的高度差，如由于单侧负载引起的高度差。在进行车身高度调节时，上升时是先提升后桥，然后是前桥；降低时是前桥先降低，然后是后桥，以保证在大灯照明距离调节装置失灵的情况下，避免大灯在悬架调控时导致其他车辆及行人炫目。

（2）乘员人数调整

汽车乘员人数或装载质量增加时，汽车车身高度下降，高度传感器立即向电子控制装置传送车高信号，控制装置根据高度传感器的输入信号，判定车身高度低于规定标准，立即向压缩机继电器发出控制信号，使压缩机继电器闭合而起动空气压缩机。空气压缩机排出的压缩空气通过空气干燥器向空气弹簧气室充气，使汽车后端高度增加，当车身高度上升到标准值时，控制装置就再次向压缩机继电器发出控制信号，使压缩机继电器打开而空气压缩机停止工作，从而保证汽车高度维持在一定值。

当汽车乘员人数或装载质量减少时，汽车车身高度增加，高度传感器立即向电子控制装置传送车高信号，控制装置根据高度传感器的输入信号，判定车身高度高于规定标准，立即向排气电磁阀发出控制信号，使排气电磁阀打开，空气弹簧气室中的空气通过空气干燥器排入大气，使汽车后端高度降低，当车身高度降低到标准值时，控制装置就再次向排气电磁阀发出控制信号，使排气电磁阀关闭而中止空气的排出，从而保证汽车高度维持在一定值。

（3）标准型底盘的自动模式调整

标准型底盘的自动模式以舒适性为减振目的，沿着相应的减振曲线自适应调控，当汽车以超过 120 km/h 的速度行驶，30 s 后自动进行下降 25 mm 的高速公路车身降位，当车速低于 70 km/h 的时间超过 120 s 或车速低于 35 km/h 时，又自动提升至标准车身高度；舒适模式的车身高度与自动模式一样，减振以比自动模式更舒适为依据进行调控，不能自动进行高速公路车身降位；动态模式的车身高度比自动模式降低了 20 mm，控制曲线自动调整为运动型减振特性曲线，当汽车以超过 120 km/h 的车速行驶 30 s 后，车身高度下降 25 mm（高速公路车身降位）；高位模式的车身高度相对于自动模式上升了 25 mm，与自动模式一样，按舒适性调整。

运动型底盘车身高度调控方案与标准型底盘的区别如下：

1）弹性和减振以运动型为依据进行调控。

2）在车速小于 120 km/h 时，“动态”“自动”和“舒适”模式下的高度位置相同，但减振特性曲线不同。

3）车身标准高度比标准型底盘低 20 mm。

（4）车身高度调整的中断

当汽车急转弯、紧急制动或急加速时，控制单元将中断任何高度变化。因为在这些情况下改变车身高度会导致方向操纵不稳定。

6．停车时的车身水平控制

当汽车停车时，汽车乘员人数或转载质量减少后，会造成车身的升高。此时，为改善汽车停车的外现形象，汽车停车水平控制系统自动降低车身高度。

六、电控空气悬架系统的故障诊断

电控悬架出现故障多表现为行驶平顺性和操作稳定性下降，对于此类故障现象，应在确认无机械故障（悬架机构松旷、断裂、变形、泄漏）前提下，根据电控悬架系统的功能特点，分析排除故障。

为了缩小故障范围，尽可能快速准确地找到故障点，可以通过读取故障代码的方法来辅助排除故障。以奥迪 A8 轿车为例，其故障代码读取步骤如下：

1. 关闭点火开关，将诊断连线一端与安装有 VAS—5051b 软件的计算机连接，另一端与车辆诊断接口连接（位于变速杆附近的防尘罩下）。

2. 启动计算机，打开 VAS—5051b 软件主屏幕，如图 6—1—25 所示。

图 6—1—25　VAS—5051b 软件主屏幕

3. 打开点火开关或起动发动机。

4. 从 VAS－5051b 软件主屏幕点击“选择控制模块”按钮，进入一级子屏幕，如图 6—1—26 所示。

奥迪大众VAS-5051B: 选择控制模块
奥迪大众VAS-5051B
选择控制模块
常用控制模块
传动系统
底盘系统
舒适系统
电子电器系统1
电子电器系统2
01-发动机
15-安全气囊
03-ABS 刹车
08-空调暖风
09-中央控制单元
02-自动变速箱
16-方向盘电器
17-组合仪表
18-辅助加热
19-网关总线
22-四轮驱动
25-防盗系统
35-中央门锁
37-巡航系统
45-内部监控器
46-中央便利设施
55-前照灯范围
56-收放机
直接进入
地址 (01-7F):
进入!
返回

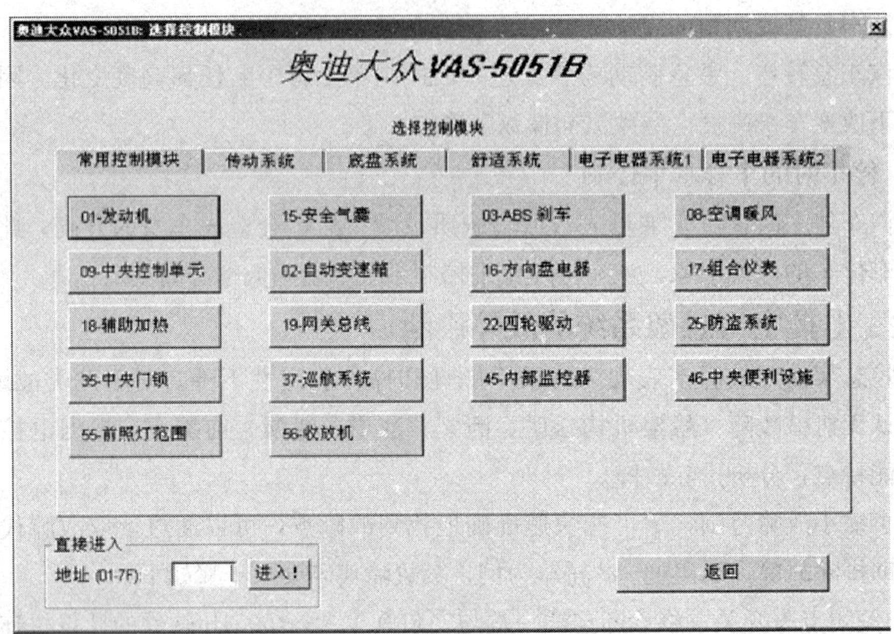

图 6—1—26　一级子屏幕

5. 点击“底盘系统”选项卡，如图 6—1—27 所示。

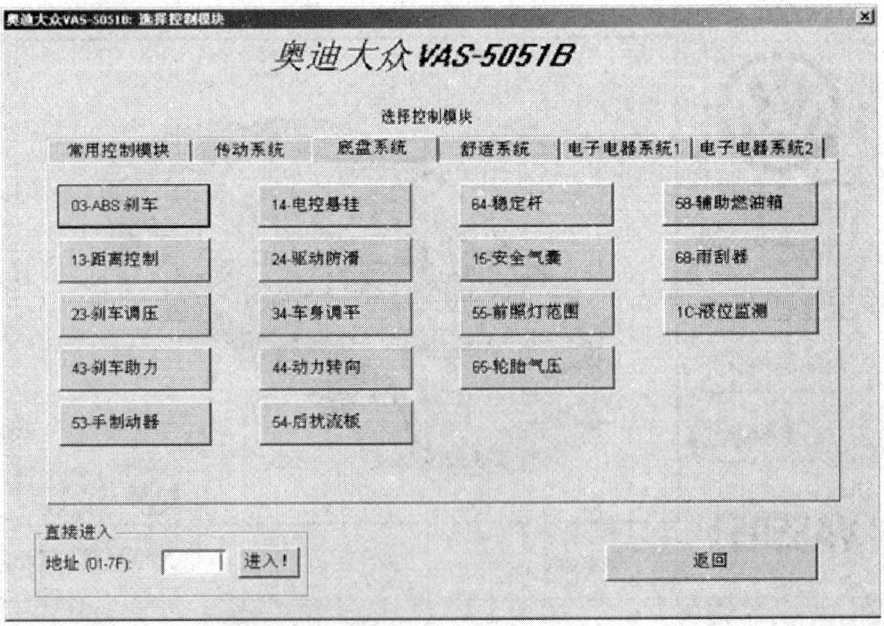

奥迪大众VAS-5051B: 选择控制模块
奥迪大众VAS-5051B
选择控制模块
常用控制模块
传动系统
底盘系统
舒适系统
电子电器系统1
电子电器系统2
03-ABS 刹车
14-电控悬挂
64-稳定杆
58-辅助燃油箱
13-距离控制
24-驱动防滑
15-安全气囊
68-雨刮器
23-刹车调压
34-车身调平
55-前照灯范围
1C-液位监测
43-刹车助力
44-动力转向
65-轮胎气压
53-手制动器
54-后扰流板
直接进入
地址 (01-7F):
进入!
返回

图 6—1—27　“底盘系统”选项卡

6. 点击“14—电控悬架”按钮，进入二级子屏幕，电控悬架 ECU 与计算机建立通信。

7. 根据屏幕提示进行故障码读取、清除、系统初始化、执行元件诊断功能、数据块阅读等工作。

在进行诊断代码的检查时，显示一个正常代码，而汽车电控悬架仍然出现（重复出现）故障，这时，可根据故障现象进行每个故障的排除。按表 6—1—1 和表 6—1—2 中给出的次序检修每个与故障现象有关的电路。如果相关的电路没有任何不正常现象，故障却依然存在，最后一步就应该更换悬架控制计算机。

表 6—1—1　　汽车高度控制失灵的故障现象及可能部位检测顺序

可能部位 / 故障现象	高度控制传感电路器	高度控制阀排气阀电路	1号高度控制继电器电路	压缩机电动机电路	高度控制总ON、OFF开关	汽车在高度控制电源电路	发动机电路	高度控制开关电路	车速传感器电路	门控灯开关	高度控制传感器连接件	空气泄漏	气压和减振器	悬架控制电路
高度控制指示灯的亮灯位置不随高度控制开关的动作变化						3	2		1					5
汽车高度控制功能不起作用	5				4	2	1		3					6
只有高车速控制不起作用									1					2
汽车高度出现不规则变动	2												1	3
汽车高度控制起作用，但汽车高度不均匀		2										2		
汽车高度控制起作用，但汽车高度高或低（汽车高度在 NORMAL 状态时，高度与标准值不符）												1		
当调整汽车高度时，汽车处于非常高或非常低的位置	1													
即使是高度控制 ON/OFF 开关在 OFF 位置时，汽车高度控制仍起作用					1									

续表

故障现象 \ 可能部位	高度控制传感电路器	高度控制阀排气阀电路	1号高度控制继电器电路	压缩机电动机电路	高度控制总ON、OFF开关	汽车在高度控制电源电路	发动机电路	高度控制开关电路	车速传感器电路	门控灯开关	高度控制传感器连接件	空气泄漏	气压和减振器	悬架控制电路
点火开关OFF控制不起作用						2				1				3
即使在车门打开时，点火开关OFF控制仍有作用										1				2
汽车驻车时，汽车高度非常低												1	2	
压缩机电动机运转不停			2	3								1		4

注：表中数字代表检测顺序。

表 6—1—2　　减振器与弹簧控制失灵的故障现象及可能部位检测顺序

故障现象 \ 可能部位	气压缸/减振器	悬架控制执行器电路	悬架控制执行器电源电路	悬架控制开关电路	制动灯开关电路	转向传感器电路	节气门位置信号电路	车身传感器电路	检查连接器与计算机之间电路	诊断盒与计算机之间电路	悬架控制电路
不管怎样操纵悬架开关，指示灯的状态不变				1							2
减振力和弹簧刚度控制几乎不起作用	5	1	6	4					2	3	7
只有防侧倾控制不起作用						1					2
只有防后仰控制不起作用							1				2
只有防点头控制不起作用						1		2			3
只有高车速控制不起作用								1			2

注：表中数字代表检测顺序。

工程应用

一辆奥迪 A8 轿车车主反映：近期车辆转向助力变差，转向操作费力；在中、高速转向时车身倾斜厉害，人有向外抛离的感觉，而这种现象在同样的车速、同样的路面下，往常是没有出现过的；车辆其他功能正常。

奥迪 A8 汽车电控空气悬架系统具有防侧倾功能，该车同时出现转向助力变差的情况，说明影响防侧倾功能的某个元件也能同时影响转向控制功能。当出现上述现象后，应该将电控悬架防侧倾功能与电控转向系统结合起来，寻找二者的结合点。

影响防侧倾功能的主要因素包括转向传感器、车速传感器及其电路、悬架控制系统。影响转向助力功能的主要因素包括转向传感器、车速传感器、转向力矩传感器及其电路、转向控制系统。

显然，转向传感器和车速传感器及其电路如果出现故障将同时影响电控悬架的防侧倾功能和电控转向的助力功能。本案例中可以排除车速传感器及其电路故障的可能性，因为车速传感器失效有可能对自动变速器控制、防抱死控制、巡航控制等产生影响，而本案例中其他系统工作正常。因此应检查转向传感器。

思考与练习

1. 奥迪 A8 轿车的自适应空气悬架系统工作原理是什么？
2. 用万用表检测减振器调节阀、减振支柱阀信号的主要步骤是什么？
3. 奥迪 A8 轿车的自适应空气悬架系统车身高度调节基本原则是什么？
4. 奥迪 A8 轿车供选装的底盘有几种？每种底盘都有几种控制模式？分别是什么？

模块七 电控动力转向系统

学习目标

◆ 了解动力转向系统的定义与类型。

◆ 熟悉电控动力转向系统的组成及工作原理。

◆ 能对电控动力转向系统各部件进行检测。

想一想

开过老式汽车或卡车的驾驶员们可能有体会：在转向时需要驾驶员使出很大的力气才能完成汽车转向的动作。这是因为机械转向系统是依靠驾驶员操纵转向盘的转向力来实现车轮转向的（见图 7—1—1），在一定程度上增加了驾驶员的劳动强度。

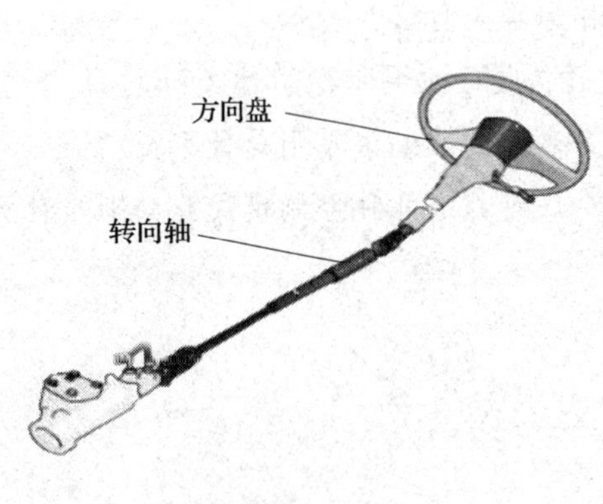

机械转向系统

ECU
转矩传感器
转矩
转向轴
转角
车速
减速机构
电流
齿轮齿条
转向器
电动机
离合器

电控动力转向系统

图 7—1—1　电控动力转向系统与机械转向系统对比

而现代大部分汽车转向则不需要驾驶员使出很大的力气。这是因为现代汽车都使用了动力转向系统，即借助发动机产生的液体压力或电动机驱动力来实现车轮转向。你知道电控动力转向系统的组成和工作原理吗？

一、动力转向系统的定义与类型

1. 动力转向系统的定义

汽车配置的动力转向系统又称为助力转向系统。助力转向，顾名思义，是协助驾驶员做汽车方向调整，为驾驶员减轻打转向盘的用力强度，当然，动力转向在汽车行驶的安全性、经济性上也有一定的作用。

2. 动力转向系统的优点

(1) 减小转向时的操纵力。减轻驾驶员的疲劳程度，各类汽车都有此要求。而装用超低压扁平胎的高速乘用车，因转向阻力也较大，更有必要采用动力转向系统。

(2) 根据车速的高低和行驶条件的变化（静态或动态；好路或坏路），提供合适的转向助力，它不仅使操纵省力，还提高了汽车行驶的安全性、操纵性和稳定性。

(3) 当遇到巨大的单边冲击或爆胎时，转向轮会猛然向一方偏转，因动力转向系统具有“正向传动、正向导通助力；反向传动、反向导通助力”的特点，它会反向接通动力缸，阻止车轮偏转，从而提高了汽车行驶的安全性。

3. 动力转向系统的类型

目前汽车上配置的动力转向系统大致可以分为三类：一是机械液压式动力转向系统，二是电控液压式动力转向系统，三是电控电动式动力转向系统。

(1) 机械式液压动力转向系统

机械式液压动力转向系统一般由液压泵、油管、压力流量控制阀体、V形传动带、储油罐等部件构成。

无论车是否转向，这套系统都要工作，而且在大转向车速较低时，需要液压泵输出更大的功率以获得比较大的助力。所以，也在一定程度上浪费了资源。在低速转弯的时候，机械式液压动力转向系统转向时比较沉，需要发动机的能耗较大，开车比较费力气，且由于液压泵的压力很大，也比较容易损害助力系统。

另外，机械式液压助力转向系统由液压泵及管路和油缸组成，为保持压力，不论是否需要转向助力，系统总要处于工作状态，能耗较高，这也是很耗资源的。

一般说来，机械液压动力系统在经济型轿车上使用得较多。

(2) 电控液压式动力转向系统

机械转向系统是依靠驾驶员操纵转向盘的转向力来实现车轮转向，在一定程度上增加了驾驶员的劳动强度；动力转向系统则是在驾驶员的控制下，借助于汽车发动机产生的液体压力或电动机驱动力来实现车轮转向的，降低了驾驶员的劳动强度。

电控液压式动力转向系统由储油罐、助力转向控制单元、电动泵、转向机、助力转向传感器等组成。其中，助力转向控制单元和电动泵是一个整体结构。

电控液压动力转向系统克服了传统的液压转向动力系统的缺点。它所采用的液压泵不再靠发动机传动带直接驱动，而是采用一个电动泵，它所有的工作的状态都是由电子控制单元根据车辆的行驶速度、转向角度等信号计算出的最理想状态。简单地说，在低速大转向时，电子控制单元驱动电子液压泵以高速运转输出较大功率，使驾驶员打方向省力；汽车在高速行驶时，液压控制单元驱动电子液压泵以较低的速度运转，在不至于影响高速打转向的需要同时，节省一部分发动机功率。

（3）电控电动式动力转向系统（EPS）

电控电动式动力转向系统利用电动机产生的动力协助驾车者进行动力转向。电控电动式动力转向系统一般由转向传感器、转向力矩传感器、电子控制单元、电动机、减速器、机械转向器、蓄电池电源等组成。

电控电动式动力转向系统的优点如下：

1）能耗降低。电动助力转向系统无液压装置，是“按需型”系统，既只有转向时系统才工作，消耗较少的能量。因而与液压动力系统相比，在各种行驶工况下均可节能80％～90％。

2）轻量化显著。液压动力系统因有液压缸、油泵、转阀、液压管道等部件，使系统结构复杂，零件数目多，占用空间大，布置不方便。电动助力转向系统则表现出了明显的优势，系统结构紧凑，质量减轻，无油渗漏问题，系统易于布置等。

3）优化助力控制特性。液压助力的增减有一定的滞后性，反应敏感性较差，随动性不够。电动助力转向系统由于采用电子控制，可以使转向系统的转向性能得到优化，增强随动性。

4）系统安全保护。当电动助力转向系统出现故障时，即切断电动机与助力齿轮机构的动力传送，迅速转入人工—机械转向状态。

5）变传动比转向。

电控电动式动力转向系统（EPS）在现代汽车上应用越来越广泛，所以本课题重点讲解该类型的动力转向系统。

二、电控电动式动力转向系统（EPS）组成及工作原理

1．电控电动式动力转向系统的组成

现在以大众速腾轿车为例介绍电控电动式动力转向系统的结构。电控电动式动力转向系统在车上的实际安装位置如图7—1—2所示。

该系统由转向盘、带转向盘转角传感器G85的转向柱控制单元J527、转向柱、转向力矩传感器G269、转向齿轮、电子机械助力转向电动机V187、转向助力辅助控制单元J500等机构或元件组成，如图7—1—3所示。

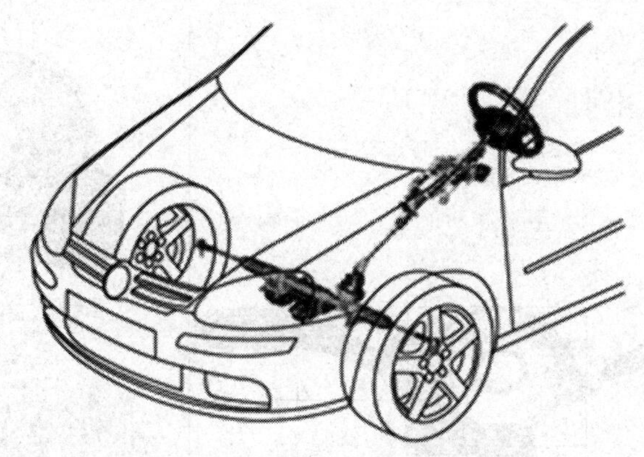

图 7—1—2 电控电动式动力转向系统在车上的实际安装位置

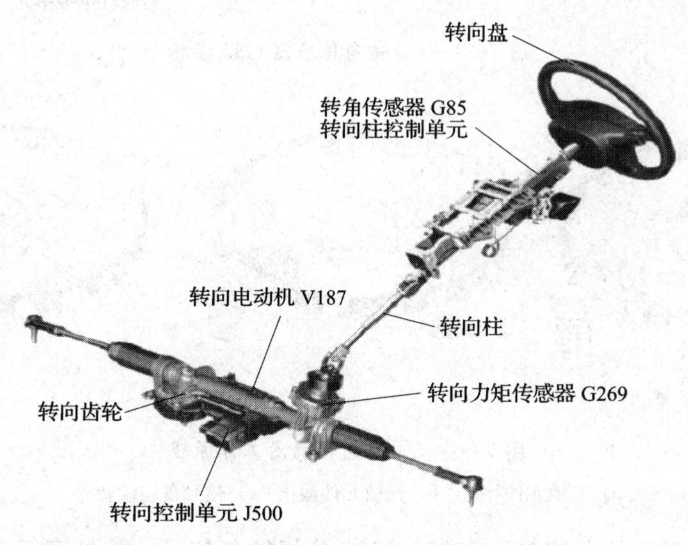

图 7—1—3 大众速腾电控动力转向系统的组成

(1) 转角传感器 G85

转角传感器 G85 安装在转向柱上，在转向开关与转向盘之间，与安全气囊时钟弹簧集成为一体，其实物如图 7—1—4 所示。

转角传感器 G85 的作用是检测转向盘的转动角度和转动速度，是电动助力的依据之一。该传感器由转子、发光二极管、光敏二极管和放大器等组成。其工作原理如图 7—1—5 所示，利用发光二极管作为信号源，光敏二极管为接收源。随着转子转动，当透光孔与发光二极管对正时，光线照射到光敏二极管上产生高电位，经放大电路放大后输送给 ECU，如图 7—1—5a 所示；当透光孔与发光二极管错开时，光线不能照射到光敏二极管上，光敏二极管无电压信号输出，产生低电位输送给 ECU，如图 7—1—5b 所示；如此反复，即形成图 7—1—5c 所示的方波信号，并通过 CAN 总线

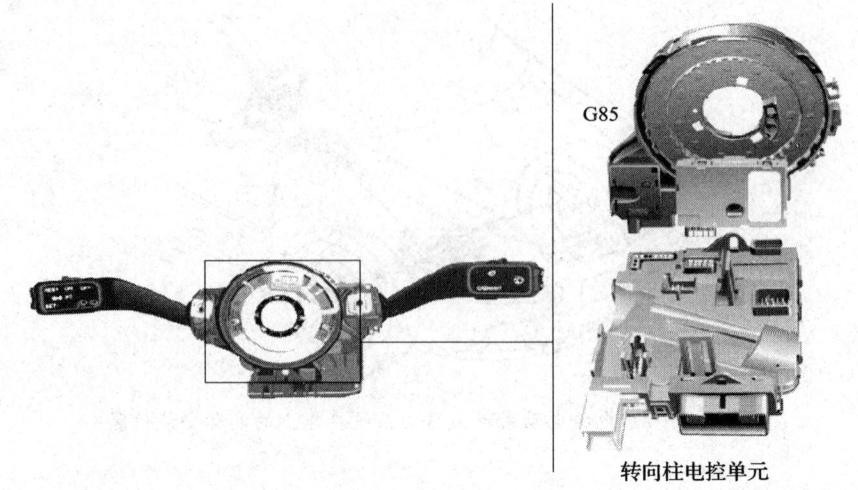

图 7—1—4　转角传感器 G85 实物

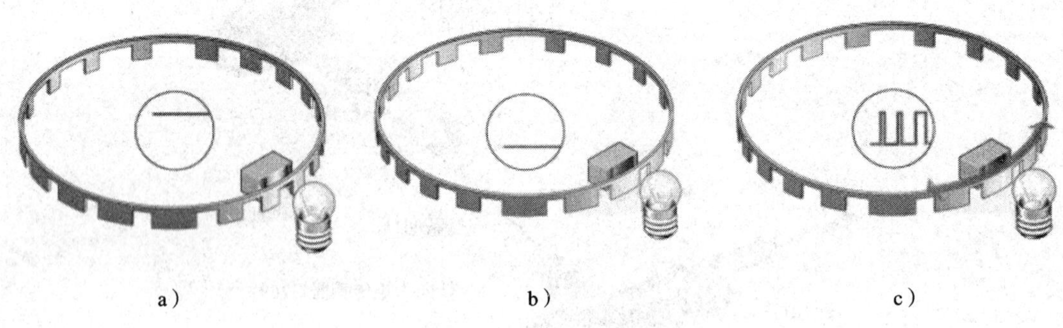

图 7—1—5　转角传感器工作原理

a）光敏元件导通　b）光敏元件截止　c）信号盘连续转动

将该信号传递给转向柱电控单元 J527。J527 分析转角信号，将处理后的转向盘转角信号、转角速度信号传递给转向辅助控制单元 J500，J500 结合转向力矩传感器 G269、车速传感器信号、电动机转动速度信号进行处理，从而适时调整转向助力大小。

当发现信号失效时，故障指示灯 K161 常亮，应急运转模式起动，电子助力转向依然起作用。

（2）转向力矩传感器 G269

磁性转子和转向柱连接块为一体，磁阻传感元件和转向小齿轮连接块为一体。转向力矩传感器 G269 实物如图 7—1—6 所示。

转向力矩传感器作用是测量转向盘与转向器之间的相对转矩，是电动助力的依据之一。

当转动转向盘时，转向柱连接块和转向小齿轮连接块反向运动，即磁性转子和磁阻传感元件反向运动，发生磁场变化，在磁阻传感元件两端产生电位差。通过测量磁

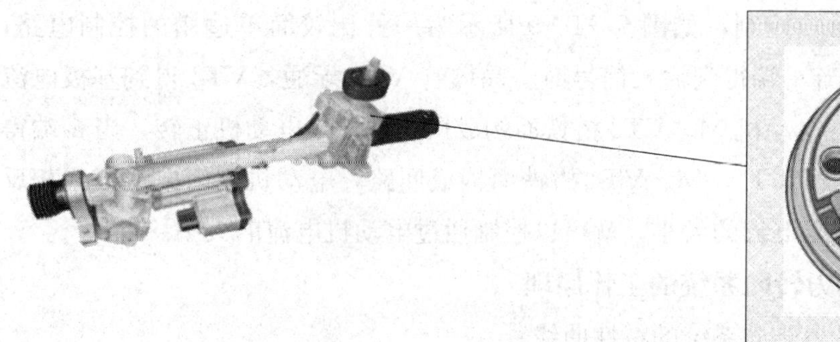
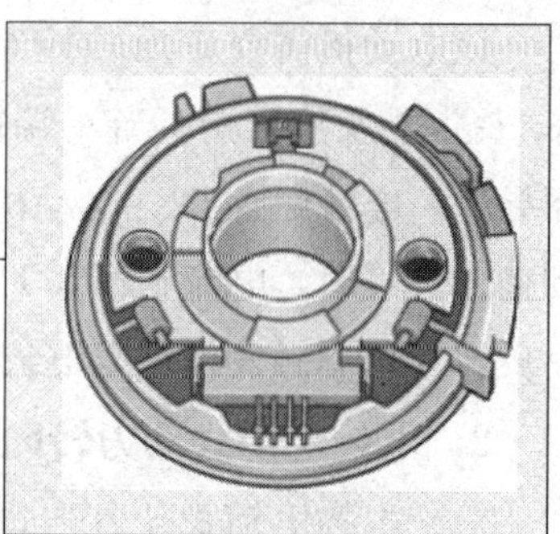

图 7—1—6　转向力矩传感器 G269 实物

阻传感元件两端的电位差值，则转向力（矩）的大小可以被测量出来。转向力矩传感器 G269 的结构如图 7—1—7 所示。

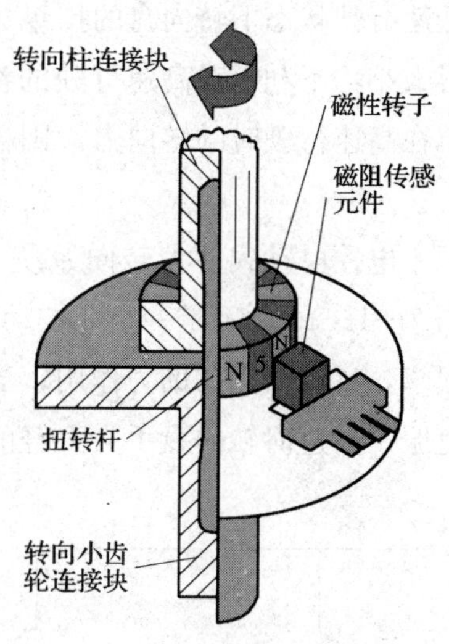

图 7—1—7　转向力矩传感器 G269 的结构

如果信号失效，转向助力系统将关闭，但并不是马上关闭，而是一个柔软、逐步的过程。在此过程中，故障警告灯 K161 亮起，转向助力的大小由控制单元通过电动机转子角度和转向盘转角等信号计算出的值所代替。

（3）转向电动机 V187

转向电动机 V187 是一个无刷式异步伺服电动机，具有无转矩波动、低噪声、无磁性材料、抗泥污、无额外摩擦、较宽的转速范围和温度范围等优点。其平均工作电流约 2.5 A，最大电流约 80 A，实物如图 7—1—8 所示。

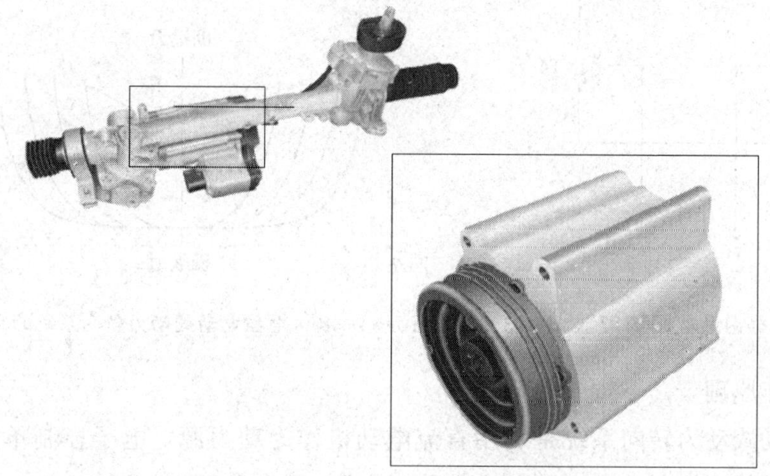

图 7—1—8　转向电动机 V187 实物

该电动机需要正反转控制，如图 7—1—9 所示为一种比较简单适用的控制电路；a_1、a_2为触发信号端。当 a_1端得到输入信号时，晶体管 VT3 导通，VT2 得到基极电流而导通，电流经 VT2、电动机 M、VT3 搭铁而构成回路，于是电动机正转，当 a_2端得到输入信号时，电流则经 VT1、M、VT4 搭铁而构成回路，电动机则因电流方向相反而反转。控制触发信号端电流的大小，就可以控制通过电动机电流的大小。

2．电控电动式动力转向系统的工作原理

（1）电控电动式动力转向系统的特性曲线

动力转向系统在设计时存在一些矛盾：如果系统的设计目的是减小汽车在停车或低速行驶状态下转向盘的操纵力，则当汽车以高速行驶时，转动转向盘的操纵力会显得太小，不利于对高速行驶的汽车进行方向控制；反之，如果系统设计目的是增加汽车在高速行驶时的转向力，则当汽车停驶或低速行驶时，转动转向盘就会显得非常吃力。

电控电动式动力转向系统 EPS 的出现基本解决了传统转向系统存在的矛盾。如图 7—1—10 所示是一组电控动力转向系统的特性曲线，在汽车低速行驶时，特性曲线很窄，具有较大的助力作用；当车速提高后，特性曲线越来越宽，助力作用逐渐减小，克服了高速时转向盘手力太轻的缺陷。

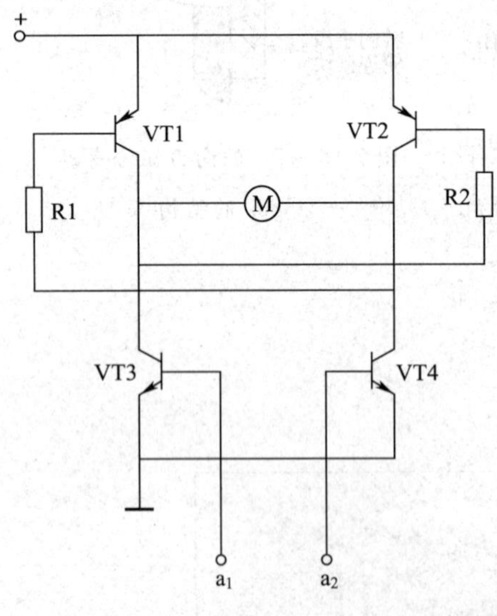

图 7—1—9　转向电动机 V187 控制电路

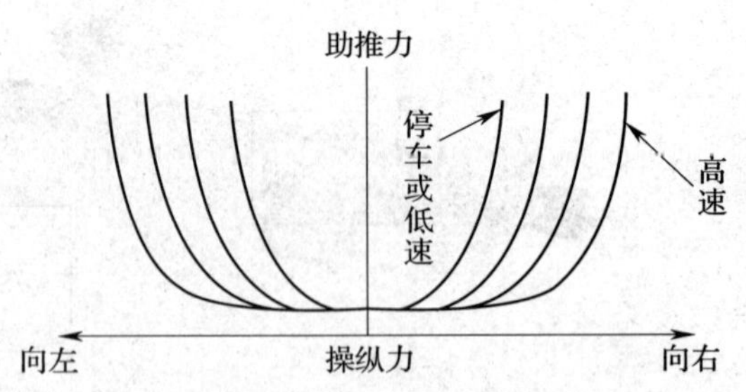

图 7—1—10　电控电动式动力转向系统的特性曲线

（2）工作原理

电控电动式动力转向系统是利用直流电动机作为动力源，电子控制单元根据各传感器提供的信号，控制电动机转矩的大小和方向，其工作原理如图 7—1—11 所示。

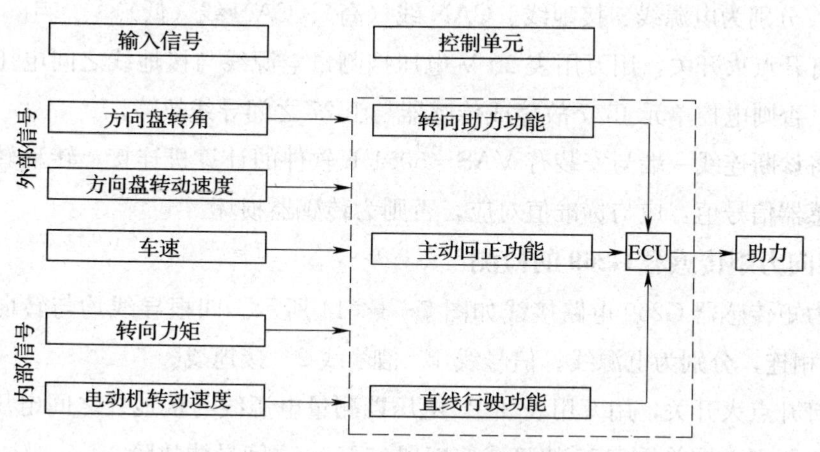

图 7—1—11　EPS 的工作原理

当操纵转向盘时，装在转向盘轴上的转角传感器、转矩传感器不断测出转向轴的转角、转矩信号，并与车速信号同时输入到电子控制单元。电子控制单元根据这些输入信号，确定助力转矩的大小和方向，即选定电动机的电流和转向，调整转向辅助动力的大小。电动机的转矩通过减速机构减速增矩后，加在汽车的转向机构上，使之得到一个与工况相适应的转向作用力。大众速腾电控动力转向的传动原理如图 7—1—12 所示。

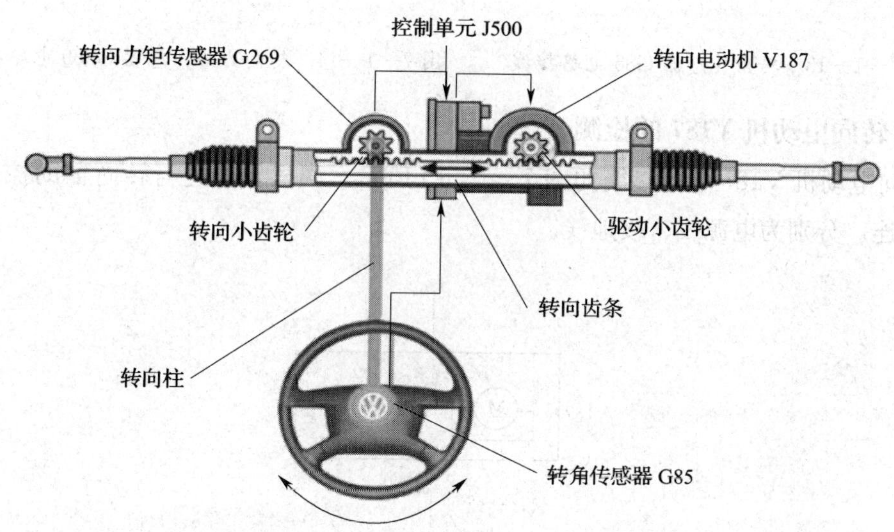

图 7—1—12　大众速腾电控动力转向的传动原理

三、电控动力转向系统的检测与保养

1. 转角传感器 G85 的检测

转角传感器 G85 电路接线如图 7—1—13 所示，10 根导线均与转向柱电控单元

J527 相连，分别为电源线、接地线、CAN 线（高）、CAN 线（低）。

（1）打开点火开关，用万用表 20 V 电压挡测量电源线与接地线之间电压，应与标准值对应，否则电控单元 J527 故障或传感器与 J527 之间导线故障。

（2）将诊断连线一端与安装有 VAS－5051 b 软件的计算机连接，转动转向盘，读取转向传感器信号值，应与标准值对应，否则为传感器损坏。

2．转向力矩传感器 G269 的检测

转向力矩传感器 G269 电路接线如图 7—1—14 所示。四根导线均与转向辅助控制单元 J500 相连，分别为电源线、信号线 1、信号线 2、接地线。

（1）打开点火开关，用万用表 20 V 电压挡测量电源线与接地线之间电压，应与标准值对应，否则电控单元 J197 故障或传感器与 J500 之间导线故障。

（2）转动转向盘，用万用表 20 V 电压挡测量信号线 1 与信号线 2 之间电压，应与标准值对应，否则为传感器损坏。

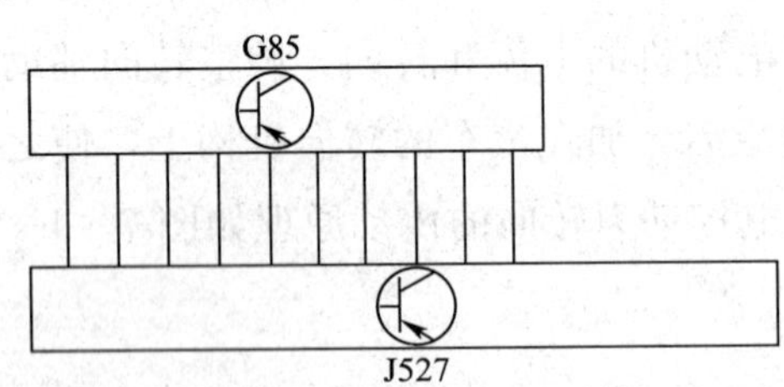

图 7—1—13　转角传感器 G85 电路接线

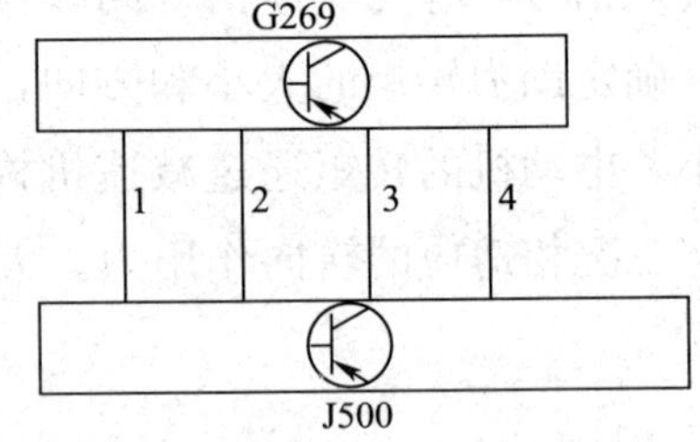

图 7—1—14　转向力矩传感器 G269 电路接线

3．转向电动机 V187 的检测

转向电动机 V187 电路接线如图 7—1—15 所示。两根导线均与转向辅助控制单元 J500 相连，分别为电源线、接地线。

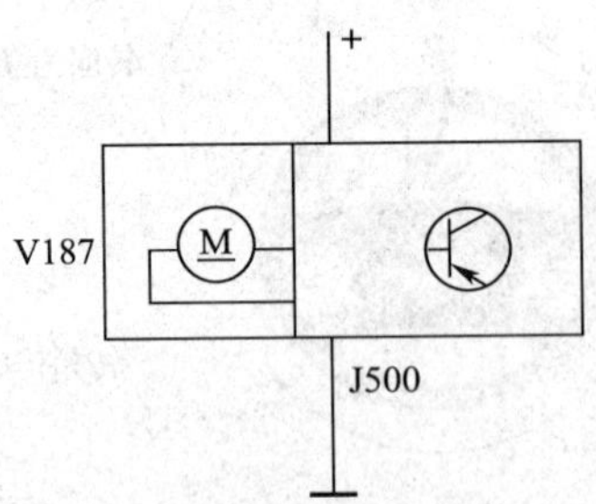

图 7—1—15　转向电动机 V187 电路接线

（1）用万用表 20 V 电压挡测量电源线与搭铁部位之间的电压，应与标准值对应，否则为蓄电池与 J500 之间导线故障。

（2）转动转向盘，将万用表串联在蓄电池与 J500 之间或 J500 与接地线之间，用电

流挡测量电源线、接地线之间的通过电流，应与标准值对应，否则为 V187 或 J500 损坏。

4．动力转向系统的保养

（1）机械液压式动力转向系统平时的检查一定要多注意储液罐中的助力油是否缺失；转弯时转向盘打死的时间尽量不要太长。如果出现转向沉重、噪声等现象，需及时从油泵 V 形传动带、内部压力等方面去进行检查。

（2）电控液压式动力转向系统平时也要注意助力油的多少，当警告灯亮时，一定要检查。

（3）电控电动式动力转向系统结构相对简单，但保养起来不是肉眼就能看透的，如果出现方向沉、方向发飘等转向故障时，需尽快进行检测修理。

四、电控动力转向系统的控制功能

1．随速功能

所谓随速是指由电动机给予的助力转向力矩的总量是通过车速和输入的转向力矩来决定的，如图 7—1—16 所示。

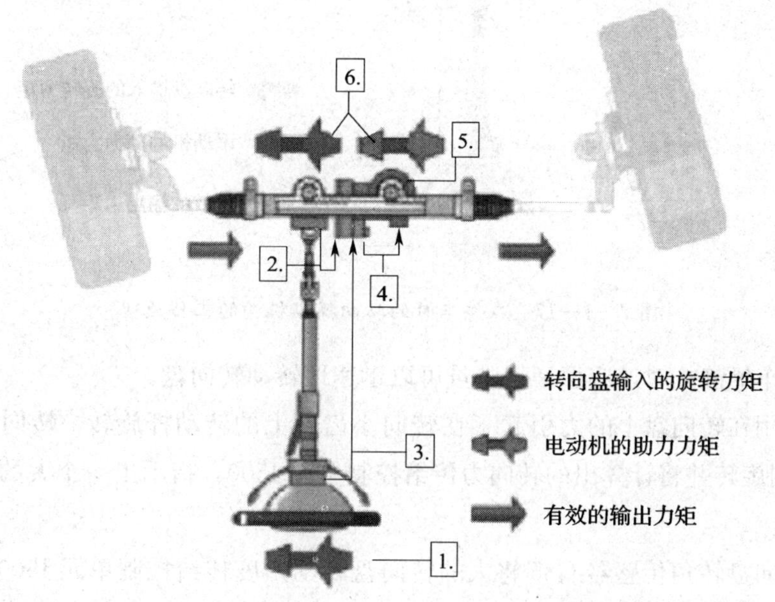

图 7—1—16　随速功能

（1）当驾驶员用力旋转转向盘时，助力转向系统开始工作。

（2）作用在转向盘上的力引起了转向小齿轮的旋转，转向力矩传感器 G269 察觉到旋转并将计算出的转向力传给控制单元 J500。

（3）转向盘转角传感器 G85 将正确的转向盘转动的角度传给控制单元 J500，同时转子传感器将正确的转动速度传给控制单元 J500。

（4）根据转向力、发动机转速、车速、转向盘转角、转向盘转速以及存储在控制单元中的特性曲线图，控制单元计算出必要的助力力矩并控制电动机开始工作。

（5）由电动机驱动的第二个小齿轮（驱动小齿轮）提供能量产生转向助力，电动机是通过一个蠕动齿轮驱动小齿轮，从而驱动转向齿条产生助力。

（6）助力转向力矩和施加在转向盘上的力矩的总和是最终驱动转向齿条上的有效力矩。

2．在停车时的转向操纵功能

在停车时的转向操纵机构的工作原理如图 7—1—17 所示。

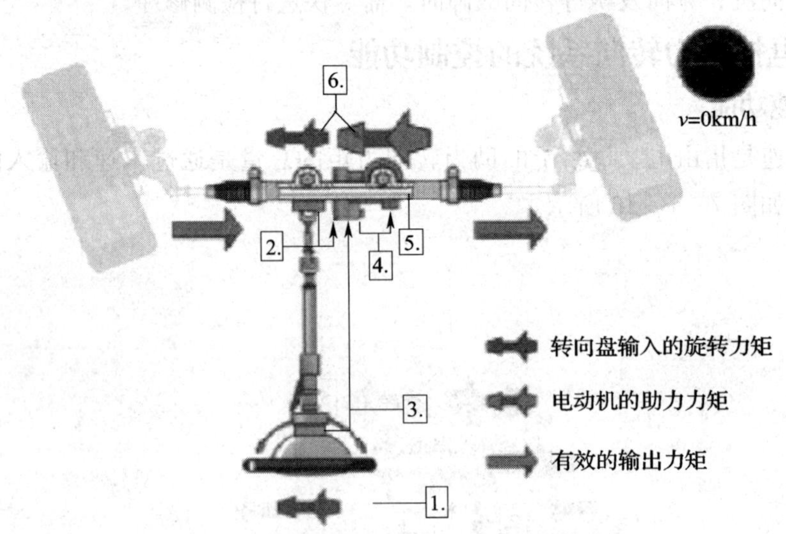

图 7—1—17　在停车时的转向操纵机构的工作原理

（1）当车辆静止时，应保证驾驶员可以迅速地转动转向盘。

（2）作用在转向盘上的力引起了在转向小齿轮上的转动杆旋转，转向力矩传感器 G269 察觉到旋转并将计算出的转向力传给控制单元 J500，指示出一个大的转向力施加在转向盘上。

（3）转向盘转角传感器 G85 将大的转向盘转动角度传给控制单元 J500，同时转子传感器将当前的转动速度传给控制单元 J500。

（4）根据大的转向力、大的转向盘转角、车速为 0 km/h、发动机转速、转动速度以及存储在控制单元中的 $V=0$ km/h 的特性曲线图，控制单元计算出需要一个“大”的助力力矩并控制电动机开始工作。

（5）这样在静止状态下，由电动机驱动的第二个小齿轮（驱动小齿轮）提供能量产生“大”的转向助力，驱动转向齿条。

（6）施加在转向盘上的力矩和“大”的助力转向力矩的总和是车辆在静止工况下最终驱动转向齿条上的有效力矩。

3．在城市工况下的转向操纵功能

在城市工况下的转向操纵功能如图 7—1—18 所示。

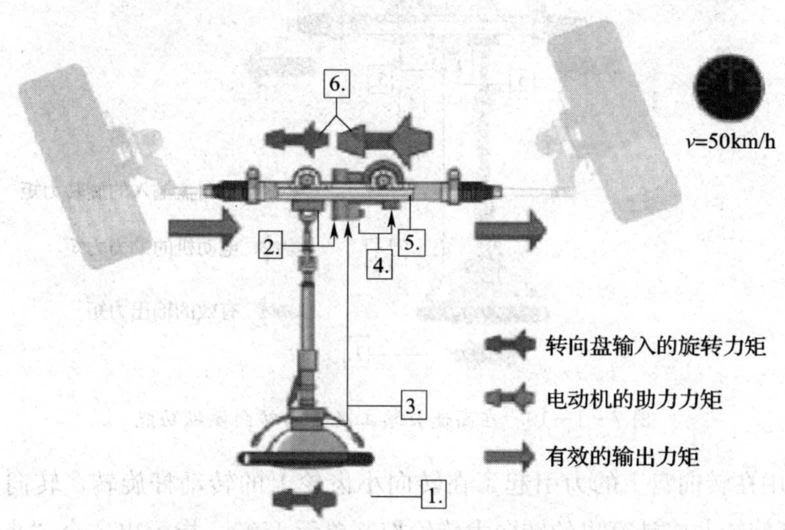

图 7—1—18　在城市工况下的转向操纵功能

（1）当车辆行驶在城市工况下时，驾驶员转动转向盘。

（2）作用在转向盘上的力引起了在转向小齿轮上的转动杆旋转，转向力矩传感器 G269 察觉到旋转并将计算出的转向力传给控制单元 J500，指示出一个“中等”的转向力施加在转向盘上。

（3）转向盘转角传感器 G85 将大的转向盘转动角度传给控制单元 J500，同时转子感器将当前的转动速度传给控制单元 J500。

（4）根据“中等”的转向力、大的转向盘转角、车速为 50 km/h、发动机转速、转动速度以及存储在控制单元中的 $v=50$ km/h 的特性曲线图，控制单元计算出需要一个“中等”的助力力矩并控制电动机开始工作。

（5）这样在此种工况下，由电动机驱动的第二个小齿轮（驱动小齿轮）提供能量产生“中等”的转向助力，驱动转向齿条。

（6）施加在转向盘上的力矩和“中等”的助力转向力矩的总和是车辆在城市工况下最终驱动转向齿条上的有效力矩。

4．在高速公路工况下的转向操纵功能

在高速公路工况下的转向操纵功能如图 7—1—19 所示。

（1）在变换车道时，驾驶员对转向盘施加一个轻微的力。

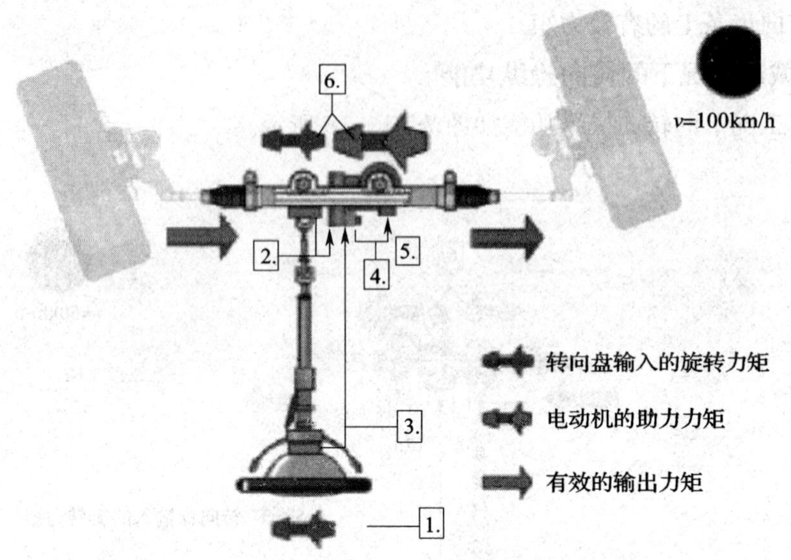

图 7—1—19　在高速公路工况下的转向操纵功能

（2）作用在转向盘上的力引起了在转向小齿轮上的转动杆旋转，转向力矩传感器 G269 察觉到旋转并将计算出的转向力传给控制单元 J500，指示出一个“小”的转向力施加在方向盘上。

（3）转向盘转角传感器 G85 将大的转向盘转动角度传给控制单元 J500，同时转子传感器将当前的转动速度传给控制单元 J500。

（4）根据“小”的转向力、大的转向盘转角、车速为 100 km/h、发动机转速、转动速度以及存储在控制单元中的 $v=100$ km/h 的特性曲线图，控制单元计算出需要一个“小”的助力力矩并控制电动机开始工作。

（5）这样在高速公路上为实现变换车道，由电动机驱动的第二个小齿轮（驱动小齿轮）提供能量产生“小”的转向助力，驱动转向齿条；或者根本就不助力。

（6）施加在转向盘上的力矩和“最小”的助力转向力矩的总和是在高速公路上变换车道时最终驱动转向齿条上的有效力矩。

5. 主动回正功能

主动回正时转向操纵机构的原理如图 7—1—20 所示。

（1）如果驾驶员在转弯的过程中减少了施加在转向盘上的力，旋转杆上的转矩也相应减少。

（2）转向力减少的同时，包括转向角度和转向的速度都相应减少，一个精确的回转速度也相应计算出来。将其和转向角度及速度进行比较，其结果就是需要的回正力。

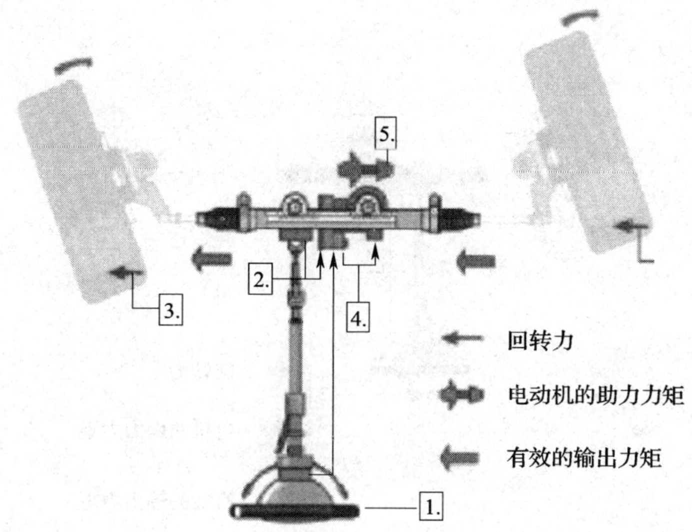

图 7—1—20　主动回正时转向操纵机构的原理

（3）作用在转向盘上的转向回正力是由整个运动装置设计的结果，转向回正力经常很微弱，因为转向系统及悬挂系统的摩擦力就可以使车轮回到中心位置。

（4）控制单元根据转向力、车速、发动机转速、转向角度、转向速度和存储在控制单元中的特性曲线图评估出电动机需要的必要的回正力。

（5）电动机工作促使车轮回到直线向前行驶的方向，回到中心位置。

6．直线行驶功能

直线行驶功能（见图 7—1—21）是主动回正功能的一个扩展，当没有力提供时，系统产生一个助力使车轮回到中心位置。为实现直线行驶功能，又分为长时间法则和短时间法则两种不同的情况。

长时间法则：当长时间发生背离中心位置的任何一侧时，起到平衡背离的作用，如夏季轮胎换到冬季轮胎（使用）。

短时间法则：负责短时间发生背离时平衡背离的任务。这将使驾驶员更容易驾驶，如受到侧向风时，会产生必要的阻止转向力。

（1）当车辆受到持续的侧向力时，如侧向风，能保持直线行驶。

（2）驾驶员给转向盘一个力使车辆保持直线行驶状态。

（3）控制单元根据转向力、车速、发动机转速、转向角度、转向速度和存储在控制单元中的特性曲线图评估出要保持直线行驶状态电动机需要提供的必要力。

（4）电动机工作，车辆回到直线行驶状态，驾驶员不需要再用力保持转向盘。

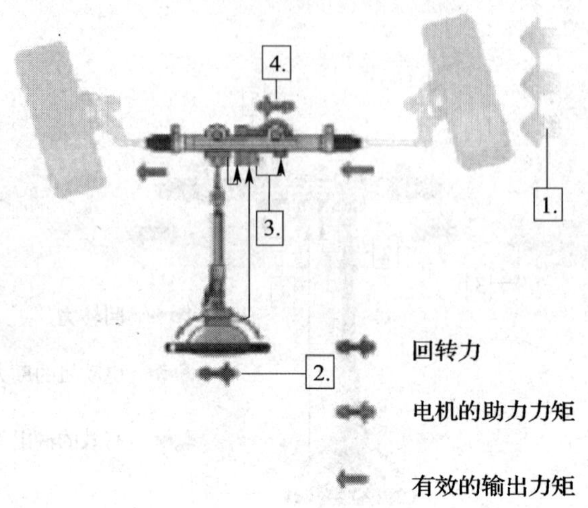

图 7—1—21　直线行驶功能

五、电控动力转向系统的故障现象及排除方法

电控动力转向系统出现故障，多表现为转向沉重、故障指示灯点亮等，对于此类故障现象，应在确认无机械故障（机构松旷、断裂、变形）以及与轮胎、悬架、车身、车轴等机构或元件无关的前提下，根据电控动力转向系统的功能特点，分析排除故障。

为了缩小故障范围，尽可能快速准确地找到故障点，可以通过读取故障代码的方法来辅助排除故障。以大众速腾轿车为例，其故障代码读取步骤如下：

1. 关闭点火开关，将诊断连线一端与安装有 VAS－5051b 软件的计算机连接，另一端与车辆诊断接口连接（位于变速杆附近的防尘罩下）。

2. 启动计算机，打开 VAS－5051b 软件主屏幕，如图 7—1—22 所示。

3. 打开点火开关或起动发动机。

4. 从 VAS－5051b 软件主屏幕点击“选择控制模块”按钮，进入一级子屏幕，如图 7—1—23 所示。

5. 点击“底盘系统”选项卡，如图 7—1—24 所示。

6. 点击“44－动力转向”按钮，进入二级子屏幕，电控动力转向 ECU 与计算机建立通信。

7. 根据屏幕提示进行故障码读取、清除、系统初始化、执行元件诊断功能、数据块阅读等工作。

奥迪大众VAS-5051B: 主屏幕
选择控制模块(S)
扫描全车故障码(U)
全车电脑查找器(F)
OBD-II兼容测试
VAS5051
系统配置(P)
关于注册(A)
退出(X)

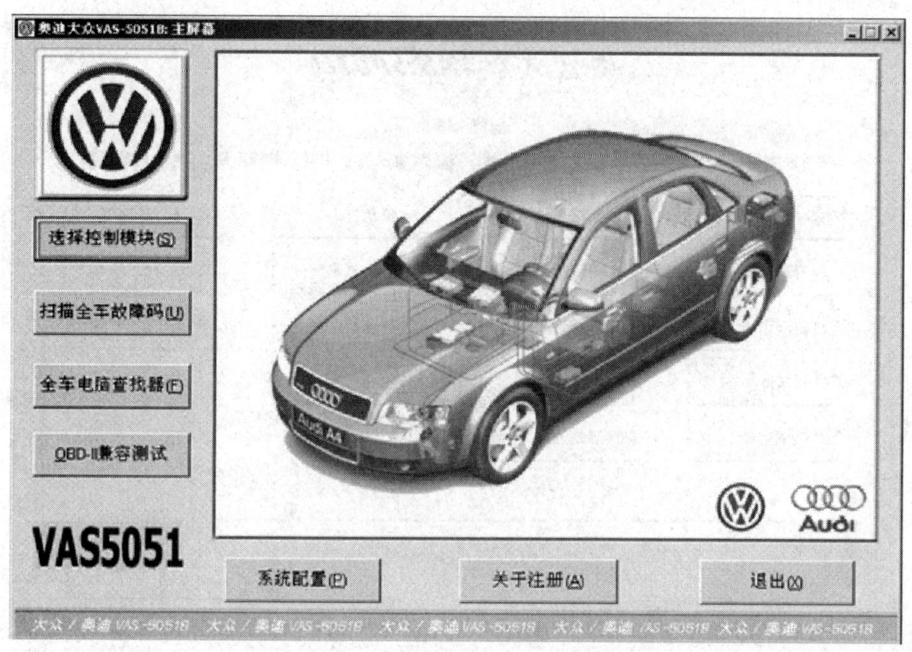

图 7—1—22　VAS—5051b 软件主屏幕

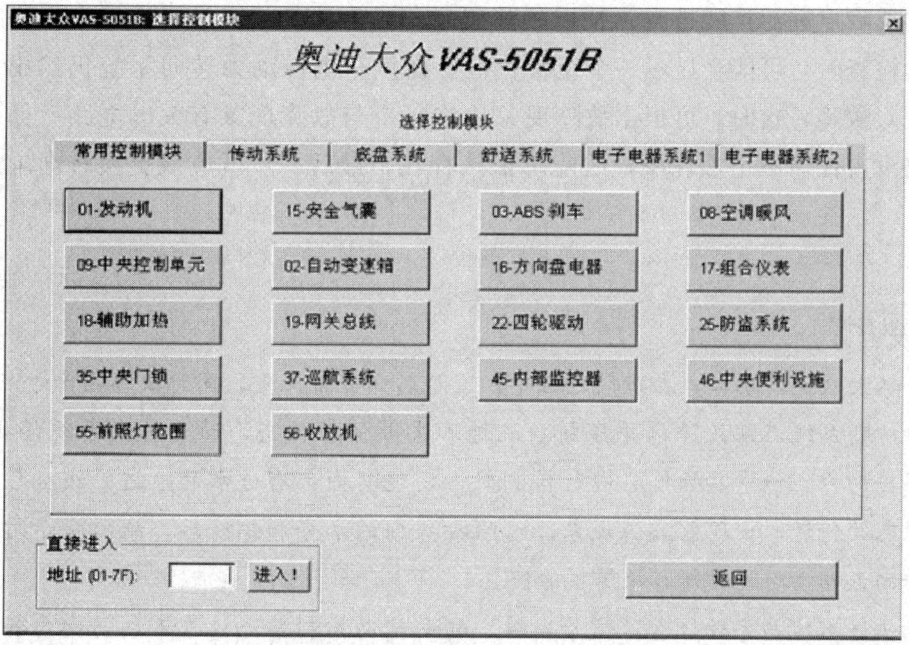
奥迪大众VAS-5051B: 选择控制模块
奥迪大众VAS-5051B
选择控制模块
常用控制模块
传动系统
底盘系统
舒适系统
电子电器系统1
电子电器系统2
01-发动机
15-安全气囊
03-ABS刹车
08-空调暖风
09-中央控制单元
02-自动变速箱
16-方向盘电器
17-组合仪表
18-辅助加热
19-网关总线
22-四轮驱动
25-防盗系统
35-中央门锁
37-巡航系统
45-内部监控器
46-中央便利设施
55-前照灯范围
56-收放机
直接进入
地址 (01-7F):
进入!
返回

图 7—1—23　一级子屏幕

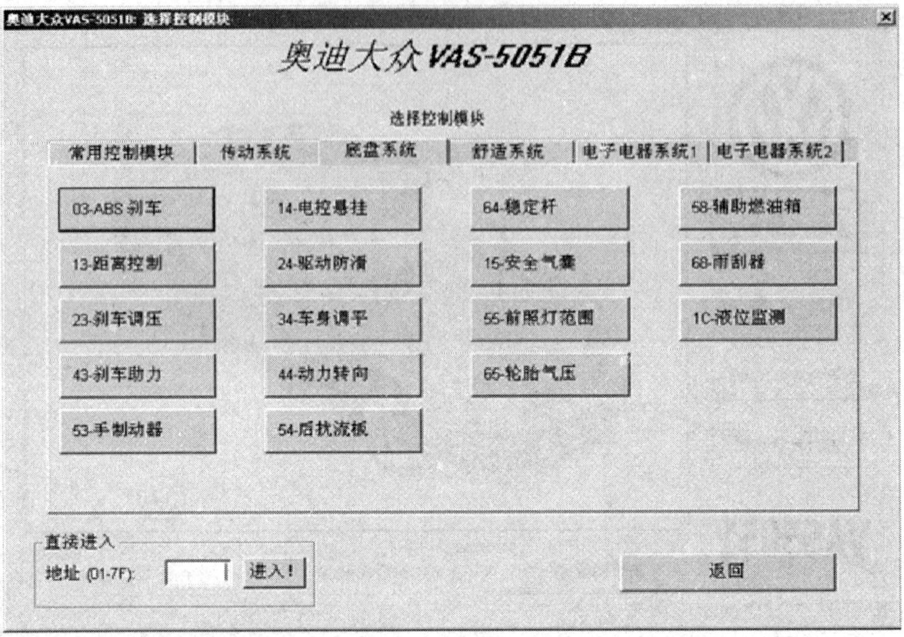

图 7—1—24 “底盘系统”选项卡

从仪器上所获得的故障码仅表示一个故障范围或故障关联，在检测维修的过程中需要对故障点进行扩展排查。读取故障码也不是万能的故障诊断方式，在进行诊断代码的检查时，可能会显示一个正常代码，而汽车电控动力转向系统仍然出现（重复出现）故障，这时，可根据故障现象检修每个与故障现象有关的电路。如果相关的电路没有任何不正常现象，故障却依然存在，最后一步就应该更换转向辅助控制单元。

工程应用

一辆大众速腾轿车，在行驶过程中，发现转向异常沉重，同时故障指示灯点亮。

自诊断系统记录故障，并强制系统进入失效保护状态，动力转向系统停止工作。在拔下转向力矩传感器插接器进行检测时，发现其内部有进水的痕迹，线插已覆盖了一层绿色的铜锈，出现电腐蚀现象。清除插头内的水分和铜锈后，故障指示灯不再点亮，转向盘转动轻松灵活，故障排除。

插头进水容易导致传感器信号短路，转向辅助控制单元接收不到转向力矩传感器信号，从而使动力转向系统进入保护状态，转向助力停止工作。

思考与练习

1. 简述大众速腾电控动力转向系统的工作原理。

2. 大众速腾电控动力转向系统由哪些主要部件组成？

3. 转角传感器的作用是什么？

4. 动力转向机构中的随速是指什么？

5. 电控动力转向系统的安全功能可确保转向系统正常工作，其采取的措施有哪些？